SO SCHÖN IST UNSER LAND
NIEDERSACHSEN BREMEN

SO SCHÖN IST UNSER LAND
NIEDERSACHSEN BREMEN

Hermann Gutmann

HB Verlag
Hamburg

Inhalt

In der Lüneburger Heide gibt es
nur noch wenige so typische Heideflächen, durchsetzt mit Wacholder. Etwa ab Mitte August beginnt
die Heide zu blühen.

Mitunter, in stürmischen Nächten, ist ein Rauschen und Schnauben in der Luft, ein Hufegeklapper und Waffengeklirr, und die Leute im Wiehengebirge heben lauschend den Kopf. Und einer sagt es dem anderen: »Der Herzog Widukind und seine Kampfgefährten sind es. Sie finden keine Ruhe.«

Der Herzog Widukind ist bis auf den heutigen Tag in Niedersachsen unvergessen. In ihrem Lied »Von der Weser bis zur Elbe, von dem Harz bis an das Meer...« bezeichnen sich die Niedersachsen als »Herzog Widukinds Stamm«, und das, obwohl der streitbare Sachsenführer als Unterlegener in die Geschichte eingegangen ist. In den Jahren 782 bis 785 kämpfte er gegen die Franken und für den Glauben seiner Väter. Im Jahre 785 beugte er das Haupt vor König Karl und vor dem Kreuz: Widukind ließ sich taufen.

Ob gerade das seinem Nachruhm so förderlich gewesen ist – wir können es nur vermuten. Er muß jedenfalls ein bedeutender Mann von großer Ausstrahlung gewesen sein, ein Mann, mit dem sich noch nach 1200 Jahren ein ganzes Land identifiziert.

Die Grenzen des heutigen Bundeslandes Niedersachsen, die nach dem Zweiten Weltkrieg festgelegt wurden, stimmen jedoch mit dem alten Siedlungsgebiet des sächsischen Volksstammes nicht überein. 1946 stellte man Hannover, Braunschweig, Oldenburg und Schaumburg-Lippe unter eine gemeinsame Landesregierung.

Landschaftlich läßt sich Niedersachsen unterteilen durch den Harz und das Weserbergland im Süden, nordöstlich und nordwestlich davon schließen sich die Lüneburger Heide und das Emsland an. Im Norden bildet die Nordsee die natürliche Begrenzung.

Etwa parallel zur Ems verläuft im Westen die niederländische Gren-

IM LAND DER CHAUKEN UND CHERUSKER

8 ze, während sich im Osten, entlang der Lüneburger Heide und mitten durch den Harz, die Grenze zur DDR erstreckt. Als Bundesländer schließen sich Hamburg und Schleswig-Holstein im Norden sowie Hessen und Nordrhein-Westfalen im Süden an.

Das Bundesland Bremen, von dem in diesem Buch noch ausführlich die Rede sein soll, wird mit seinen beiden Städten Bremen und Bremerhaven von Niedersachsen umschlossen.

Das Land ist rund 47 500 Quadratkilometer groß und damit nach Bayern das flächenmäßig zweitgrößte deutsche Bundesland. Vom nördlichsten bis zum südlichsten Punkt des Landes, von der Alten Liebe in Cuxhaven bis zum Weserstein in Hannoversch Münden, wo »Werra sich und Fulda küssen«, sind es 290 Kilometer. Vom westlichsten bis zum östlichsten Punkt, von der Nasenspitze der weit nach Holland hineinreichenden Grafschaft Bentheim bis nach Schnakkenburg, der nach drei Seiten hin von der DDR umschlossenen kleinsten deutschen Stadt, sind es 330 Kilometer.

Der tiefste Punkt des Landes befindet sich im ostfriesischen Freepsum bei Pewsum nahe Greetsiel. Er ist mit rund zwei Meter unter Normalnull zugleich der tiefste Punkt Deutschlands. Der höchste Berg des Landes Niedersachsen befindet sich im Harz. Es ist der 971 Meter hohe Wurmberg. Der 1142 Meter hohe Brocken kann nur aus der Ferne betrachtet werden. Er liegt im Gebiet der DDR.

Kein anderes Land in der Bundesrepublik Deutschland wird so stark von landschaftlichen Gegensätzen geprägt wie Niedersachsen: die Berge und das Meer, dazwischen stille Moore, die Heide, Wälder (noch ist ein Fünftel des Landes mit Wald bedeckt), große Binnenseen. Die drei Ströme Elbe, Weser und Ems bilden die Hauptadern eines Netzes von Flüssen und Kanälen, die das Land durchziehen. Es ist

Die Schaumburger Festtracht zogen die Frauen früher nur zu besonderen Anlässen an. Heute ist so ein Anlaß gegeben beim Bückeburger Heimatfest.

übrigens, aus erdgeschichtlicher Sicht, ein noch sehr junges Land. Unsere Erde ist etwa 4,5 Milliarden Jahre alt. Niedersachsen bringt es noch nicht einmal auf 450 Millionen Jahre. Damals entstanden die Eisenerze im Harz, und 250 Millionen Jahre später war das norddeutsche Tiefland im Vergleich zu heute eine verkehrte Welt: Wo sich jetzt die nordwestdeutsche Küstenlandschaft mit ihren Inseln erstreckt, befand sich in der Urzeit das von Nordamerika bis nach Skandinavien reichende Kimbrische Festland, dessen Südufer dort verlief, wo sich heute das Wiehengebirge erhebt.

In den Wäldern bei Bippen und Fürstenau im Bersenbrücker Land (Landkreis Osnabrück) findet man noch heute – wenn man Glück hat – die Zähne von Haifischen. Sie erinnern an die einstigen Bewohner dieser Region. Das Sammeln solcher Raritäten ist allerdings verboten. Und im damaligen Wattenmeer bei Bad Essen tummelten sich die zehn Meter großen Sauropoden auf ihren Elefantenfüßen. Sie ernährten sich von Algen, besaßen nur ein sehr kleines Gehirn und waren den wuchtigen Megalosauriern mit ihren dreizehigen Füßen und dolchartigen Zähnen völlig unterlegen. Einige dieser »Ur-Niedersachsen« hinterließen ihre Spuren im Watt, das nichts anderes ist als von der

Das Niedersachsenroß vor dem Welfenschloß ist nicht nur Wahrzeichen Hannovers, sondern auch Wappentier von Niedersachsen.

Nordsee überschwemmtes Festland. Im Jahre 1921 wurden die
Saurierspuren auf einer Felsplatte
in einem Steinbruch bei Barkhausen, oberhalb der dort noch sehr
schmalen Hunte, entdeckt – eine
wissenschaftliche Sensation und ein
einmaliges Naturdenkmal, das zur
Touristenattraktion geworden ist.

Von Eiszeitgletschern geformt

Die Gletscher, die im Verlauf der
Eiszeiten riesige Geröllmassen mit
gewaltigen Steinen aus den skandi-
navischen Gebirgen »kostenlos«
nach Nordwestdeutschland trans-
portierten, formten dann nach und
nach das Land, wie es sich heute
präsentiert. Damals entstanden der
bis zu 170 Kilometer breite Geest-
gürtel Niedersachsens, der den
größten Teil des Landes einnimmt,
und (ganz zum Schluß, vor etwa
10 000 Jahren) das Marschenland
sowie die Küste. Endgültiges ließen
aber auch die Eiszeiten nicht zurück.

Das Land befindet sich im ewigen
Wandel. Dies wird uns am deutlich-
sten beim Blick auf alte Landkarten, die den Küstenraum zeigen:
Trotz des Deichbaus der Friesen
haben in den vergangenen Jahrhunderten zahlreiche Sturmfluten die
Nordseeküste immer wieder zerstört und verändert. So entstand
beispielsweise durch die Julianen-
flut im Jahre 1164 der Jadebusen
und auf gleiche Weise 1362 der
Dollart.

Erste Kenntnis über die Besiedlung
Niedersachsens geben uns Boden-
funde aus vor- und frühgeschicht-
licher Zeit. Als spätere Hauptquelle für die Lebensweise einzelner
Volksstämme »jenseits des Limes«
kann Tacitus' »Germania« gelten,
eine Völkerkunde aus römischer
Sicht.

An der Küste lebten die Chauken,
deren kärglicher Lebensstil den Römern außerordentlich zuwider war.
Sie lebten als Fischer und Vieh-

Das Leineschloß in der Altstadt
von Hannover erhielt seinen klassizistischen Portikus 1820 von G. L.
Laves. Das Schloß ist heute Sitz
des Niedersächsischen Landtages.

Vor der Kirche St. Katharina in Braunschweig erhebt sich das Denkmal Heinrichs des Löwen. Braunschweig war seine Residenzstadt, und hier liegt er begraben.

züchter und wohnten in Häusern auf künstlichen Hügeln. Später standen sie in dem Ruf, kühne Seefahrer und wilde Seeräuber zu sein. Der Name Chauken bedeutete vermutlich »die Vornehmen«. An der Elbe und im Bereich der Lüneburger Heide lebten die Langobarden, die im sechsten Jahrhundert gen Süden zogen und sich in Nord- und Mittelitalien niederließen.

Von den Cheruskern im südlichen Niedersachsen wissen wir, daß sie unter ihrem Führer Arminius im Jahre 9 n. Chr. den Römern eine empfindliche Niederlage bereiteten. Rom verzichtete fortan darauf, das nördliche Germanien zu besetzen. Ob die große Schlacht des Arminius im Teutoburger Wald geschlagen wurde oder – wie gelegentlich von Wissenschaftlern angenommen worden ist – in den niedersächsischen Dammer Bergen, das wird möglicherweise für alle Zeiten im Nebel der Vergangenheit verborgen bleiben. Es soll an dieser Stelle auch nicht der Versuch unternommen werden, dem Teutoburger Wald eine Attraktion wegzunehmen.

Könige aus sächsischem Haus

Als politisch erfolgreich erwiesen sich in den folgenden Jahrhunderten die deutschen Könige aus sächsischem Hause. Erinnert sei hier an Heinrich I. (919–936), Otto den Großen oder an den letzten Sachsen-Kaiser Lothar (1125–1137). Heinrich der Löwe, Herzog von Sachsen und Bayern, verweigerte seinem Vetter, Kaiser Friedrich Barbarossa, die Gefolgschaft. Daraufhin wurde Heinrich vom Kaiser geächtet und verlor Bayern und Sachsen.

Mit Heinrichs Sturz im Jahre 1180 wurde das alte Herzogtum Sachsen zerschlagen. Seine Nachfolger aber, die Welfen, die ihn als ihren Stammvater betrachteten, übernahmen bald wieder die Führung in dem zersplitterten Gebiet. Im Jahre 1354 war zum ersten Male die Rede von einem Saxonia Inferior, von Neddersassen. Es wurde damit das Gebiet der Erzdiözesen Bremen und Magdeburg bezeichnet, wozu im weiteren Sinne Mecklenburg und Vorpommern gehörten, nicht aber das heutige Ostfriesland. Die Friesen waren ein freies Bauernvolk, geführt von Häuptlingen.

In »Saxonia Inferior« regierten die Welfen

Im Jahre 1512 spaltete sich der Niedersächsische Reichskreis endgültig vom Sächsischen Reichskreis ab. Die Welfen waren aber noch da und wurden immer stärker. 1692 wurde Herzog Ernst August Kurfürst von Hannover. Ernst Augusts Sohn bestieg 1714 als König Georg I. den englischen Thron. Für 123 Jahre wurden Hannover und Großbritannien von den Welfen in Personalunion regiert.

Sie erlosch im Jahre 1837, als die junge Victoria ihrem Onkel Wilhelm IV. auf den englischen Thron folgte. Mit ihrem Namen ist ein ganzes Zeitalter verbunden. In Hannover aber, das inzwischen Königreich geworden war, gab es die weibliche Thronfolge nicht, so daß im Stammland der welfischen Dynastie ein Bruder Wilhelms IV. König wurde: Ernst August.

1866 wurde das Königreich Hannover von Preußen annektiert. Hannover hatte sich im deutsch-deutschen Krieg auf die Seite Österreichs und der südlichen Staaten gestellt. Der König wurde vertrieben. Hannover wurde preußische Provinz und blieb es bis 1945.

Über hundert Jahre vorher hatten die Preußen ihren schwarzen Adler schon auf einem anderen Gebiet des heutigen Niedersachsen gehißt: in Ostfriesland. Die Friesen, deren Stammesraum sich im Mittelalter zwischen Ems und Weser bis ins Land Wursten ausdehnte, waren im 15. Jahrhundert von dem Häupt-

Der Walkenrieder Klosterteich ist einer von 365 Fischteichen, die die Zisterzienser-Mönche einst anlegten. Ein Erwerbszweig des klösterlichen Großbetriebes war die Fischzucht.

lingsgeschlecht der Cirksena vereinigt worden. Sie bildeten eine Reichsgrafschaft. Im Jahre 1744 starben die Cirksena aus. Ostfriesland fiel durch Erbfolge an Friedrich II. von Preußen. Im Jahre 1815, nachdem Hannover Königreich geworden war, mußten die Preußen Ostfriesland an Hannover abtreten. 1866 hatten sie es wieder. Selbständig innerhalb des heutigen Niedersachsen blieben die Herzogtümer Oldenburg und Braunschweig und das Fürstentum Schaumburg-Lippe mit der Residenz Bückeburg. Ebenso konnte sich die alte Handels- und Hansestadt Bremen als Freie Reichsstadt behaupten. Im Deutschen Kaiserreich von 1871 bis 1918 wurde ihre Unabhängigkeit allerdings immer stärker eingeschränkt.

Die Idee eines gemeinsamen Niedersachsen lebte als geographischer, geschichtlicher und wirtschaftlicher Begriff in den Jahren um 1830 auf. 1835 wurde der »Historische Verein für Niedersachsen« gegründet, aber erst 1918 gab es Überlegungen, eine politische Einheit Niedersachsen zu schaffen. Es wurde daher keineswegs als ein Akt der Willkür betrachtet, als die britische Besatzungsmacht 1946 das Land Niedersachsen gründete. Die alten Herzogtümer Braunschweig und Oldenburg erhielten damals einen Sonderstatus. Heute ist davon nicht mehr die Rede.

Bremen wurde zusammen mit der an der Unterweser liegenden Stadt Bremerhaven als Freie Hansestadt Bremen zu einem selbständigen Bundesland erhoben. Dem lagen in Bremen und Hamburg Überlegungen zugrunde, nach denen die beiden größten deutschen Hafenplätze ihrer Bedeutung für die gesamte deutsche Wirtschaft nur als eigenständige politische Gemeinwesen gerecht werden konnten. An dieser Einstellung hat sich bis heute nichts geändert. Auf dem Marktplatz zu Bremen steht der steinerne Roland, und solange er den Zeiten trotzt, bleibt Bremen eine freie Stadt.

Oben: Rhododendren gedeihen gut in Moorböden. Im Ammerland gibt es beides: Moore und einen großen Rhododendronpark in Westerstede-Linswege.

Unten: Der Container-Terminal in Bremerhaven gehört zu den größten in Europa. Mit dieser modernen Anlage will der Hafen auch in Zukunft konkurrenzfähig bleiben.

Leer ist eine alte ostfriesische Hafen- und Handelsstadt. Der Rathausturm von 1894, der sich über der Alten Waage erhebt, ist dagegen wesentlich jünger.

Niedersachsen gilt vor allem als Bauernland. Und das ist es wohl auch, trotz der Hochöfen in Salzgitter, trotz der Autobänder in Wolfsburg, trotz des Ölpiers in Wilhelmshaven und der Fischindustrie in Cuxhaven. Neueste Zahlen geben Auskunft darüber, daß sich in Niedersachsen immer noch 121 900 landwirtschaftliche Betriebe befinden. Aber in der Landwirtschaft, in der Forstwirtschaft und in der Fischerei sind nur 219 000 Menschen beschäftigt, von insgesamt 3 067 000 Erwerbstätigen.

Längst darf man wohl davon ausgehen, daß einer der wichtigsten Wirtschaftszweige des Landes der Tourismus ist. Niedersachsen wurde in den vergangenen Jahrzehnten mehr und mehr zu einem Ferienland, obwohl es das in einigen Gegenden schon seit Generationen gewesen war.

Einige der Ostfriesischen Inseln blicken auf eine fast 200jährige Tradition als Ferienplätze zurück. So war die Insel Norderney schon vor 130 Jahren Sommerresidenz des Königs von Hannover.

Goethe wanderte durch den Harz und schrieb seine Harzreise im Winter: »Dem Geier gleich / Der auf schweren Morgenwolken / Mit sanftem Fittich ruhend / Nach Beute schaut / Schwebe mein Lied . . .« Hermann Löns' Verbundenheit mit der Natur fand Erfüllung in der Lüneburger Heide. Seine Naturbeobachtungen fußen auf Erlebnissen in dieser inzwischen berühmten Landschaft.

Im Weserbergland erzählte man sich schon von jeher gern Märchen. Ein berühmter Erzähler phantastischer Begebenheiten war der Baron von Münchhausen aus Bodenwerder. Doktor Eisenbart hingegen kurierte »die Leut' nach seiner Art«, und der Rattenfänger von Hameln rächte sich fürchterlich, nachdem er sich um den verdienten Lohn geprellt sah.

BEDÄCHTIGE MENSCHEN IM SCHÖNEN BAUERNLAND

16 Feriengebiete gibt es heute überall in Niedersachsen: im östlichen Wendland wie im westlichen Emsland mit dem Hümmling, in dem sich der Fürstbischof von Köln, Clemens August, vor mehr als 200 Jahren das Jagdschloß Clemenswerth bauen ließ. In fröhlicher Gesellschaft verbrachte er dort seine Freizeit.

In Bruchhausen-Vilsen an der Mittelweser tranken die Hoheiten aus Hannover vor 300 Jahren den Brunnen und machten sich das Leben mit Familienintrigen schwer. Die Dammer Berge werden seit hundert Jahren als Oldenburger Schweiz gerühmt, und in Bederkesa am See, im Elbe-Weser-Dreieck, hatte der Bremer Zuckerkaufmann Heinrich Böse seinen Sommersitz. Vor gut 150 Jahren empfing er dort seine Freunde, unter ihnen Hoffmann von Fallersleben, der das Deutschlandlied geschrieben hat.

Selbst in Gegenden, in denen noch vor dreißig Jahren kein Mensch Tourismus für möglich gehalten hätte, gibt es heute Freizeitzentren, Campingplätze oder Ferien auf dem Bauernhof.

Die Niedersachsen gelten allgemein als zurückhaltend, wortkarg und verschlossen, sie zeigen ihre Gefühle nicht. Ganz selbstverständlich und herzlich ist dagegen ihre Gastfreundschaft. Ihre Einstellung zum Leben ist von einem tiefgründigen Humor geprägt. Es war ein Niedersachse, Wilhelm Raabe, der sagte: »Lachen ist eine ernste Sache.«

Wilhelm Busch und Till Eulenspiegel

Wilhelm Busch, der in dem hannoverschen Dorf Wiedensahl geboren wurde und dort auch den größten Teil seines Lebens verbrachte, drückte es anders aus. In seinem Gedicht vom Vogel auf dem Leim heißt es: »Der Vogel denkt: Weil das so ist / Und weil mich doch der Kater frißt / So will ich keine Zeit

Heinrich Heine hat den langgezogenen Harzort Lerbach treffend charakterisiert: ». . . kleine Hütten mit grauen Dächern, die sich über eine halbe Stunde durch das Tal hinziehen.«

verlieren / Will noch ein wenig quin-
quilieren / Und lustig pfeifen wie
zuvor / Der Vogel, scheint mir, hat
Humor.«

Till Eulenspiegel, der nahe bei
Schöppenstedt, südöstlich von
Wolfenbüttel, geboren sein soll,
war vielleicht Niedersachse. Die
Schöppenstedter jedenfalls verglei-
chen gern ihre Schelmenstreiche
mit den Narreteien der Bürger von
Schilda.

Bedächtig sind die Niedersachsen

In Buxtehude war der bedächtige
Igel zu Hause, der den in seinem
Hochmut blind gewordenen Hasen
sich zu Tode laufen ließ. Bedächtig-
keit war auch eine Charaktereigen-
schaft von Wilhelm Kaisen, dem
großen Bürgermeister Bremens in
der Nachkriegszeit, der bis zuletzt
seine kleine Bauernstelle in Borg-
feld bewohnte und bewirtschaftete.
Einem allzu aufgeregten Herrn von
höchstem Rang hielt er seelenruhig
sein »Nu mal sinnig!« entgegen.
Und der andere rieb sich verlegen
die Nase.

Der Volksdichter August Hinrichs,
der das bis heute unvergessene
plattdeutsche Stück »Krach um Jo-
lanthe« nach einer wahren Bege-
benheit aus dem Landkreis Cloppenburg schrieb, Alma Rogge mit
ihrem feinen Humor oder der niederdeutsche Schriftsteller Heinrich
Schmidt-Barrien, der noch heute in
Frankenberg bei Worpswede seine
Bienen züchtet und sich von Zeit zu
Zeit immer wieder zu Wort meldet

Im Harz bieten sich zahlreiche
Möglichkeiten, Wassersport zu
betreiben. Wildwasserkanuten be-
vorzugen das Okertal zwischen
Romkerhalle und Waldhaus.

18 – sie alle sind Repräsentanten des niedersächsischen Volkscharakters, erdverwachsene Typen, die sich über jeden Gast freuen, die aber nicht für große Sprüche zu haben sind, eher für das freundliche Gespräch am Abend, wenn die Arbeit getan ist.

Bei diesen Menschen kann man sich erholen. Ganz gleich, ob sie in Greetsiel oder Neuharlingersiel auf einem Poller im Hafen sitzen und der neugierigen Landratte einen Schifferknoten beibringen und beiläufig ein bißchen Seemannsgarn spinnen oder ob sie in der Heide vom Kutschbock aus müden Wanderern, die einen Sitzplatz in der Kutsche ergattert haben, die berühmt gewordene Kanzelpredigt des Pastors Wilhelm Bode wiedergeben. Der soll eines Sonntags gesagt haben: »Liebe Gemeinde, handelt nach meinen Worten und nicht nach meinen Taten!« Oder ob sie im Harz von alten Zeiten berichten, als in der Walpurgisnacht die Hexen auf Besenstielen durch die Lüfte ritten – zum Blocksberg hinauf.

Zwischen Watt und Harzgipfeln

Es ist wie überall in der Welt: Niedersachsen wird erst so recht zum Erlebnis durch die Menschen, die dort leben. Es ist die Vielfalt, die das Land bietet: Wandern in den Bergen oder in der endlosen Weite einer Wattenlandschaft, Mußestunden im Strandkorb, Fahrten mit dem Paddelboot auf einem der Heideflüsse oder auf den Kanälen in Ostfriesland oder im Saterland, wo die Menschen noch heute das Friesische so unverfälscht sprechen, daß selbst im Plattdeutschen Geübte in Verlegenheit kommen.

Ferien in einer Anglerhütte, die Fahrt mit einem Fischkutter hinaus aufs Meer, Seehunde besuchen. Segeln, Windsurfen, Wandern, Radfahren, Reiten – Niedersachsen bietet die ganze Palette der Ferienfreuden.

Der tausendjährige Rosenstock an der Apsis des Hildesheimer Domes soll so alt sein wie der erste Dombau, der hier im 9. Jahrhundert entstanden ist.

Und selbst im Winter ist es nicht allein der Harz, der zum Skilaufen einlädt. Neuerdings hat man sogar die Deiche in Ostfriesland und im Lande Wursten als ideale Langlaufloipen entdeckt. Nur mit dem Schnee hapert es meistens. Das hängt mit dem Klima des Landes zusammen. Die Winter sind im allgemeinen milde, die Sommer dagegen nicht übermäßig heiß. Für den, der nicht unbedingt in der Nordsee baden will, sind Frühling und Herbst die schönsten Jahreszeiten. Die Temperatur liegt im Jahresdurchschnitt bei acht bis neun Grad Celsius, das bedeutet eine mittlere Temperatur von 16 bis 18 Grad im Sommerhalbjahr und durchschnittliche Werte zwischen null und einem Grad im Winter.

Viele Städte Niedersachsens sind beredte Zeugen der Geschichte; es lohnt sich, sie zu besuchen; zum Beispiel Hannover, Hauptstadt des Landes, die Löwenstadt Braunschweig oder Osnabrück, wo 1648 durch den »Westfälischen Frieden« der Dreißigjährige Krieg beendet wurde.

Da sind die alte Residenzstadt Oldenburg, das bischöfliche Hildesheim, die traditionsreiche Universitätsstadt Göttingen und – schmuck herausgeputzt – die freundlichen Städte Celle und Lüneburg, Stade und Verden, Quakenbrück, Aurich und Leer.

Niedersachsen ist reich an kulturgeschichtlichen Sehenswürdigkeiten, auf die in den folgenden Kapiteln noch eingehend hingewiesen werden soll. Aber auch die Eßkultur kommt nicht zu kurz. Gesunder Appetit kann mit einer deftigen Mahlzeit immer gestillt werden.

Oben: Das Märchen von den Bremer Stadtmusikanten kennt jeder. Der Bildhauer Gerhard Marcks hat ihnen in Bremen 1952 ein Denkmal gesetzt.

Unten: 13 Kilometer entfernt von Cuxhaven liegt die Insel Neuwerk. Bei Ebbe kann man sie entweder zu Fuß erreichen oder mit der gelben Wattenpost.

Die alte Oberharzer Bergstadt
Altenau – sie erhielt Anfang des
17. Jahrhunderts Stadtrecht und
Bergfreiheit – zieht sich durch
mehrere Täler.

ie Berge wurden hier noch steiler, die Tannenwälder wogten unten wie ein grünes Meer, und am blauen Himmel oben schifften die weißen Wolken. Die Wildheit der Gegend war durch ihre Einheit und Einfachheit gleichsam gezähmt. Wie ein guter Dichter liebt die Natur keine schroffen Übergänge.« 160 Jahre sind es her, da diese Zeilen niedergeschrieben wurden: von Heinrich Heine, der seinen Bericht über eine Harzreise begann: »Lebet wohl, ihr glatten Säle / Glatte Herren! Glatte Frauen / Auf die Berge will ich steigen / Lachend auf euch niederschauen.«

Es hat sich, so scheint es, seitdem nicht viel verändert. Wenn der Harz auch nicht mehr das »undurchdringliche, finstere Wald- und Nebelland« ist, von dem die Römer sprachen; wenn uns beim Anblick der Wälder auch die bange Frage beschleichen mag, wie lange sich noch dieses Bild erhalten wird, so bleibt doch unbestritten, daß der Harz seinen geheimnisvollen Charakter bewahrt hat. Freilich, wer das erleben will, der muß ein bißchen von der Straße abgehen.

Zu den unvergeßlichen Erlebnissen gehört auch heute noch eine Wanderung durchs romantische Okertal. Man trifft im Harz auf dunkle Wälder, auf Hochmoore, Wasserfälle, eindrucksvolle Aussichtspunkte und kann unterwegs gelegentlich eine Höhle besuchen.

Der Harz, das größte deutsche Mittelgebirge, ist nur noch zum Teil für die Bewohner der Bundesrepublik Deutschland problemlos zu erreichen. Mitten durch den Harz hindurch, manchmal entlang der Straße, verläuft die deutsch-deutsche Grenze. Der 1142 Meter hohe Brocken ist nur von ferne zu sehen. Die schönen Ausflugsziele und Sehenswürdigkeiten von einst, Roßtrappe, Hexentanzplatz, Heimkehle und die Hermannshöhle, haben nur noch Erinnerungswert.

NIEDERSACHSENS GEBIRGE: DER HARZ

Aber der Westharz, ein einziger Naturpark (mit Ausnahme einiger Gemeinden), bietet immer noch Eindrucksvolles genug, obwohl er nur 900 Quadratkilometer des insgesamt 2000 Quadratkilometer großen Harzes umfaßt. Von West nach Ost mißt der bundesdeutsche Harz 25 Kilometer, von Nord nach Süd sind es 35 Kilometer.

Silbererz war den Fürsten wichtig

Seine Geschichte ist eng verbunden mit dem Silbererz, das im Jahre 968 bei Goslar gefunden wurde, was im übrigen auch nicht ohne Folgen blieb: Silbererzgruben waren für ständig in Geldverlegenheit befindliche Fürsten ein unschätzbarer Besitz. Dem Bergbau verdankt der Harz auch sein heutiges Gesicht.

»Es grüne die Tanne, es wachse das Erz / Gott schenke uns allen ein fröhliches Herz.« Dieser Wahlspruch der Harzer, der heute vorzugsweise auf Souvenirs zu lesen ist, hat einen kleinen Schönheitsfehler: Die Tanne ist in Wirklichkeit eine Fichte. Und sie war nicht immer der beherrschende Baum des Harzes.

Einst bestand der Harz aus Buchenwäldern. Erst im Bereich der Baumgrenze, etwa in 900 bis 1000 Meter Höhe, gedieh die Fichte. Die Buche aber wurde ein Opfer des Bergbaus: Die Harzer Bergleute brauchten die hohen Temperaturen des Buchenholzfeuers, um damit das Erzgestein lockern zu können. Außerdem benötigten sie zur Verhüttung des Erzes Holzkohle, die ebenfalls aus Buchenholz gewonnen wurde.

Jahrhundertelang trieb man so Raubbau mit den Wäldern des Harzes. Erst gegen Ende des 17. Jahrhunderts erkannte man, welche schwerwiegenden Folgen für die Natur diese Arbeitsweise hatte. Die neu angepflanzten Buchen wurden jedoch ein Opfer der Ziegen, die den jungen Buchentrieben gegen-

über den Fichten den Vorzug gaben. Also wurde massiv mit Fichten aufgeforstet.

Heute verändert sich der Harz wiederum: Als Folge des sauren Regens sterben jetzt die Fichten. Nun pflanzt man neue, widerstandsfähigere Bäume an. Jetzt sollen Ebereschen, Grünerlen und Birken dafür sorgen, daß der Humus von den Berghöhen nicht weggespült wird.

Das Dukatenmännchen an der Front des Gildehauses »Kaiserworth« in Goslar soll Glück bringen, wenn man es lange genug anschaut. Jedenfalls darf es als Glücksfall empfunden werden, in Goslar zu sein, denn die Stadt am Harzrand gehört zu den schönsten deutschen Städten.

Goslar, gegründet 922, hat sich vieles aus dem Mittelalter bewahrt, als die Stadt Treffpunkt der höchsten Würdenträger des Reiches war. Kaiser Heinrich II. (1002–1024) baute in Goslar die erste Pfalz; damals war gerade das Silbererz nahe der Stadt gefunden worden.

Nachdem diese Pfalz abgebrannt war, ließ Heinrich III. (1039–1056) an ihrer Stelle eine neue errichten – den größten romanischen Profanbau Deutschlands.

Höhepunkte in der Geschichte der Stadt waren dann die glanzvollen Reichsversammlungen unter Kaiser Heinrich V. (1106–1125) und unter Friedrich Barbarossa (1152–1190). Barbarossa zerstritt sich unter anderem auch wegen der Silberminen des Harzes mit seinem Vetter und einst treuen Gefolgsmann Heinrich dem Löwen. Das sollte für das Reich und vor allem für das Herzogtum Sachsen schwerwiegende Folgen haben.

Die Kaiserpfalz steht noch heute. Leider haben sich bei ihrer Restaurierung in den Jahren 1868/79 Planer und Gestalter vom Geschmacke ihrer Zeit, der wilhelminischen Epoche, leiten lassen.

Schon davor hatte man sich im Jahre 1819 ein »Meisterstück« geleistet mit dem Abriß des alten Doms von 1050. Von ihm ist nur noch die um

1150 erbaute Vorhalle erhalten, in der sich der berühmte Kaiserstuhl befindet. Von hier aus eröffnete Kaiser Wilhelm I. im Jahre 1871 den Deutschen Reichstag.

Goslar ist reich an Kunstschätzen aus der Stauferzeit. So symbolisiert der gekrönte Adler auf dem Marktbrunnen (Anfang 13. Jahrhundert) die Macht des staufischen Kaiserreichs. Etwas später entstand das Hospital »Großes Heiliges Kreuz« (1254). Sehenswert ist auch das Ende des 15. Jahrhunderts gegründete St. Annenhaus, eine Mischung aus Sakral- und Profanbau.

Aus der Blütezeit der Stadt Goslar stammt das »Brusttuch«, ein Patrizierhaus aus dem Jahre 1526. Die reichen Renaissance-Schnitzereien von Simon Stappen auf dem Fachwerk mit burlesken Szenen gleichen einem Bilderbogen. An einigen Figuren glaubt der kundige Betrachter Hinweise darauf zu erkennen, daß der Künstler ein nicht eben gleichgültiges Verhältnis zur Ehefrau des Bauherrn hatte.

Goslar: Rathaus und Zwinger

Zu den Sehenswürdigkeiten der Stadt gehören das in seinen ältesten Teilen aus dem 12. Jahrhundert stammende ehemalige Benediktinerinnen-Kloster Neuwerk in der Rosentorstraße, die 1073 erstmals erwähnte Pfarrkirche St. Jakobi mit der Pietà (1520) von Hans Witten, die Marktkirche, deren Ursprünge im Jahre 1170 liegen, was freilich kaum noch zu erkennen ist, und das Rathaus aus der Mitte des 15. Jahrhunderts mit dem Huldigungssaal, der mit seinen Wandmalereien als eines der bedeutendsten Kunstwerke in Niedersachsen gilt.

Wer sich ein bißchen gruseln möchte, der mag sich hinter den sechs Meter hohen Mauern des Zwingers von 1517 die Folterwerkzeuge ansehen, mit denen Gefangene einst gemartert wurden. Sie zeigen, daß der Mensch auch in der »guten,

alten Zeit« schon großen Einfallsreichtum entwickelte, wenn es darum ging, sinnreiche Geräte zum Quälen seiner Artgenossen zu erfinden.

Nach dem Besuch der Folterkammer im Zwinger erholt man sich am besten in Goslars Umgebung, macht zum Beispiel einen Spaziergang auf den Frankenberg. Hier steht die Pfarrkirche St. Peter und Paul. Sie wurde um 1120 bis 1150 neu gebaut. Die ursprünglich flachgedeckte Pfeilerbasilika erhielt um 1250 ein Gewölbe, um 1500 wurde die Kirche umgebaut, 1872/80 restauriert. Seitdem sind die mittelalterlichen Wandmalereien wieder zu sehen.

Im Naturschutzgebiet nordwestlich von Braunlage liegt im Staatsforst Oderhaus der 928 Meter hohe Bruchberg. Es ist der zweithöchste Berg des westdeutschen Teils des Harzes. Auf seiner Bergkuppe liegt ein Hochmoorgebiet mit seltenen Pflanzen. Am Westhang des Bruchbergs entspringt die Oker, die auf ihrem Weg nach Norden eines der schönsten Täler in die Berge des Harzes geschnitten hat, besonders auf der Strecke Romkerhalle–Waldhaus.

Dort haben nicht nur Wildwasser-Kanuten die Chance, waghalsige Abenteuer zu bestehen, auch die Wissenschaft weiß die Existenz dieses Tals zu schätzen. Geologen sprechen von einer »Quadratmeile der Geologie«, weil es dort ungewöhnlich viele verschiedene Gesteinsformationen gibt. So gehört das Okertal zu den bevorzugten Zielen der Mineraliensammler. Ein schönes Ziel ist aber auch der 60 Meter hohe Romkerhaller Wasserfall am südlichen Eingang zum romantischsten Teil des Okertals.

Die sieben Stauseen haben den Harz zu einem beliebten Treffpunkt für Wassersportler gemacht. Wer mit dem Segelboot in den Harz fährt, weiß, daß er auf dem Oder- oder Okerstausee ideale Bedingungen vorfindet. Doch nicht auf allen Stauseen ist Wassersport möglich.

Oben: Die Bergleute des Harzes besaßen zum Teil auch Hude- und Weiderechte. Daran erinnern noch die Kuh- und Ziegenglocken im Museum von Lautenthal.
Mitte: Rund 80 Kilometer lang ist die deutsch-deutsche Grenze, die den westlichen Oberharz vom östlichen Unterharz trennt.
Unten: Wildemann war die kleinste der insgesamt sieben Oberharzer Bergstädte. In »Klein-Tirol«, wie der Ort genannt wird, kann man im Winter Schlitten fahren.

24 So werden der Grane-, Ecker- und Sösestausee als Trinkwasserreservoirs genutzt, hier darf man nur angeln, nicht aber baden oder Boot fahren.

Die Stauseen sind, bedingt durch ihre Erbauungszeit, unterschiedlich groß. Die kleinste und älteste Talsperre ist der Oderteich, erbaut 1714 bis 1721 von Knappen aus St. Andreasberg, mit einem Fassungsvermögen von 1,7 Millionen Kubikmeter. Das Wasser des Oderteiches diente damals dazu, über Räder die frühen »Maschinen« in den Bergwerksgruben der Stadt anzutreiben. Heute können Abgehärtete in dem kalten Oderteich baden.

Für den Okerstausee, der in den fünfziger Jahren erbaut wurde und der mit 47,4 Millionen Kubikmeter das größte Fassungsvermögen der Harzer Stauseen besitzt, mußte das Dorf Schulenberg geopfert werden. Der alte Ort versank in den Fluten, wurde jedoch am Westufer des Stausees neu aufgebaut.

Die Mehrzahl der Stauseen dient der Stromerzeugung und dem Hochwasserschutz. Auf dem Oker-, Oder- und Innerstestausee kann man jede Art von Wassersport betreiben. Als bislang letzter Stausee wurde 1966/69 der Granestausee gebaut. Er hat mit 45 Millionen Kubikmeter das zweitgrößte Fassungsvermögen, ein 7,5 Kilometer langer Stollen verbindet ihn außerdem mit dem Okerstausee.

Die sechs Bergstädte bestimmten jahrhundertelang das wirtschaftliche Leben in dieser Region, wobei nur am Rande hinzugefügt werden soll, daß die Harzer trotz der reichen Silberminen in ihren Bergen selbst stets sehr arm gewesen sind. Noch bis weit in unser Jahrhundert hinein, nachdem der Tourismus schon anfing, sich zu entwickeln, war die Ziege das Haustier der Harzbewohner. Sie stand immer dort im Stall, wo die Armut zu Hause war.

Die Bergstädte des Harzes sind: Clausthal-Zellerfeld, Bad Grund, Wildemann, Lautenthal, St. An-

Auch heute noch ist Goslar mit seinen Sehenswürdigkeiten die bedeutendste Stadt des Harzes. Viele der verwinkelten Altstadtgassen enden an einem Stadttor.

Das »Brusttuch«, benannt nach seinem Grundriß, ist eines der schönsten Patrizierhäuser in Goslar. Berühmt ist es wegen seiner Fachwerkschnitzereien von 1526.

dreasberg und Altenau. Sehenswert in Clausthal-Zellerfeld (die beiden Städte wurden 1924 miteinander vereinigt) ist die Clausthaler Marktkirche zum Heiligen Geist, die im Jahre 1642 vollendet wurde und die größte Holzkirche Europas ist. Um vergleichen zu können, seien hier noch die anderen der für den Harz so typischen Holzkirchen genannt: die St. Antoniuskirche in Bad Grund (1640), die Lautenthaler Kirche (1659, Umbau 1719) und die Pfarrkirche St. Nikolai (1670) in Altenau.

Ansehen sollte man sich auch den Marktplatz in Zellerfeld mit dem Dietzelhaus und der Fratzenapotheke. Im Oberharzer Bergwerks- und Heimatmuseum, das sich im ehemaligen Rathaus von Zellerfeld befindet, wird man mit der Geschichte des Bergbaus im Harz bekannt gemacht.

Café Winuwuk in Bad Harzburg

Doch sollten wir jetzt zu einer kleinen Rundfahrt aufbrechen, die in Bad Harzburg beginnt, dessen Solequellen seit dem Jahre 1570 bekannt sind und deren Heilkraft seit der Mitte des vorigen Jahrhunderts genutzt wird. Mit der Kabinen-Seilbahn kann man hinauffahren auf den 482 Meter hohen Burgberg, lohnende Wanderwege führen zu den Rabenklippen oder zum Molkenhaus, wo man bei der Wildfütterung zusehen kann.

Unbedingt sollte man sich in Bad Harzburg das originelle »Café Winuwuk« ansehen, das 1922 von Bernhard Hoetger (1874 bis 1949) entworfen und ausgestattet worden ist. Bernhard Hoetger, von Haus aus Steinmetz und Holzbildhauer, lebte von 1919 bis 1933 in Worpswede, nachdem er sich dem Kreis um Heinrich Vogeler und Otto Modersohn angeschlossen hatte. An der Gestaltung des Hauses Winuwuk waren noch andere Worpsweder Künstler beteiligt.

Die Landschaft des Okertals ist
nicht nur wildromantisch, sondern
auch für den geologisch Interessierten anziehend: Hier findet man
zahlreiche Gesteinsarten.

28 Auf der Bundesstraße 4 geht es nach Braunlage, das zu allen Zeiten ein beliebter Ferienort ist – im Winter nicht zuletzt wegen seiner guten Wintersportmöglichkeiten und wegen der beliebten Großen Wurmbergschanze.

Bei Hohegeiß, dem mit rund 650 Meter höchstgelegenen Ort Niedersachsens, stehen die »Dicken Tannen«, die allerdings Fichten sind. Wenige Meter neben Hohegeiß und der B 4 verläuft die Grenze zur DDR.

Zu den besonderen Sehenswürdigkeiten im Harz gehört das etwa einen Kilometer von Bad Sachsa entfernte Kloster Walkenried. Die ehemalige Zisterzienser-Abtei wurde im Jahre 1127 gegründet. Der Verfall des einst reichsten Klosters in Nord- und Mitteldeutschland setzte bereits während der Bauernkriege 1525 ein. Damals wurde das Kloster geplündert. Während des Dreißigjährigen Krieges flüchteten die letzten Mönche nach Prag, und das Kloster diente von da an als Steinbruch. Während die Kirche heute nur noch Ruine ist, hat sich das Kloster fast vollständig erhalten.

Bad Sachsa, im Südharz gelegen, gehört mit seinen gepflegten Kuranlagen und dem Märchengrund zu den beliebten Ferienorten des Harzes. Man sollte nicht versäumen, zum 660 Meter hohen Ravensberg hinaufzusteigen oder zu fahren, denn an schönen Tagen hat man von dort eine Aussicht hinüber zum Brocken und weit ins Thüringer Land hinein.

Etwa 10 Kilometer westlich von Bad Sachsa liegt Bad Lauterberg, das zu den anerkannten Kneipp-Heilbädern Deutschlands zählt. Hier kann man sich im Sommer schon morgens um halb vier einem Förster anschließen, um im Wald den Vogelstimmen zu lauschen und um sie zu bestimmen.

Auf halbem Wege zwischen Herzberg und Osterode liegt das Dörfchen Düna mit der Jettenhöhle, die freilich nur auf eigene Gefahr, möglichst unter Führung eines Ortskundigen, betreten werden sollte. Ihr Name bedeutet soviel wie Riesenhöhle. Sie ist eine der letzten Harzer Gipshöhlen.

Bis heute rangiert Wirtschaftsdenken vor Naturschutz. So ist eine der verschwundenen, weil industriell ausgebeuteten Gipshöhlen die Sachsensteinhöhle bei Bad Sachsa gewesen. Noch im Jahre 1939 wurde sie gern besucht, heute allerdings erinnert man sich nicht einmal mehr in der Kurverwaltung von Bad Sachsa an die Höhle.

Das Gebiet der Jettenhöhle wurde im Hinblick auf diese und andere Zerstörungen unter Naturschutz gestellt. Die Höhle besteht aus 450 Meter langen Gängen, bis zu neun Meter hohen Hallen und einigen Teichen. Sie ist Schauplatz von Sagen und Geschichten, in denen auch die unglückliche Liebe eines Riesen zu einer wunderschönen Königstochter eine Rolle spielt.

Es soll bei dieser Gelegenheit auf zwei weitere Höhlen im Harz hingewiesen werden: auf die 300 Meter lange Einhornhöhle bei Scharzfeld, südöstlich von Herzberg, und auf die Iberger Tropfsteinhöhle in Bad Grund. Letztere wurde in der ersten Hälfte des 16. Jahrhunderts entdeckt, als man nach Erz suchte. Die beeindruckendsten Tropfsteine in der Höhle tragen anschauliche Namen wie »Hand des Riesen«, »Backofen der Zwerge«, »Schlange« und »Madonna«.

Naturschutz gilt auch für Höhlen

Über Bad Grund und Wildemann, der kleinsten der Oberharzer Bergstädte, die ihren Namen einer mittelalterlichen Sagengestalt verdankt, geht es nach Hahnenklee-Bockswiese. Auch hier wird alljährlich am 30. April die Walpurgisnacht gefeiert.

In seinem »Faust« beschreibt Goethe diese Nacht folgendermaßen dramatisch:

Oben: Der Oderstausee, ein beliebtes Wassersportrevier: Am See gibt es Badestellen, man kann angeln, Wasserski fahren und natürlich auch segeln.

»Ein Nebel verdichtet die Nacht.
Höre, wie's durch die Wälder
kracht!
Aufgescheucht fliegen die Eulen.
Hör', es splittern die Säulen
Ewig grüner Paläste.
Girren und Brechen der Äste!
Der Stämme mächtiges Dröhnen!
Der Wurzeln Knarren und Gähnen!
Im fürchterlich verworrenen Falle
Übereinander krachen sie alle,
Und durch die übertrümmerten
Klüfte
Zischen und heulen die Lüfte.
Hörst du Stimmen in der Höhe?
In der Ferne, in der Nähe?
Ja, den ganzen Berg entlang
Strömt ein wütender Zauber-
gesang.«
. . . der sich heutzutage allerdings,
um keine falschen Vorstellungen
aufkommen zu lassen, in eine allge-
meine Fröhlichkeit entlädt. Auch
reiten die Hexen nicht mehr auf
Besen, dafür sind sie hübscher als
früher.
Nach Höhlen- und Walpurgiszau-
ber wenden wir uns nun der Kreisstadt Osterode zu, mit ihrem ge-
schlossenen, gut erhaltenen Stadtbild. An eine nicht unbedeutende
Vergangenheit erinnern die Burgruine aus dem 12. und die Stadtmauer aus dem 13. Jahrhundert.

Unten: Die zweitjüngste Talsperre
im Harz ist der Innerstestausee.
Als Wasserreservoir faßt sie 20
Millionen Kubikmeter Wasser;
das reicht auch zum Segeln.

Die B 498 verläuft erst am Ufer des
Okerstausees, bevor sie ihn überquert, etwa an der Stelle, wo der
alte Ort Schulenberg in den Fluten
des Sees versank.

Der Westturm von St. Ägidien aus
Kalkbruchstein akzentuiert die
Altstadt von Osterode. Viele
Fachwerkbauten in der Stadt
stammen aus dem 16. Jahrhun-
dert.

Man kann hier einfach durch die Straßen spazieren und die vielen alten Häuser aus der Blütezeit der Stadt betrachten. Da wären beispielsweise das Hochzeitshaus (1550) in der Waagestraße 8, die Wegeklause, »Klues« genannt, das älteste Haus der Stadt am Schloßplatz 1, das Rathaus (1552) und das Kornmagazin (1719), das Ritterhaus (1650) in der Straße Rollberg Nr. 32 und daneben das alte Haus Rollberg 30.

Sind wir am Ende unserer Reise durch den Harz angelangt? Nun, so manches, was der Harz bietet, blieb unerwähnt. Wir sind nicht bei den Wildschweinen gewesen, haben nichts berichtet über die ersten erfolgreichen Versuche, den Uhu wieder anzusiedeln. Wir haben die Mineraliensammlung der Technischen Universität von Clausthal nicht besucht, die als die größte der Welt gilt, und in St. Andreasberg haben wir ganz vergessen, auf Goethes Spuren in die Grube Samson einzufahren.

Wir haben das Welfenschloß in Herzberg nicht besichtigt und sind auch nicht auf die Wolfswarte gestiegen, obwohl uns doch gerade dieser Ausflug so dringend empfohlen worden ist. Doch wer hindert uns daran, zu jeder Zeit wieder in den Harz zu reisen? Der Harz ist das ganze Jahr über schön.

Auch Wintersportler wissen seine Hänge und Loipen zu schätzen. Skilauf ist unter anderem möglich in Altenau und in Bad Sachsa, in Braunlage, Buntenbock, Clausthal-Zellerfeld und Hahnenklee, in Hohegeiß, in Lerbach, St. Andreasberg, Wieda und in Wildemann. Und wer sich nicht auf Skibretter stellen mag, der möge sich in einen Pferdeschlitten setzen und unter Glockengeläut den Winterwald durchstreifen.

Oben: Vom Wurmberg bei Braunlage, dem mit 971 Meter höchsten Gipfel des Westharzes, hat man einen guten Blick auf den Brocken. Er liegt jenseits der Grenze...
Mitte: Rabenklippe und Ahrendsberger Klippe bilden das Tor zum romantischsten Teil des Okertals. Hier stürzt auch der der Romkerhaller Wasserfall in die Tiefe.
Unten: Einst war das Zisterzienserkloster Walkenried östlich von Bad Sachsa das reichste weit und breit. Die Ruine zeugt davon.

Altenau: Hölzerne Pfarrkirche St. Nikolai von 1670.

Bad Harzburg: Burgruine (1165).

Clausthal-Zellerfeld: Pfarrkirche von 1642 aus Fichtenholz, größter hölzerner Saalbau in Deutschland; Bergwerksmuseum.

Goslar: Kaiserpfalz mit Doppelkapelle St. Ulrich (11. Jh.); Domvorhalle mit bronzenem Kaiserstuhl (11. Jh.); Klosterkirche Neuwerk (12. Jh.) mit romanischen Wandmalereien; Marktkirche (12./15. Jh.) mit romanischen Glasmalereien im Chor; Rathaus (15. Jh.) mit Huldigungssaal und Evangeliar; Gildehaus der Bäcker (1501/1557) und der Gewandschneider (»Kaiserworth«, 1494/1780), Stadtbefestigung; Museum für Stadtgeschichte, Musikinstrumenten- und Puppenmuseum; Museum für moderne Kunst.

Goslar-Grauhof: Klostergebäude und Stiftskirche (1701/17).

Goslar-Hahnenklee: Kopie einer mittelalterlichen nordischen Stabkirche.

Herzberg: Welfenschloß (17. Jh.).

St. Andreasberg: Bergwerksmuseum »Grube Samson«.

Walkenried: Klosterruine (1127).

Der Kaiserstuhl im Goslarer Dom

Knappen aus dem Erzgebirge waren es, die zu Beginn des 16. Jahrhunderts in den Harz kamen, um dort eine neue Existenz zu gründen. Sie brachten ihre Sprache mit und ihre Bräuche. Einer dieser Bräuche lebt noch heute: das Finkenmanöver. Diese Manöver finden in jedem Jahr zu Pfingsten statt, und es geht dann darum, jenes Finkenmännchen zu ermitteln, das am ausdauerndsten schlagen kann. Die Finkenzucht lebt noch heute im Harz, wenn sie auch nicht die Bedeutung der Kanarienvogelzucht hat. Finkenmanöver finden an folgenden Orten statt: In Altenau (Himmelfahrt), in Hohegeiß (30. April), in St. Andreasberg (zweiter Sonntag nach Pfingsten).

Zu den geselligen Höhepunkten im Jahresablauf gehört alljährlich das Walpurgisfest in der Nacht vom 30. April zum 1. Mai. Wer daran teilnehmen will, der hat die Wahl zwischen vielen Harzer Orten: Walpurgisfeste gibt es in Altenau, Bad Grund, Bad Harzburg, Bad Sachsa, Bad Lauterberg, Braunlage, Buntenbock, Clausthal-Zellerfeld, Hahnenklee, Hohegeiß, Lautenthal, Riefensbeek, St. Andreasberg, Schulenberg, Walkenried, Wieda, Wildemann und Zorge.

Am Pfingstmontag ist Polsterbergtreffen auf dem Polsterberg bei Clausthal-Zellerfeld, wo auch am ersten Sonntag im August ein Harzer Jodlertreffen stattfindet. Zur Johannisfeier am 24. Juni trifft man sich in Altenau, Bad Grund und unter anderem auch in Wolfshagen.

Beim Finkenmanöver in Hohegeiß

Wer sich im Harz sportlich betätigen möchte, dem bieten sich zahlreiche Möglichkeiten. Wanderer finden gut ausgebaute Wege vor, doch auch abseits der ausgeschilderten Routen sind Touren lohnend. Im Okertal, nah bei Waldhaus, können alpine Bergsteiger an steilen Felswänden trainieren. Unabhängig von jeder Jahreszeit ist das Reiten. Golfer und Tontaubenschützen sollten nach Bad Harzburg fahren.

Auf den Stauseen gibt es Wassersport aller Art: Segeln, Paddeln, Rudern, Surfen, Kanufahren. Man kann Drachenfliegen (Rammelsberg in Goslar und Teufelswiesen in Lautenthal) und Kurse in Segel- und Motorfliegen belegen. Fast überall im Harz kann man angeln. Wintersportler finden Skilifte in Altenau, Bad Harzburg, Bad Lauterberg, Bad Sachsa, Braunlage, Clausthal-Zellerfeld, Hahnenklee, Hohegeiß, Lautenthal, Lerbach, St. Andreasberg, Schulenberg und in Wildemann. Eisstockschießen kann man in Altenau und in Braunlage.

Im Okertal trainieren Alpinisten.

Zu den bedeutenden Naturdenkmälern im Harz gehören die Höhlen. Besonders eindrucksvoll ist die Iberger Tropfsteinhöhle, die unmittelbar an der Bundesstraße 242 in Bad Grund liegt. Die Höhle ist ganzjährig geöffnet. Führungen finden von 9 bis 16 Uhr alle halbe Stunde statt.

Die Einhornhöhle in Scharzfeld kann nur in den Monaten von April bis Oktober besichtigt werden, Führungen finden von 9 bis 17 Uhr statt.

Zu den Erlebnissen in der Natur sind auch die Wildfütterungen zu zählen. Sie finden statt in Bad Grund am Gewitterplatz, Am Voßhai und in der Wiemansbucht, in Bad Harzburg am Molkenhaus und an der Jägermeisterbaude (B 4), in Bad Lauterberg an der Erikabrücke und am Oderstausee, in Braunlage am Forellenteich, in Clausthal-Zellerfeld am Hotel Untermühle, in Hahnenklee an der Bergstraße, in Hohegeiß am Brunnenbach (5 km nördlich), in Lautenthal an der Kuhnase, in Lerbach am Waldschwimmmbad, in St. Andreasberg an der Erikabrücke (im Sommer um 21 Uhr, im Winter um 17 und 21 Uhr) und am Rehberger Grabenhaus (im Winter um 17 Uhr), in Schulenberg an der Grünen Tanne und in Sieber im Schmelzertal.

In der Iberger Tropfsteinhöhle

270 Mineralien sind bisher im Harz entdeckt worden; dennoch benötigen Mineraliensammler viel Geduld, um schöne Steine zu finden. Fundstellen sind unter anderem der Gabbro-Steinbruch bei Bad Harzburg, für dessen Betreten man allerdings eine Genehmigung braucht, der Granitsteinbruch unterhalb des ehemaligen Königskrugs am Achtermann, die Umgebung der Engelsburger Teiche und die Blaue Halde südöstlich von St. Andreasberg. Fundorte gibt es außerdem in Altenau, Clausthal-Zellerfeld, Hahnenklee, Lautenthal, Lerbach, im Okertal, im Radautal, am Rammelsberg bei Goslar, bei Sieber, Wieda und Zorge.

Wer sich mit dem Wald beschäftigen will, findet bei Sieber einen Forstlehrpfad, der einen guten Eindruck von der Waldkultur im Harz vermittelt. Weitere Natur- und Waldlehrpfade gibt es bei Wieda, Bad Sachsa, Zorge, Braunlage, Hahnenklee, Bad Grund, Lautenthal, Schulenberg, Riefensbeek und Wildemann.

Eine Nebenstelle zur Wiedereinbürgerung des Uhus im Harz hat die Vogelwarte Braunschweig bei Walkenried eingerichtet.

Steinsammler bei Schulenberg

Wem bei der Frage nach den kulinarischen Spezialitäten des Harzes nichts anderes einfällt als der Harzer Käse, der tut dem Harz unrecht, obwohl Harzer Käse eine Köstlichkeit sein kann.

In Braunlage gibt es hierfür eine Adresse, die man in einem der besten Häuser des Harzes erfragen kann, im Romantikhotel »Zur Tanne«, Herzog-Wilhelm-Straße 8. In den angenehm gestalteten Restaurationsräumen des Hauses (es gibt eine rustikale Bauernstube und ein feineres Restaurant) wird aber auch bewiesen, daß der Harz mit noch anderen Spezialitäten aufwarten kann. Allem voran stehen Wildgerichte in vielen Variationen, es folgen Süßwasserfische (Forellen); auch weiß man im Harz gute Wurst herzustellen.

Weitere Eßadressen sind: das Harzhotel »Romantischer Winkel« in Bad Sachsa, Bismarckstraße 23, in dem es auch leichte Kost gibt, das »Brusttuch« in Goslar, das durch seine Einrichtung besticht, und das Ringhotel »Landhaus Grauhof« im Goslarer Stadtteil Grauhof. Es ist ein idyllisch gelegenes und gemütlich eingerichtetes Haus (Besichtigung des Grauhof-Brunnenbetriebes ist nach Vereinbarung möglich).

Gasthof »Zur Tanne« in Braunlage

Durch sein Bier ist Einbeck zu
wirtschaftlicher Bedeutung gelangt. Von diesem Wohlstand zeugen noch heute die reich verzierten
Fachwerkhäuser am Marktplatz.

Herr Heinrich saß am Vogelherd und gab sich frohgemut dem Fangen von Finken hin, als Hufegeklapper die Ruhe unterbrach und unvermutet eine Abordnung von Rittern aus Fritzlar vor ihm stand. Die Männer teilten ihm mit, daß er zum König gewählt worden sei, und damit war es für Heinrich vorerst vorbei mit seinen Vergnügungen. Als erster deutscher König aus sächsischem Hause regierte Heinrich I. von 919 bis 936.

Daß er aber am Vogelherd, wie die Vogelfallen genannt wurden, von seiner Wahl überrascht worden sein soll und daß dies auf dem Rotenberg im Harzvorland geschah, nicht weit von Pöhlde, ist eine Sage, die sogar bedichtet und vertont worden ist.

Dennoch: Die Reste des Vogelherdes, eine seit 1956 planmäßig ausgegrabene Wallanlage, sind noch heute zu besichtigen. Die Anlage wird heute als Überrest einer Fluchtburg gedeutet; Heinrich soll damals zahlreiche solcher Burgen errichtet haben.

Die Sage von Heinrich dem Vogler ist aber nur eine von vielen Geschichten, die man sich im südlichen Niedersachsen erzählt. Gerade hier fanden die Brüder Grimm einen reichen Schatz an Märchen und Sagen vor, den sie dann in ihre Sammlungen aufnehmen konnten. So soll das Märchen von Schneewittchen in der Landschaft nah bei Alfeld beheimatet sein, wo es tatsächlich sieben Berge gibt.

Die Gründung Alfelds fällt ins frühe Mittelalter. Erfreulicherweise haben viele Bauten die schweren Kriegsverwüstungen – insbesondere des Zweiten Weltkrieges – überstanden, so zum Beispiel die Pfarrkirche St. Nikolai aus romanischer Zeit, das Gildehaus der Schuhmacher von 1540, das Rathaus (Umbau 1585/86) oder die Lateinschule von 1610, ein sehr gut erhaltener Fachwerkbau.

VON DUDERSTADT NACH HILDESHEIM

In Bad Gandersheim lebte Hrotsvit, also Roswitha von Gandersheim, deren Existenz historisch belegbar ist. Geboren um 935, war sie eine bedeutende Dichterin ihrer Zeit. Sie schrieb Heiligenlegenden, sechs Dramen christlichen Inhalts und historische Gedichte, in denen sie Otto I. verherrlichte und außerdem die Gründung des Klosters Gandersheim beschrieb, in das sie eingetreten war.

Bad Gandersheim ehrt ihr Andenken mit einem Literaturpreis, der alljährlich an eine deutschsprachige Schriftstellerin verliehen wird. Auch im Innern des Münsters, einer flachgedeckten Basilika mit Nonnenchor aus dem Jahre 1162, lebt die Erinnerung an Roswitha wieder auf, denn der Neubau folgt in seinen Abmessungen im wesentlichen dem ersten Dombau von 852. Die Autobahn A 7 zwischen Hannover und Kassel hindert viele Autofahrer daran, den Sehenswürdigkeiten am Wege Beachtung zu schenken. Sie hätten es verdient.

In Göttingen lehrten die Brüder Grimm

Göttingen, zum Beispiel, wurde vor über tausend Jahren als Kaufmannssiedlung gegründet und ist seit 1734 Universitätsstadt. Viele bedeutende Gelehrte haben an der hochangesehenen Universität gelehrt, an der Lehr- und Meinungsfreiheit der Dozenten immer eine große Rolle gespielt haben. Um nur einige Namen zu nennen: Die Brüder Grimm trugen ebenso zum Ruhme der Universität Georgia Augusta bei wie der Physiker Lichtenberg, der Mathematiker Gauß und der Historiker Dahlmann. Bedeutend sind auch die Universitätsgebäude selbst. Sie sind im wesentlichen zwischen 1784 und 1835 entstanden.

Das Bild der Altstadt von Göttingen wird heute geprägt von Fachwerkhäusern, zu denen unter anderem das Schrödersche Haus von

Oben: Das Eichsfeld, das Gebiet nordwestlich von Duderstadt, wird auch »Goldene Mark« genannt. Es war früher Grenzland zwischen Thüringen und Niedersachsen.

Unten: Das Rathaus von Duderstadt ist in seinem Kern ein massiver mittelalterlicher Sandsteinbau. Erst 1533 wurde das Fachwerkobergeschoß hinzugefügt.

1549 und die Junkernschänke aus dem 15./16. Jahrhundert gehören. Vor dem Alten Rathaus, das in den Jahren 1369 und 1443 sein heutiges Aussehen erhielt, steht auf dem Marktbrunnen die Gänseliesel, viel zitiert als das »meistgeküßte Mädchen der Welt«, denn nach altem Brauch muß jeder frischgebackene Doktor der schönen jungen Dame einen Kuß geben.

Hinter dem Rathaus erhebt sich der Westbau von St. Johannis; in einem der Türme wohnte einst ein Türmer, der den Ausbruch eines Feuers oder den sich nähernden Feind zu melden hatte. Heute wohnen im Kirchturm Studenten.

Duderstadt mit vielen Fachwerkbauten

Wie Göttingen, so wartet auch das nahe Duderstadt mit einem alten Stadtbild auf, in dem das Hotel »Zur Tanne« von 1698 und das »Steinerne Haus« von 1752 erwähnenswert sind. Das Duderstädter Rathaus stammt im Kern aus der Mitte des 13. Jahrhunderts.

Duderstadt, Zentrum des Untereichsfeldes, auch »Goldene Mark« genannt, wurde erstmals im Jahre 929 erwähnt. Damals war die Stadt im Besitz der Königin Mathilde, Gemahlin König Heinrichs I. Wer sich ein wenig über die Geschichte des Eichsfeldes unterrichten will, der sollte das Heimatmuseum, Oberkirche 3, besuchen.

Auf der Strecke von Duderstadt nach Northeim gelangt man über einen Umweg nach Nörten-Hardenberg. Schon von weitem sieht man die mittelalterliche Burgruine derer von Hardenberg. Die Burg verfiel, nachdem die Familie in einen Schloßneubau (1703) umgezogen war.

Nur kurz ist der Weg nach Northeim, wo es eine Reihe bedeutender Baudenkmäler zu sehen gibt, so die St. Sixti-Kirche, die Ende des 15. Jahrhunderts erbaut worden ist. Vor allem im Innern beeindruckt

Göttingen ist nicht nur wegen seiner Universität berühmt. Am Marktbrunnen hat man der Gänseliesel des Grimmschen Märchens ein Denkmal gesetzt.

38 sie durch die stilistische Ausgewogenheit in der Gestaltung.

Keimzelle der Stadt ist St. Blasien, das ehemalige Benediktinerkloster, in dessen Nachbarschaft sich die Lateinschule »Heiliger Geist« befindet. Sie wurde im Jahre 1474 erbaut und gilt als eines der ältesten Fachwerkhäuser in Niedersachsen. Das wohl schönste Rathaus des Landes hat Einbeck, es wurde im Jahre 1550 auf einem gotischen Gewölbe errichtet und ist heute das Wahrzeichen der Stadt. Vor dem Rathaus steht ein Denkmal: Eulenspiegel als Brauknecht dargestellt. Es erinnert daran, daß Eulenspiegel auch in Einbeck sein »Unwesen« getrieben hat, und zwar bei einem Brauer. Einbeck ist eine Braustadt mit Tradition, und der Begriff »Bockbier« leitet sich ab von dem bayrischen »Oanbecksches Bier«. Die Bayern nämlich importierten das Einbecker Bier und tranken es gern.

In Bad Gandersheim war Roswitha die hervorragende Persönlichkeit. Hildesheim verdankt seine entscheidenden künstlerischen Impulse einem Mann: Bernward.

Hildesheim, die Stadt Bernwards

Er war ein sächsischer Adeliger und stand als Kanzler und Erzieher Ottos III. in enger Beziehung zum Kaiserhaus. Bernward wurde 993 Bischof von Hildesheim und gründete das Benediktinerkloster St. Michael mit der dazugehörigen Kirche (1007/33), die er von vornherein als eigene Grablege vorsah. Mit der ungewöhnlich aufwendigen Grabstätte unter dem Westchor wollte Bernward sicher mit dem Kaiserhaus konkurrieren.

St. Michael, eine dreischiffige Basilika, geht wohl auf einen Entwurf Bernwards zurück, denn es gibt für diesen Bau keine Vorbilder. Bemerkenswert in dieser Kirche sind die Malereien auf der flachen Holzdecke (um 1240), sie zeigen den

Einst war das Münster von Bad Gandersheim Klosterkirche. In der mächtigen Westfassade stecken noch romanische Mauerreste aus der Zeit, als die Dichterin Roswitha hier als Nonne lebte.

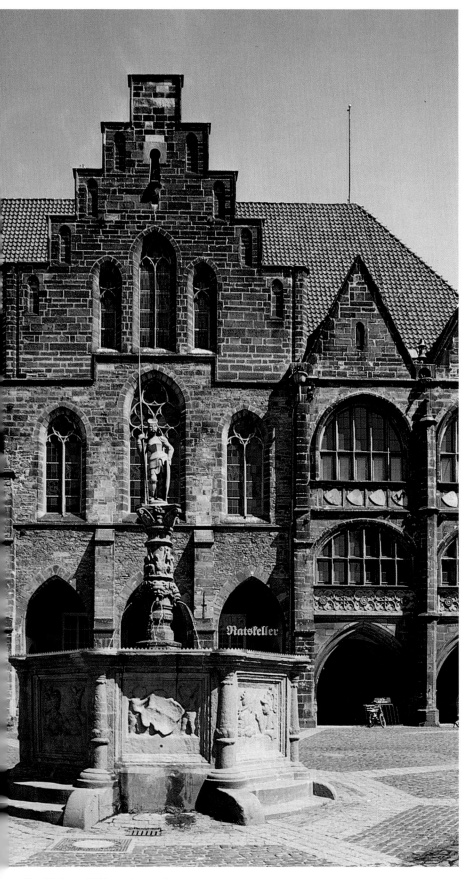

Das Rathaus, 1444 erweitert und umgebaut, ist einer der wenigen erhaltenen Profanbauten in Hildesheim. Etwa 100 Jahre später entstand der Marktbrunnen.

Stammbaum Christi, und die Bronzetüren (datiert auf 1011; ursprünglich für St. Michael, jetzt im Dom) mit Szenen aus dem Alten und dem Neuen Testament sowie die Christussäule.

Die älteste Kirche Hildesheims ist der Dom. Chor und Querschiff stammen von 852/72. In seinem heutigen Erscheinungsbild entspricht der Dom dem Neubau aus dem 11. Jahrhundert. Zu den kostbarsten Ausstattungsstücken im Dom gehören der mit Silber- und Goldblech beschlagene St. Epiphanius-Schrein (um 1140) sowie ein prächtiger Bronzeadler, der einst Teil eines Lesepults gewesen ist (um 1235). Der Heziloleuchter ist ein mächtiger Radleuchter aus Kupferblech. Er wurde um 1060 von Bischof Hezilo gestiftet.

Viele der erlesenen Kunstwerke aus dem Domschatz sind auf Bernward zurückzuführen, so zum Beispiel das kleine Evangeliar (um 980), der Bernwardsleuchter (um 1000), ein kleines Silberkruzifix und seine Bibel (um 1000).

Im Innenhof des Kreuzganges am Dom wächst der tausendjährige Rosenstock. Obwohl er im Krieg zur Hälfte verbrannte, treibt er jetzt alljährlich neue Blüten.

Trotz schwerer Kriegsschäden sind zahlreiche Kunstdenkmäler in Hildesheim erhalten geblieben: der Domschatz, die Kirchen St. Mauritius und Heiligkreuz (beide 11. Jahrhundert), St. Godehard aus dem 12., St. Magdalena aus dem 13. sowie St. Andreas aus dem 14. bis 16. Jahrhundert.

Hildesheim hat auch besonders schöne Profanbauten aufzuweisen. Dazu gehören das Rathaus aus dem 13. Jahrhundert, der Rolandsbrunnen von 1540 und das Tempelhaus von 1457.

Zu den bedeutenden Sehenswürdigkeiten gehören:
Alfeld: alte Lateinschule (1610), das Rathaus (1586).
Duderstadt: Propsteikirche in der Marktstraße (Neubau 1394), das Rathaus in der Marktstraße (13. Jh.), Fachwerkhäuser in der Altstadt.
Einbeck: Marktplatz mit Rathaus (1593), Ratswaage (1565), Ratsapotheke (1562) und Brodhaus (1552), das ehemalige Haus der Bäckergilde.
Bad Gandersheim: Münster am Wilhelmsplatz (852 gegründet), Rathaus (besonders schöne Renaissance).
Göttingen: Rathaus am Markt (1366–1403) mit Gänseliesel-Brunnen, Städtisches Museum, Ritterplan 7; Kunstsammlung der Universität Göttingen, Hospitalstraße 10, und Universitätsgebäude.
Hildesheim: Dom (11. Jh.) mit tausendjährigem Rosenstock, Rathaus (13. Jh.), Tempelhaus (1457), Roemer-Pelizaeus-Museum, Am Steine 1 (ägyptische Altertümer).
Northeim: alte Fachwerkhäuser.

Gandersheim: Dreikönigsaltar

Bad Gandersheim ist alljährlich im Juni/Juli vier Wochen lang Treffpunkt eines theaterbegeisterten Publikums: Seit mehr als 25 Jahren gehören die Gandersheimer Domfestspiele mit ihren anspruchsvollen Theateraufführungen zu den großen kulturellen Ereignissen in Deutschland.
Göttingen steht jedes Jahr im Juni im Zeichen der Händel-Festspiele. Außerdem finden in der Universitätsstadt alle zwei Jahre im Oktober die internationalen Orgeltage starkes Interesse. Während der Universitätswoche alljährlich Ende Oktober/Anfang November kann jeder den dort gehaltenen Vorträgen zuhören. Beliebte Volksfeste in Göttingen sind das Altstadtfest, immer am letzten August-Wochenende, und das Schützenfest, jeweils am dritten Wochenende im Juli.
In Hildesheim finden im Frühjahr und im Herbst regelmäßig Weinfeste statt, und der Weihnachtsmarkt ist drei Wochen lang im Dezember. Im Kehrwieder-Turm, der zur alten Stadtbefestigung von Hildesheim gehört, haben sich bildende Künstler niedergelassen. Hier finden Ausstellungen und Konzerte statt.
Seesen feiert jedes Jahr am ersten Wochenende im September das historische Sehusafest. Die Burg Sehusa stand vermutlich an jener Stelle, an der sich heute das Renaissance-Schloß befindet.

Es gibt eine Menge Möglichkeiten, sich sportlich zu betätigen. So ist beispielsweise die Leine ein beliebter Tummelplatz für Wassersportler.
Einbeck: Hallen- und Freibad, Minigolf, Tennis, Reiten, Angeln.
Für Fahrradfreunde: In Einbeck gibt es ein Fahrrad-Museum.
Bad Gandersheim: Angeln und Reiten, es gibt einen Sportflugplatz, ein Sole-Waldschwimmbad, ein Hallenbad und Tennisplätze.
Göttingen: Frei- und Hallenbäder, Reitsportanlagen, Tennisplätze.
Hildesheim: Parks und Grünanlagen in unmittelbarer Nähe der Innenstadt laden zu weiten Spaziergängen ein. Wanderer, Jogger und Radfahrer kommen aber auch in den Wäldern außerhalb von Hildesheim voll und ganz auf ihre Kosten. Überall gibt es markierte Wege. Weitere Freizeitaktivitäten: Surfen, Squash, Tennis, Eislauf und Golf.
Nörten-Hardenberg: Unterhalb der Burg befindet sich eine Reithalle mit Turnierplatz, auf dem alljährlich Turniere ausgetragen werden. Außerdem: Hallenbad, Schießstand, Golfplatz.
Northeim: Angeln, Baden, Radfahren, Sportfliegerei, Golf, Reiten, Tennis. Ein Waldsportpfad beginnt am Gesundbrunnen.
Seesen: Angeln, Reiten (Reithalle Sankt Georg).

Alfeld, an der Leinefurt gelegen, war schon um 500 v. Chr. besiedelt

Zu den Naturwundern im südlichen Niedersachsen gehört die Rhumequelle bei Rhumspringe. Sie gehört fast noch zum Harz, zu seinem Einflußgebiet, und ist eine der stärksten Karstquellen in Europa. Die Rhume tritt bei stets gleichbleibender Temperatur von acht Grad Celsius und mit – zeitweise – 4000 Liter Schüttung in der Sekunde aus der Erde.

Die Quelle ist bis zu neun Meter tief. Das Wasser stammt größtenteils aus den Harzflüssen Oder und Sieber. Die Quelle ist etwa eineinhalb Kilometer von Rhumspringe entfernt. Der Weg dorthin ist ausgeschildert. Vom Parkplatz muß man die letzten 50 Meter zu Fuß gehen, um die Hauptquelle zu erreichen. Die Rhume ist 43 Kilometer lang, sie nimmt auf ihrem Weg am Harz entlang die Hahle, Oder und Söse auf und mündet unterhalb von Northeim in die Leine.

Die Leine, die zu den Hauptflüssen in Südniedersachsen gehört, entspringt auf dem Eichsfeld in der Nähe von Worbis. Auf ihrem Weg nach Norden fließt die Leine durch Göttingen und Hannover, bevor sie schließlich nach 192 Kilometer nordwestlich von Celle in die Aller mündet.

Idyllischer Quellteich der Rhume

Bad Gandersheim, das Solbad Einbeck-Salzderhelden und Bad Salzdetfurth sind unter anderem auch für die Gesundheit zuständig.

Bad Gandersheim, staatlich anerkanntes Heilbad, wird aufgesucht bei Rheumaleiden, Kreislaufstörungen, Frauen- und Kinderkrankheiten, bei Erkrankungen der Atmungsorgane, bei Wirbelsäulenschäden, Organstörungen und Erschöpfungszuständen. Gandersheim hat vorbildliche Kuranlagen, zu denen der Seekurpark gehört. Im Kurpark befindet sich alter Baumbestand. Von »Wunderheilungen« in Gandersheim war schon vor 1000 Jahren die Rede, doch erst vor 100 Jahren wurde die Stadt Heilbad.

Das Solbad Einbeck-Salzderhelden am Fuße der 1320 erstmals erwähnten Heldenburg besitzt eine Sole-Badeanstalt, in der Solbäder, medizinische Bäder, Massagen und Inhalationen verabreicht werden. Als besondere Ferienempfehlung bietet Einbeck »Ferien auf dem Lande« an.

Bad Salzdetfurth, nicht weit von Hildesheim im engen Tal der Lamme gelegen, verfügt über Solquellen, Gradierwerke und über ein Moorbad. Sehenswert in Salzdetfurth sind der Kurpark und die St. Georgs-Kirche. Die in dem Durchbruchstal der Lamme »to Detforde« betriebene Salzgewinnung, die erst im Jahre 1957 eingestellt wurde, ist bis zum Ende des 12. Jahrhunderts nachzuweisen. Das erste Solebadehaus wurde im Jahre 1857 erbaut.

Im südlichen Niedersachsen steht für den kulinarisch Interessierten nicht nur das Einbecker Bier als Vorläufer des Bockbieres in hohem Ansehen. Es gibt dort auch einige gute Restaurant-Adressen.

In Bovenden (BAB-Ausfahrt Nörten-Hardenberg) befindet sich das »Silencehotel Rodetal« (regionale Küche).

In Groß-Schneen bei Friedland (etwa 13 Kilometer von Göttingen entfernt) liegt mitten im Ort der »Schillingshof« (feine Küche mit regionalem Einschlag). Und wer dort einmal in der Nähe ist, der sollte das Europäische Brotmuseum in Mollenfelde besuchen (ausgeschildert). Es hat täglich geöffnet.

Etwas südlich von Hildesheim, im Stadtteil Ochtersum, ist ein früheres Ausflugslokal im Schweizer Stil zum Feinschmecker-Restaurant entwickelt worden: das »Romantik-Restaurant Kupferschmiede«, Steinberg 6 (feine Küche).

In Nörten-Hardenberg befindet sich das »Burghotel Hardenberg« (sehr feine und phantasievolle Küche).

Einbeck: Gildehaus der Bäcker

Zwischen Juni und August ist
das Tor im Schloßpark von Herrenhausen stets weit geöffnet, um
die vielen Besucher der Herrenhäuser Festwochen einzulassen.

Das Repertoire fahrender Sänger wurde im Jahre 1150 um eine wundersame Geschichte erweitert. Sie handelte von einem jungen Mädchen, das auf unerklärliche Weise durch den heiligen Bernward von Hildesheim von einem schweren Augenleiden geheilt worden war. Wer sich nach dem Wohnort des Mädchens erkundigte, der erhielt zur Antwort, daß es in einem Ort namens Honovere lebe. Dies war das erste Mal, daß der Name Hannover erwähnt worden ist.

Aber der Ort an der Leine, der günstig am Wege von Hildesheim nach Bremen lag, mag damals schon an die tausend Jahre bewohnt gewesen sein. Tonscherben, die man in der Altstadt gefunden hat, bezeugen das. Und man weiß auch, daß es schon früh mehrere Kirchen in Hannover gegeben hat und einen Markt, und zwar an der Stelle, wo sich heute das Altstädter Rathaus befindet.

Die Entwicklung Hannovers zur Stadt setzte ein zu Beginn des 13. Jahrhunderts. In dieser Zeit entstanden die ersten Steinhäuser, das Rathaus (um 1230) und später die Lateinschule (1269). Im 14. und 15. Jahrhundert erhielt Hannover immer neue Privilegien, die Stadt dehnte sich aus und erlebte ihre erste Blütezeit, nachdem ihr 1439 die Reichsfreiheit zugesprochen worden war.

Fast genau 200 Jahre später, 1636, wurde der Herzog Georg v. Calenberg von der düsteren Festung Calenberg vertrieben. Nachdem er sich zunächst in Hildesheim eingerichtet hatte, wählte er Hannover zu seiner Residenz – nicht eben zur uneingeschränkten Freude der Hannoveraner. Es blieb ihnen aber nichts anderes übrig, als den ungebetenen Gast zu akzeptieren, und in der Folgezeit sollten sie davon profitieren. Im Jahre 1692 erhielt Herzog Ernst August von Braunschweig die Kurwürde.

KÖNIGE UND KOMMERZ IN HANNOVER

44 Zu jener Zeit hatte sich in Herrenhausen ein Kreis bedeutender Männer um die Kurfürstin Sophie versammelt. Sie war die Tochter des unglücklichen Winterkönigs Friedrich von der Pfalz, dessen Krönung in Böhmen den Dreißigjährigen Krieg mit ausgelöst hatte. Sophie war eine hochgebildete Dame, die die Gestaltung der Herrenhäuser Gartenanlagen entscheidend beeinflußt hat.

Hannover: Residenz und Messestadt

Zu den Männern, die bei ihr ein- und ausgingen, gehörten der Komponist Händel und der Mathematiker und Philosoph Leibniz, von dem in Hannover noch heute die älteste funktionierende Rechenmaschine der Welt aufbewahrt wird. Außerdem wird in Hannover gern darauf hingewiesen, daß Leibniz der eigentliche Erfinder der Computertechnik sei. Den nach ihm benannten Keks habe er jedoch nicht erfunden. Im übrigen sei er ein Universalgenie gewesen, und zwar das letzte.

Hundert Jahre später erlebte die Residenz Hannover nochmals eine kulturelle Blütezeit. In Hannover lebten der Kunstforscher Georg August Kestner, Sohn der durch Goethe berühmt gewordenen Charlotte Buff, sowie der Freiherr von Knigge, dessen Buch vom Umgang mit Menschen bis auf den heutigen Tag zitiert wird. Die Brüder Schlegel verbrachten ihre Jugendjahre in Hannover, und der große Schauspieler Iffland begann an der Leine seine Theaterlaufbahn.

Hannover, erst königliche Residenz, dann (im Jahre 1866) preußische Provinzhauptstadt, wurde schließlich (1946) Landeshauptstadt des Bundeslandes Niedersachsen.

Die fürchterlichen Zerstörungen, die der Zweite Weltkrieg in der Stadt (und vor allem in der historischen Innenstadt) angerichtet hat,

Die beiden Wahrzeichen Hannovers haben den Zweiten Weltkrieg gut überstanden: die gotische Marktkirche, erbaut 1359, und das Anzeigerhochhaus von 1928.

sind beseitigt. Vieles wurde nach alten Plänen wiederaufgebaut. Die Stadt erhielt ein neues, großstädtisches Gesicht, wobei der alte Residenzcharakter weitgehend erhalten blieb.

Seit 1947 findet alljährlich im April die Hannover-Messe statt. Eine Woche lang steht die Stadt dann im Mittelpunkt wirtschaftlichen Interesses.

Ein Bummel durch Hannover gehört einfach zum »Muß«, wenn man die Stadt besucht. Wer das unter der sachkundigen Führung eines Hannoveraners tun will, der möge sich mit ihm »unterm Schwanz« verabreden, dem traditionellen Treffpunkt: Es handelt sich um den Pferdeschwanz des Ernst-August-Denkmals vor dem Hauptbahnhof. König Ernst August regierte von 1837 bis 1851, sein bronzenes Reiterstandbild schuf 1861 Albert Wolff.

Es besteht freilich die Gefahr, daß ein Bummel durch die Landeshauptstadt schon im Bereich des Hauptbahnhofs steckenbleibt. Die »Passerelle«, eine unterirdische Passage mit vielen Geschäften, bietet eine Fülle zu sehen, und es sind vom Hauptbahnhof nur ein paar Schritte bis zum Einkaufszentrum der Stadt.

Treffpunkt: die alte Kröpcke-Uhr

Innerhalb dieses Einkaufsviertels gibt es viele Restaurants und Cafés, zu denen auch das traditionsreiche Café Kröpcke gehört. Davor steht heute wieder die alte Kröpcke-Uhr, ein weiterer Treffpunkt der Hannoveraner. Vor Jahren, bei einer Umgestaltung des Platzes, war die Kröpcke-Uhr abgebaut worden. Die Hannoveraner fanden das unmöglich und zeterten so lange, bis die Uhr wieder an ihrem Platz stand.

Vom »Kröpcke« aus führen alle Straßen zu Sehenswürdigkeiten, und es gehört ganz einfach dazu,

daß man einmal die Georgstraße rauf und runter geht – die Hannoveraner sprechen vom »Schorsenbummel«. Man trifft zunächst auf die Oper, erbaut 1852 von dem königlichen Baudirektor Georg Ludwig Laves. Ganz in der Nähe liegt die im Tudor-Stil erbaute Niedersächsische Börse von 1846/49. Die Karmarschstraße führt zur Marktkirche, die 1359 geweiht wurde und eines der Wahrzeichen von Hannover ist. Sie ist ein gotischer Backstein-Hallenbau. Zu den Wahrzeichen der Stadt darf man sicherlich auch das Neue Rathaus von Hannover zählen, obwohl sich die Hannoveraner gern ein bißchen von dem in den Jahren 1901/13 erbauten und etwas bombastisch geratenen Prunkgebäude distanzieren. Ein Fahrstuhl führt in die Kuppel, und von dort hat man einen sehr schönen Rundblick.

Kehren wir aber noch noch einmal zur Marktkirche zurück, denn in ihrer Nachbarschaft stehen das Altstädter Rathaus, ein Backsteinbau aus dem Jahre 1455, und der Ballhof, der um 1650 erbaut wurde, zunächst als ein Haus für Ballspiele. Heute beherbergt der Ballhof ein Theater. Auch die Kreuzkirche von 1333 ist ganz in der Nähe. Und wer ein bißchen am Leineufer entlang geht, der erreicht das Leineschloß,

Ein Paradebeispiel gründerzeitlicher Prunkarchitektur ist der Hauptbahnhof von Hannover, erbaut 1879. Davor König Ernst August hoch zu Roß.

Der Große Garten Herrenhausen
wurde zwischen 1666 und 1714 angelegt. Er war das Lebenswerk
von Sophie von der Pfalz, der Gemahlin Ernst Augusts von Hannover.

dessen klassizistische Neugestaltung 1816/42 Georg Ludwig Laves übernahm und in dem heute der Niedersächsische Landtag sitzt.

Zu den besonders schönen Anlagen der Stadt gehört der Maschsee, auf dem man von April bis Oktober in Mietbooten spazierenfahren kann. An seinem Ufer liegt das Spielcasino, und ganz in der Nähe befindet sich das Niedersachsen-Stadion, Austragungsort großer sportlicher Ereignisse.

Barockjuwel: der Garten Herrenhausen

In der Eilenriede, einem Waldgebiet etwas außerhalb von Hannover, können sich die Städter erholen. Hier liegt auch der Zoo mit etwa 1200 Tieren. Gegründet wurde der Tierpark im Jahre 1865, er ist aber inzwischen mehrfach modernisiert worden. Erst vor wenigen Jahren wurde das Urwaldhaus eröffnet, in dem in einem tropischen Wald Orang-Utans, Gorillas und Schimpansen in gitterlosen Innen- und Außenanlagen leben. Seit einigen Jahren gibt es auch eine Wiese, auf der Kinder besonders zutrauliche Tiere streicheln dürfen.

Zu den bedeutenden Sehenswürdigkeiten der Stadt gehört der Große Garten Herrenhausen mit seinem Gartentheater, der Orangerie, mit Statuen und Springbrunnen. Er erhielt in den Jahren 1682 bis 1714 durch die Initiative der Kurfürstin Sophie sein heutiges Aussehen und gilt nach wie vor als einer der bedeutendsten Barockgärten in Deutschland. Vom Juni bis August finden dort »Musik und Theater in Herrenhausen« statt. Allgemeiner Anziehungspunkt ist die »Schöne von Herrenhausen«, wie die Große Fontäne im Großen Garten genannt wird. Mit 67 Meter ist sie die höchste Gartenfontäne in Europa. Einen Besuch wert ist auch der Berggarten in Herrenhausen. In seinen Schauhäusern gibt es eine artenreiche Kakteensammlung zu sehen, und im Mai und Juni ziehen die blühenden Rhododendren viele Besucher an. In Herrenhausen steht schließlich das Georgspalais, das heute das Wilhelm-Busch-Museum beherbergt.

Auf dem Weg von Herrenhausen zur Innenstadt kommt man an dem neuromanischen Welfenschloß vorüber. Es ist heute Universität. Davor steht seit 1878 das Sachsenroß, Wappentier der Niedersachsen.

Seit 1947 findet in Hannover alljährlich im April die Hannover-Messe statt. Dann rückt die Stadt in den Mittelpunkt wirtschaftlichen Interesses.

Unser Rundgang beginnt diesmal nicht „unterm Schwanz", am Ernst-August-Denkmal vor dem Hauptbahnhof, sondern an der alten Kröpcke-Uhr, die seit über 100 Jahren ein beliebter Treffpunkt der Hannoveraner ist. Sie steht beim Café Kröpcke, und von dort aus gehen wir die Georgstraße hinunter zum Opernhaus, das als eines der schönsten klassizistischen Bauwerke seiner Art gilt. In der Rathenaustraße steht die Hannoversche Börse, die 1846 im Tudorstil erbaut wurde. Eine Gedenkstätte für die Opfer des Zweiten Weltkrieges ist heute die Aegidienkirche, erbaut um 1350. Von der Kirche aus ist es nicht weit bis zum Neuen Rathaus, entstanden 1901/13. Sie sollten mit dem Fahrstuhl in die Kuppel fahren und sich Hannover von oben ansehen. Hinter dem Rathaus erstrecken sich Maschpark und Maschsee, und rechter Hand liegt das Niedersachsen-Stadion. Vom Neuen Rathaus am Leine-Ufer und vom Leine-Schloß aus, in dem sich heute der Niedersächsische Landtag befindet, sollten Sie sich in die Altstadt begeben. Dort steht das Wahrzeichen Hannovers, die 1349/59 erbaute Marktkirche. Dort stehen außerdem das Alte Rathaus von 1455, das Leibnizhaus mit seiner rekonstruierten Renaissance-Fassade von 1652 und der Ballhof, Mitte des 17. Jahrhunderts als »Sporthalle« für Ballspiele erbaut und heute Schauspielhaus. Sehenswert ist auch der Beginenturm am Hohen Ufer. Etwas außerhalb des alten Stadtkerns liegen die Kreuzkirche, das Welfenschloß und die Neustädter Kirche.

Die Nummern im Stadtplan kennzeichnen folgende Sehenswürdigkeiten: (1) Altes Rathaus, (2) Marktkirche, (3) Leineschloß, (4) Beginenturm, (5) Ballhof, (6) Aegidienkirche, (7) Kreuzkirche, (8) Welfenschloß, (9) Neustädter Kirche.

Sehenswert sind unter anderem:
Marktkirche, vollendet 1350 – gotische Hallenkirche und Wahrzeichen Hannovers.
Rathaus, erbaut 1450/1503.
Johanniskirche, auch Neustädter Kirche genannt (1666/70).
Kirche St. Clemens (1718).
Leineschloß, umgebaut 1816/42 durch Georg Ludwig Laves.
Waterlooplatz, angelegt ebenfalls durch G. L. Laves.
Wangenheim-Palais (1823, Laves).
Hauptbahnhof, erbaut 1848.
Oper (1845/52, G. L. Laves).
Neues Rathaus, erbaut 1913.
Stadthalle (1914 Paul Bonatz).
Bahlsenhaus, Jugendstilfassade.
Anzeiger-Hochhaus, erbaut von dem Hamburger Architekten Fritz Höger 1928.
Niedersächsisches Landesmuseum, Am Maschpark 5 (bildende Kunst vom 11. Jh. bis heute).
Kestner-Museum, Trammplatz 3 (Kunst der Antike, Kunst des Mittelalters).
Sprengel-Museum-Hannover, gelegen am Nordufer des Maschsees (Kunst des 20. Jahrhunderts).
Wilhelm-Busch-Museum in Hann.-Herrenhausen, Georgengarten 1.

Das Opernhaus, erbaut von Laves

Jedes Jahr am ersten Sonntag im Juli beginnt in Hannover das Schützenfest. Eine Woche lang wird kräftig gefeiert. Die Hannoveraner selbst behaupten bescheiden, daß es das größte Schützenfest der Welt sei, und man hat ausgerechnet, daß im Durchschnitt während eines solchen Festes 1 Million Schnäpse und 250 000 Liter Bier getrunken, 25 000 halbe Hähnchen, 15 000 Haxen und 250 000 Würstchen gegessen werden.

Das hannoversche Schützenfest wurde vor über 400 Jahren gegründet. Der erste Schützenausmarsch fand im Jahre 1601 statt. Seitdem marschieren die Bruchmeister dem Umzug voran. Das sind vier unbescholtene Junggesellen, die auch die Verantwortung für die Ordnung auf dem Schützenplatz tragen. Zur Tradition gehört, daß der Oberbürgermeister auf dem Schützenplatz den Bieranstich vornimmt.

Ebenso fröhlich geht es beim Altstadtfest zu, das jedes Jahr in der letzten August-Woche gefeiert wird.

Auf der Hannover-Messe alljährlich im April werden die neuesten Produkte aus der Wirtschaft präsentiert.

In Herrenhausen bietet man sechs Wochen lang, immer von Juni bis August, Musik und Theater; der Garten wird am Abend illuminiert.

Beim Schützenumzug in Hannover

Eine kulinarische Reise nach Hannover sollte mit einer Lüttjen Lage beginnen und mit ihr enden. Die Lüttje Lage besteht aus einem kleinen Glas Weizenbier und einem Glas Korn. Beides müssen Sie mit einer Hand gleichzeitig zum Munde führen und so trinken, daß der Korn ins Bier läuft. Ist ganz einfach.

Freilich, Hannover hat kulinarisch noch einiges mehr zu bieten. Zu den Spezialitäten gehören Wild aus den nahen Wäldern, Heidschnukken aus der Lüneburger Heide, Aale aus dem Steinhuder Meer.

Und wenn Sie besonders gut essen wollen, dann merken Sie sich folgende Häuser: »Schu's Restaurant« im »Schweizer Hof«, Hinüberstraße 6 (feine Küche). Möwenpick, »Restaurant Baron de la Mouette« (im 1. Stock), Georgstraße 35 (feine Küche). »Gastwirtschaft Fritz Wichmann«, Hildesheimer Straße 230 (regionale Küche). »Georgenhof«, Herrenhäuser Kirchweg 20 (feine Küche mit regionalem Einschlag). »Clichy«, Weiße Kreuzstraße 31 (feine Küche mit französischem Einschlag).

Hannovers Kröpcke-Uhr

Mit Spitzbögen und Arkaden, mit
Maßwerk, Wimpergen und Was-
serspeiern wirkt das Altstadtrathaus in Braunschweig (erbaut
1393/1468) wie eine gotische
Kathedrale.

Als er wieder einmal nach Braunschweig kam, verdingte sich Eulenspiegel bei einem Bäcker, der ihn in die Backstube schickte mit dem Auftrag, für den kommenden Tag zu backen.

»Was soll ich backen?« fragte Eulenspiegel, und der Meister lachte ihn aus und rief: »Du willst ein Bäcker sein und weißt nicht, was zu backen ist? Was backt man denn schon? Eulen und Meerkatzen!« Als er aber am nächsten Tag in die Backstube kam, suchte er vergeblich nach Brot und Brötchen. Statt dessen stand alles voll von Eulen und Meerkatzen, geformt aus Teig. Der Meister raufte sich die Haare und warf Eulenspiegel zur Tür hinaus. Den verdorbenen Teig durfte er mitnehmen, nachdem er ihn bezahlt hatte.

Und weil St. Niklastag war, das Fest der Schulkinder, ging Eulenspiegel auf den Markt, verkaufte seine Eulen und Meerkatzen an die Kinder und machte ein gutes Geschäft. Der Meister raufte sich, als er davon hörte, ein zweites Mal die Haare. So sind die Braunschweiger zu einer Spezialität gekommen, Eulenspiegel aber zog zum Tor hinaus, neuen Streichen entgegen.

Er war ein Kind des Elm. Eulenspiegel wurde in Kneitlingen bei Schöppenstedt vor den Toren Braunschweigs geboren, wie es in einem Volksbuch von 1515 heißt. Um 1350 soll er – nach einem Leben voller Schnurren, Streiche und Clownerien – in Mölln in Schleswig-Holstein gestorben sein.

Wahrscheinlich ist Braunschweig bereits im 9. Jahrhundert besiedelt gewesen. Die Silbe -wik in dem früher niederdeutsch benannten Bruneswik deutet auf einen geschützten Handelsplatz hin. Diesen Schutz bot die Burg, gelegen am Okerübergang.

Um die Burg herum bildeten sich fünf Siedlungen: Altstadt, Hagen, Altewiek, Sack und Neustadt. Jede

IM STAMMGEBIET HEINRICHS DES LÖWEN

war mit Befestigung, Rathaus, Gerichtsbarkeit, Marktplatz und, bis auf Sack, mit einer eigenen Pfarrkirche selbständig. Der Zusammenschluß der fünf Siedlungen fand erst im 13. Jahrhundert statt, nach der Ära Heinrichs des Löwen (1129/95). In diese Zeit fällt auch die Errichtung einer gemeinsamen Stadtmauer und die Verleihung der Stadtrechte an Braunschweig.

Braunschweig, Stadt Heinrichs des Löwen

Überall in der Geburtsstadt Heinrichs des Löwen trifft man auf seine Spuren: Er baute die Burg Dankwarderode neu, ebenso 1173 den Dom, der seine Grabkirche ist. Die Grabplatte (um 1250) zeigt ihn mit seiner Frau Mathilde.

Um 1175 ließ sich Heinrich der Löwe in Braunschweig die Burg Dankwarderode erbauen. Noch heute wird sie bewacht vom bronzenen Löwen, dem Wappentier der Welfen.

Den berühmten bronzenen Löwen ließ Heinrich 1166 vor seiner Burg aufstellen, als Hoheitszeichen und als Wappentier der Welfen. Welf beziehungsweise Welp bedeutet soviel wie »junger Löwe«.

Im 13. und 14. Jahrhundert blühte die Handels- und Hansestadt Braunschweig auf. Bedeutende Kunstwerke sind damals entstanden: Das Altstadtrathaus wurde Ende des 14. Jahrhunderts um den Nordflügel und die Lauben erweitert, ebenso die Pfarrkirchen St. Katharina, St. Martin und St. Andreas (Umbauten bis 1581).

Aus dem Dreißigjährigen Krieg ist Braunschweig unbeschadet hervorgegangen. Das Gewandhaus am Altstadtmarkt mit seinen prächtigen Renaissance-Giebeln (1592) blieb damals erhalten.

Noch ein paar Merksätze aus

Braunschweigs Vergangenheit. Im Jahre 1765 wurde ein Leihhaus gegründet, aus dem sich später die Norddeutsche Landesbank entwickelte. Das 1745 gegründete Collegium Carolinum wurde 1877 zur Technischen Hochschule umgewandelt; das herzogliche Kunst- und Naturalienkabinett hingegen bildete den Grundstock für das heutige staatliche Naturhistorische Museum. Zwei wichtige Theateruraufführungen fanden in Braunschweig statt: 1772 gab man Lessings »Emilia Galotti«, und 1829 wurde der erste Teil von Goethes »Faust« aufgeführt.

Braunschweig ist im Zweiten Weltkrieg schwer getroffen worden. Vieles wurde nach alten Plänen wiederaufgebaut, und heute erkennt man im historischen Stadtbild die alten Siedlungen wieder,

aus denen Braunschweig einst entstanden ist: Dom-Burgplatz, Altstadtmarkt, Magni, Aegidien und Michaelis.

Bummelt man durch die Stadt, so wird man hier und da wohl auch hinter die Fassaden gucken, sich Dom und Grabmal Heinrichs des Löwen ansehen oder am Ziegenmarkt das Haus des Bürgermeisters Lamman von 1758 betreten, denn darin befindet sich heute ein Museum für mechanische Musikinstrumente. »Salve Hospes« – seid gegrüßt, ihr Gäste; dies schrieb der Kaufmann D. W. Krause über den Eingang seines Landhauses am Lessingplatz 12, das er sich 1808 von dem klassizistischen Architekten Peter Joseph Krahe bauen ließ. Heute finden in dem Haus kulturelle Veranstaltungen statt.

Der Alte Bahnhof am südlichen Rande des Altstadtkerns erinnert daran, daß die erste staatliche Eisenbahnlinie Deutschlands im Jahre 1838 von Braunschweig nach Wolfenbüttel führte. Der Bahnhof wurde sieben Jahre später erbaut. Mit seiner klassizistischen Fassade ist er einer der schönsten Eisenbahnhöfe in Deutschland. Jetzt ist er Sitz eines Bankhauses.

Alte Städte: Gifhorn und Helmstedt

Am Schnittpunkt wichtiger Handelsstraßen konnte sich Gifhorn im Mittelalter schnell entwickeln. Burgherren residierten hier seit dem 13. Jahrhundert, und der Schloßneubau der heutigen Anlage entstand 1533. Schloß und Ratsweinkeller (1562) haben alle Kriege überdauert; dagegen ist die Stiftung der Herzogin Klara aus dem 16. Jahrhundert inzwischen aufgelöst worden: Nach dieser Stiftung wurde in Gifhorn ein heilkräftiges Kräuterbier kostenlos ausgeschenkt.

Helmstedt, seit 1576 eine bedeutende Universitätsstadt und Siedlungsort schon seit der mittleren Steinzeit, ist heute vor allem bekannt als Grenzübergangsort in die DDR, womit man der Stadt jedoch nicht gerecht wird.

Zu ihren Sehenswürdigkeiten gehören neben vielen schönen Fachwerkhäusern und Baudenkmälern – beispielsweise dem Aulagebäude der alten Universität von 1597 – auch die Lübbensteine auf dem St. Annenberg. Das sind 4000 Jahre alte Megalithgräber mit gewaltigen Steinen aus Braunkohlenquarzit.

Das Fachwerk des Gildehauses in Braunschweig, erbaut 1536, ist möglicherweise vom Meister des »Brusttuches« in Goslar (Seite 25) dekoriert worden.

Von 1777 bis 1781, während seiner
Zeit als Bibliothekar in Wolfenbüttel, bewohnte G. E. Lessing
diesen Dreiflügelbau von 1735
gegenüber dem Schloß.

In Königslutter empfing Heinrich der Löwe Anregungen für seinen Braunschweiger Dom, denn sein Großvater, Kaiser Lothar III., legte hier 1135 den Grundstein für die Kirche, die ihm zugleich Kaiserdom und Grablege sein sollte. Königslutter hat die erste durchgehend gewölbte Kirche in Deutschland, und an der qualitätvollen Bauplastik, besonders im Kreuzgang, erkennt man, daß hier nicht gespart worden ist: Lothar finanzierte den Kirchenbau zum Teil aus seiner Privatschatulle.

Salzgitter wurde erst im Jahre 1942 aus 28 Gemeinden gebildet. Die Stadt ist zwar Zentrum der Schwerindustrie, aber ihren historischen Kern bildet Salzgitter Bad, dessen Solquellen schon in vorgeschichtlicher Zeit genutzt worden sind.

Die zweite Industriestadt in dieser Region ist Wolfsburg. Zwar besteht die Burg etwa seit 1300, die Stadt selbst wurde jedoch erst 1938 zusammen mit dem Volkswagenwerk gebaut.

»Allein, seinen Freunden ist doch nichts so aufgefallen, wie seine Spielsucht, die in Breslau ihren Anfang, und zu Wolfenbüttel ihr Ende genommen haben soll. Sein liebstes Spiel war Pharao, das seinen ganzen Reitz vom hohen Gewinne zu haben scheint . . .« Das schrieb Karl Gotthelf Lessing über seinen Bruder Gotthold Ephraim Lessing, der die letzten zwölf Jahre seines Lebens als Leiter der berühmten, von Herzog August 1572 gegründeten Bibliothek in Wolfenbüttel tätig war. Lessing starb 1781.

Bibliothek und Schloß in Wolfenbüttel

Bald wird die Wolfenbütteler Bibliothek im Mittelpunkt des Interesses stehen, wenn das Evangeliar Heinrichs des Löwen endgültig hier verwahrt und ausgestellt wird. Kürzlich hat die Niedersächsische Landesregierung diese Kostbarkeit ersteigert.

Das an der Oker liegende Wolfenbüttel, in dem noch einige Kanäle an die holländischen Städtebauer erinnern, hat den Zweiten Weltkrieg heil überstanden und gilt als eine der Schatzkammern Niedersachsens. Besonders sehenswert sind das herzogliche Schloß mit der barocken Eingangsfassade, das Zeughaus von 1619 sowie der Stadtmarkt in seiner einzigartigen Geschlossenheit mit Fachwerkrathaus (1609) und einigen Bürgerhäusern aus dem 17. Jahrhundert.

Damals wohnte hier ein anderer sprachgewaltiger Herr, der Gelehrte Justus Georg Schottelius. Er wurde aber nicht – wie sein Nachfolger Lessing – durch Dramen, Gedichte und Fabeln berühmt, sondern durch die Herausgabe der ersten deutschen Grammatik.

Das Wolfenbütteler Schloß wurde im 17. und 18. Jahrhundert grundlegend umgebaut. Hermann Korb entwarf 1716 auch den durch Pilaster betonten Torbogen des Eingangs.

Braunschweig: Dom (1195) mit Wandmalereien, Imervard-Kreuz, Marienaltar und Grab Heinrichs des Löwen; Burg Dankwarderode (1175), Burglöwe (1166), Altstadtmarkt mit Rathaus (13. Jahrhundert), St. Aegidien-Klosterkirche, erbaut um 1300 mit Parlatorium; Pfarrkirche St. Katharina (13. Jahrhundert), St. Martin (12./13. Jahrhundert), St. Andreas (um 1300), Brüdernkirche (13./15. Jahrhundert, Abendmahlskelch 1494). Gewandhaus am Altstadtmarkt mit Fassade von 1591; Braunschweig-Melverode: St. Nikolaus, erbaut um 1200.
Braunschweig-Riddagshausen: Klosterkirche St. Maria (1230).
Helmstedt: Klosterkirche St. Ludgeri mit Krypta und Doppelkapelle (11. Jh.); Klosterkirche Marienberg (12. Jh.), Leinenstickerei um 1250. »Juleum«, die ehemalige Universität; besonders das Aulagebäude von 1592/97.
Königslutter: Benediktiner-Kirche St. Peter und Paul, gegr. 1135, mit Kreuzgang.
Wolfenbüttel: Schloß, erbaut nach 1553, mit Barockfassade (1714/16), Rathaus mit Stadtmarkt.

Wolfenbüttel: Das Schloßportal

Wo ist was los im Braunschweiger Land? Fast immer wird irgendwo gefeiert, und einige Märkte blicken auf eine lange Tradition zurück. Dies sind nur einige von vielen Terminen:
Braunschweig: Jeden Mittwoch und Samstag von 8 bis 13.30 Uhr ist traditioneller Wochenmarkt auf dem Altstadtmarkt. Weitere Wochenmärkte: Hagenmarkt/Großer Hof (mittwochs und samstags 8–13, freitags 8–18 Uhr), auf dem Magnikirchplatz (donnerstags von 14–18 Uhr), auf dem Nibelungenplatz (dienstags und freitags 8–13 Uhr). Braunschweiger Schützenfest wird in der zweiten Juni-Hälfte auf dem Schützenplatz an der Hamburger Straße gefeiert. Am ersten September-Wochenende feiert man das Magnifest, und die Braunschweig-Woche findet immer Ende August statt.
Salzgitter: Volks-, Schützen- und Feuerwehrfeste gehören auch hier zum Bestandteil der Terminkalender in den einzelnen Bezirken der Stadt. Alljährlich im Sommer aber trifft man sich zu einem fröhlichen Altstadtfest, das als geselliger Höhepunkt des Jahres gilt.
Hornburg: Alljährlich im November treffen sich Hornburger Bürger mit Vertretern aus Politik, Wirtschaft und Kultur zu einem Essen, bei dem Speisen nach Rezepten aus dem Jahre 1598 in prunkvollen historischen Kostümen gereicht werden. Das eingenommene Geld erhält das Heimatmuseum.
Wolfenbüttel: Neben vielen Volksfesten, wie zum Beispiel dem Schützenfest im Juli, und Märkten gibt es den Historischen Wochenmarkt. Im Sommer tragen die Händler und Händlerinnen an jedem ersten Samstag im Monat zur Marktzeit farbenprächtige Kostüme.

Und was es so an sportlicher Unterhaltung gibt:
Braunschweig: Bootsverleih an der Okerbrücke, Eissporthalle im Sportzentrum am Schützenplatz an der Hamburger Straße, Tennis im Tennis-Center Veltenhof, Ernst-Böhme-Straße 15, Tennishalle und Schulzentrum Wenden, Hauptstraße 48. Segeln und Windsurfen kann man auf dem Südsee.
Helmstedt: Es gibt ausgedehnte Wanderwege, ein Hallen- und ein Waldschwimmbad. Auch eignet sich die Umgebung sehr gut für Radtouren.
Hornburg: Möglich ist Wandern, Schwimmen, Radwandern, Kegeln, Angeln, Tennisspielen.
Königslutter: 150 Kilometer Wanderwege stehen zur Verfügung, außerdem ein Hallen- und ein Freibad, Tennisplätze, eine Reithalle und die Möglichkeit, Radtouren zu unternehmen.
Salzgitter: Wassersport ist auf dem Salzgittersee möglich. Es gibt eine Eissporthalle, Hallen- und Freibäder. Außerdem: Segelfliegen, Angeln, Reiten, Tennis, Squash und Wandern. Besonders bemerkenswert: das Thermal-Solbad mit Sole-Wellenbad (30 Grad Wassertemperatur) im Stadtteil Salzgitter-Bad.
Schöppenstedt: Dort befindet sich ein beheiztes Freischwimmbad. Außerdem möglich: Kleingolf, Wandern, Radwandern, Tennis und Reiten.
Wolfenbüttel: zwei Hallenbäder, Freischwimmbad mit Campingplatz.
Wolfsburg: viele gute Bademöglichkeiten.

Der Elm, Zentrum eines Naturparks mit den Städten Königslutter, Helmstedt, Schöningen und Schöppenstedt, ist eine breite Muschelkalk- und Buntsandsteinaufwölbung im nördlichen Harzvorland. Höchste Erhebung ist der 322 Meter hohe Kux-Berg. Drachenberg (314 Meter) und Bockshorn-Berg (264 Meter) sind weitere Erhebungen des Elm, in dem wunderschöne Buchenwälder stehen.

Braunschweig bietet für Naturfreunde viel Sehenswertes: den Botanischen Garten in der Humboldtstraße, den Zoo und das Naturhistorische Museum mit der Bienentanzuhr. Riddagshausen hat ein Naturschutzgebiet mit einer Teichlandschaft als Europareservat für Vögel. Im Landschaftsschutzgebiet Buchhorst gibt es ein Rot- und Damwildgehege.

Im Rieseberger Moor bei Königslutter gedeihen kostbare botanische Seltenheiten, darunter der fleischfressende Sonnentau mit seinen roten Blattrosetten.

In Klein-Schöppenstedt fand man vor 100 Jahren Erdöl. Auf die Dauer war die Ausbeute aber zu gering. Die Pumpen wurden im Jahre 1963 stillgelegt.

Übrigens: Vor tausend Jahren heizte man nicht mit Öl, sondern mit Heißluftsteinen. Einige wurden auf der Werlaburg bei Schladen gefunden, heute liegen sie im Heimatmuseum.

In den Braunschweiger Museen findet der Reisende vielerlei Anregungen:
Herzog-Anton-Ulrich-Museum, Museumstraße 1 (Gemäldegalerie, Kunsthandwerk, Porzellan aus Fürstenberg/Oberweser); Braunschweigisches Landesmuseum an der Aegidienkirche (Landes- und Kulturgeschichte, Volkskunde); Städtisches Museum, Am Löwenwall (Braunschweigische Kunst- und Kulturgeschichte) mit Außenstellen (Formsammlung, Louis-Spohr-Gedächtnisstätte, Schill-Gedächtnisstätte, Wilhelm-Raabe-Gedächtnisstätte); Friedrich-Gerstäcker-Gedächtnisstätte, Wolfenbütteler Straße; Mineralienkabinett und Mineralogische Sammlung Walter Kahn, Gaußstraße 28; Sammlung zeitgenössischer Kunst, Die Brücke, Steintorwall 3.

In Königslutter gibt es eine Steinmetzschule und eine Petrefaktensammlung (Versteinerungen).

In Wolfenbüttel werden besonders Lessingfreunde auf ihre Kosten kommen, im Lessinghaus mit Museum. Für Liebhaber bibliophiler Kostbarkeiten ist die Bibliothek ein Muß.

In Wolfsburg kann man bei VW das größte Autowerk Europas besichtigen.

Braunschweiger Würste haben in Niedersachsen einen guten Ruf, und wer zum Beispiel im Winter während der Grünkohlzeit nach Braunschweig kommt, der sollte den Kohl zünftig mit Kasseler, Brägenwurst und Rauchfleisch essen.

Der Braunschweiger Spargel ist weithin berühmt, und jeder Braunschweiger legt Wert darauf, unter den Gastwirtschaften des Landes eine zu kennen, in deren Küche der Spargel besonders liebevoll behandelt wird.

Hier zwei Tips: »Am Kanal«, Am Kanal 4, Ortsteil Wenden, ab 17 Uhr (deftige Küche, Spargel. Auch während der Kohlzeit im Herbst lohnt sich ein Besuch). »Heideschänke«, am Hafen (Mittellandkanal) im Stadtteil Veltenhof. Spargel wächst direkt vor der Tür (einfache Küche).

Weitere gute Adressen in Braunschweig: »Atrium«, Berliner Platz 3, am Hauptbahnhof (sehr feine Küche). »Haus zur Hanse«, Güldenstraße 7 (gemütlich, feine Küche).

Übrigens: Braunschweiger Bier hat eine lange Tradition. Vor 100 Jahren gab es sogar ein von Ärzten ausdrücklich empfohlenes Gesundheitsbier. Die Brauerei ist leider im April 1852 abgebrannt.

Das Wolfenbütteler Rathaus besteht aus mehreren Fachwerkhäusern

Gegenlichtstimmung im Harzwald

Im Naturschutzpark Lüneburger
Heide kann man die schönsten
Wanderungen machen, nicht zu-
letzt dank dem gut ausgebauten
Wegenetz.

Pastor Wilhelm Bode aus Egestorf sah vorher, was mit der Heidelandschaft geschehen würde. Deshalb nutzte er seine noch heute viel zitierte Redegewandtheit, um bei wohlhabenden Mitbürgern Geld lockerzumachen für ihren Erhalt. Im Jahre 1906 konnte er dann für 6000 Mark den Totengrund bei Wilsede kaufen, ein mit Heide und Wacholder bestandenes Stückchen Land. Aber das war noch nicht genug, um die Heide vor Baumwuchs und vor den Menschen zu retten.

Schon im Jahre 1901 hatte Hermann Löns in »Mein grünes Buch« drei Kreuze hinter den »Stadtjappern« gemacht: »Der Honigbaum hat abgeblüht; zu Silberkügelchen sind des Heidekrauts rosenfarbige Seidenkelche zusammengeschrumpft. Die Heidelerchenlieder sind verstummt; verschwunden sind die Radler und Fußwanderer, die wochenlang die Heide überschwemmten, das blühende Heidekraut abrupften und als Ersatz Zeitungspapier, Eierschalen und Flaschenscherben hinterließen. Drei Kreuze hinter ihnen her! Es war eine greuliche Zeit.«

Pastor Bode sah sich mit dem Erwerb des Totengrunds noch nicht am Ende seines Weges. Er rührte die Werbetrommel mit dem Ziel, einen »Verein Naturschutzpark« zu gründen. Im Jahre 1909 war es soweit. In München kamen die Naturschützer zusammen, und just in diesem Augenblick wurde aus Norddeutschland gemeldet, daß ein Gastwirt ein Ausflugslokal mitten auf den Wilseder Berg setzen wollte. Pastor Bode mobilisierte seine Freunde und konnte im letzten Augenblick das Malheur verhindern. Ein Jahr später wurde der »Naturschutzpark Lüneburger Heide« gegründet, dessen Mittelpunkt heute der 169 Meter hohe Wilseder Berg ist, der höchste Berg in Nordwestdeutschland und einer der schönsten Plätze für den Naturfreund.

AUF DEN SPUREN VON HERMANN LÖNS

60 Rund um den Wilseder Berg und um das Dorf Wilsede dürfen keine Autos verkehren. Wer schlecht zu Fuß ist, muß eine Pferdekutsche nehmen. Vor allem während der Heideblüte im August sind in dieser Landschaft viele Menschen unterwegs; Wanderer, denen sich hier wie nirgendwo sonst das typische Bild der Heide bietet: wellige Heideflächen, die unterbrochen werden von Wacholder. Einige Heidschnuckenherden halten die Heidesträucher kurz und verhindern gleichzeitig, daß sich auf dem Heideland Wald bildet.

Kulturlandschaft Lüneburger Heide

Auch als Braten erfreuen sich die Heidschnucken großer Beliebtheit. Die beste Zeit für ein Heidschnuckenessen sind die Monate September und Oktober, denn dann werden die Bocklämmer und die sieben Jahre alten Muttertiere geschlachtet. Ein Teil geht frisch in die Heidegaststätten, ein anderer Teil ins Kühlhaus. Kenner versichern, der Unterschied zwischen frischem und tiefgekühltem Heidschnuckenfleisch sei so gering, daß der Freund eines guten Heidschnuckenbratens ihn gern in Kauf nehme für das Vergnügen, ihn möglichst oft zu essen.

Zurück aber zur Heide. Sie ist eine Kulturlandschaft, entstanden also durch die Eingriffe des Menschen in die Natur. Noch im Mittelalter war die Geestlandschaft rund um den Wilseder Berg mit Wald bedeckt; er bestand vorwiegend aus Eichen, Kiefern und Birken. Dieses Holz aber brauchten vor allem die Lüneburger Salzsieder für die Salzgewinnung.

Salz war damals ein kostbares Gut: Die Heringe, mit denen die Lübecker ihre Geschäfte machten, wurden der Haltbarkeit wegen eingesalzen, und auch zum Einpökeln des Fleisches wurde Salz gebraucht. Auf der alten Salzstraße zogen die

Oben: Der Schafstall mit dem tief heruntergezogenen Reetdach sieht nicht nur sehr malerisch aus, er wird auch gebraucht für die Heidschnucken.

Unten: Zu einer Heidschnuckenherde gehören etwa 350 Mutterschafe, rund 80 Nachzuchttiere und sechs Böcke. Es gibt rund ein Dutzend Heidschnuckenherden in der Lüneburger Heide.

schwerbeladenen Fuhren von Lüneburg zur Hafenstadt Lübeck. Salz brachte viel Geld, und deshalb verschwanden die Wälder um den Wilseder Berg herum. Nach einigen hundert Jahren war das Land ein riesiger Kahlschlag. Auf den armen Sandböden entwickelte sich die Heide, und weil die Bauern gleich ihre Schafherden auf die Kahlflächen trieben, hatte der Wald keine Chance nachzuwachsen. Heidschnucken haben ja eine besondere Vorliebe für die jungen Baumsprößlinge, den stacheligen Wacholder dagegen mochten sie nicht. So konnte er sich zusammen mit der Heide ausbreiten.

Erst im vorigen Jahrhundert, als sich die Heidschnuckenhaltung nicht mehr so recht lohnte, wurde im großen Stil mit Fichten und Kiefern aufgeforstet. Sicherlich wäre die Heide längst verschwunden, hätte es den tüchtigen Pastor Bode nicht gegeben. Und noch einmal drohte der Heide Gefahr: während des Zweiten Weltkriegs und in den Jahren danach. Damals war es der Hamburger Kaufmann Alfred C. Toepfer, der sich leidenschaftlich für die Heide einsetzte und erhebliche Summen in sein Lieblingsprojekt investierte.

Eine Wanderung durch die Heide bei Wilsede gehört zu den eindrucksvollsten Naturerlebnissen, vor allem während der Heideblüte an sonnigen Tagen, wenn die Luft erfüllt ist vom Gesumm der Bienen. Man mache sich jedoch keine Illusionen: Außer den Bienen sind dann auch Zehntausende von Menschen unterwegs!

Wilsede ist ein kleines Dorf, das man auf beschilderten Wegen von Undeloh oder von Niederhaverbeck aus erreicht, entweder zu Fuß oder mit einem Pferdefuhrwerk. Es ist eine alte Siedlung, 1287 erstmals erwähnt, in der auch heute noch Landwirtschaft betrieben wird, obwohl sie fast musealen Charakter hat. Sehenswert sind das Heidemuseum, das eine Vorstellung vom Leben der alten Heidjer vermittelt,

und der Emmannhof von 1609, der ursprünglich in Emmingen stand und 1963 nach Wilsede versetzt wurde.

Wenig erfreulich ist die Tatsache, daß von der 700 000 Hektar großen Lüneburger Heide etwa 60 000 Hektar Heidefläche von Truppenübungsplätzen belegt sind. Diese Flächen sind für Heideliebhaber verloren.

Die Natur freilich hat in diesen Sperrgebieten manchmal mehr Chancen als anderswo. Heute gilt ebenso wie zu den Tagen von Hermann Löns: »Nur in den weitab gelegenen Brüchen, wo Wege und Stege fehlen, und Meilen zwischen den Einzelhöfen liegen, war es zum Aushalten. Höchstens den Schnukkenschäfer sah ich da, die Imker und die Bauern, die zum Grumtschnitt fuhren, lauter stille Leute, die ungefragt nicht reden... Dort in der Stille habe ich die Heideblüte erlebt, habe die Kreuzotter bei der Mauspürsch beobachtet, den Schreiadler bei der Froschjagd, den Schwarzstorch beim Fischfang...« Und die Freunde der Heide versichern, daß es auch heute noch einsame. Plätze in der Heide gibt, so wie Hermann Löns sie geschildert hat. Nur die Tierwelt ist nicht mehr so reich...

Heinrichs Streit mit den Bardowickern

Es geschah anno 1189: Heinrich, »der Löwe«, wie ihn schon seine Zeitgenossen nannten, war nach Demütigungen und Verbannung, die ihm der Streit mit Kaiser Barbarossa eingebracht hatten, in sein Stammland zurückgekehrt und stand nun vor den Mauern der alten Handelsstadt Bardowick, um eingelassen zu werden. Die Bardowikker aber, so wird erzählt, dachten nicht daran, dem Herzog die Tore zu öffnen. Der ließ die Stadt daraufhin von seinen Männern erobern und entzog ihr sein Wohlwollen für alle Zeit.

62 Dies bedeutete für Bardowick das Ende einer fast 400 Jahre andauernden Blütezeit. Karl der Große war zweimal in Bardowick gewesen, und das Recht, Münzen zu prägen (seit 965) und Marktzoll zu erheben, verhalf dem Ort rasch zu Wohlstand.

Noch im 12. Jahrhundert trafen sich in Bardowick Kaiser und Könige, und auch Herzog Heinrich war der Stadt wohlgesinnt, bis die Bardowicker ihm die kalte Schulter zeigten. Sie haben sich von dem Schlag, den der Löwe ihnen versetzte, nie wieder erholt. Der Herzog wandte seine Gunst dem benachbarten Lüneburg zu, und Bardowick sank in Bedeutungslosigkeit zurück. An seine Blütezeit erinnern nur noch die romanischen Reste des im 13. und 14. Jahrhundert neu erbauten, gewaltigen Domes.

Im Jahre 951 errichtete Markgraf Hermann Billung auf dem Lüneburger Kalkberg eine Burg, die als eine der stärksten Festungen Sachsens galt. Unterhalb der Burg ließ er 955 ein Benediktinerkloster anlegen. Das Kloster erhielt von Kaiser Otto dem Großen das Recht zugesprochen, Salzzoll zu erheben. 1107 kam Lüneburg, das bis dahin von den Billungern regiert worden war, unter die Lehenshoheit der Welfen, 1247 erhielt es das Stadtrecht. Wirtschaftliche Bedeutung erhielt Lüneburg vor allem durch das Monopol der Salzgewinnung. Lüneburger Salz wurde bis nach Skandinavien exportiert. Die Vorrangstellung als Handels- und Warenumschlagplatz im ausgehenden Mittelalter und der damit verbundene Wohlstand läßt sich noch heute ablesen an den vielen, reich dekorierten Hausfassaden der Altstadt.

In mehreren Bauphasen ist das Rathaus entstanden, älteste Teile stammen aus dem 13. Jahrhundert. In der Gerichtslaube gehören die Fußbodenfliesen und die farbigen Maßwerkfenster in die Zeit der Erbauung 1328/31. Ausgemalt wurde der Raum erst 1529. 1478/81 erweiterte

Der älteste Teil des Lüneburger Rathauses ist die Gerichtslaube, errichtet von 1328 bis 1331. Die reiche Ausmalung des Raumes entstand jedoch erst 1529.

man das Rathaus um den Kämmereiflügel, der mit seinem Treppengiebel und den Tausteinen (Ziegel, geformt wie Taue) noch eine spätmittelalterliche Fassade hat. Die barocke Hauptfassade des Rathauses dagegen, errichtet im Jahre 1720, liegt dem Marktplatz zugewandt.

Giebel aller Stilepochen sieht man nebeneinander am Sande, wie der größere der beiden Lüneburger Marktplätze heißt. Besonders sehenswert sind die Fassaden Am Sande 46 (Spätmittelalter) und Am Sande 1, erbaut 1548 (Renaissance). Ins Stadtbild der Handels- und Hansestadt gehören der alte Kran am Ufer der Ilmenau und das nahe Kaufhaus, von dem nur noch die Fassade erhalten ist.

Am Sande steht auch die Kirche St. Johannis, eine fünfschiffige Hallenkirche, die 1360 geweiht worden ist. Nach einem Feuer erhielt sie 1406 einen neuen Turm. Er ist 108 Meter hoch und ein bißchen schief geraten: Die Spitze weicht mehr als zwei Meter vom Lot ab. Es heißt, als der Baumeister seinerzeit entdeckt hatte, daß ihm der Turm schief geraten war, sei er in seiner Verzweiflung darüber vom Turm in den Tod gesprungen.

Erwähnenswert ist noch, daß Lüneburg als Soleheilbad anerkannter Kurort ist und sehr gepflegte Kuranlagen, einen großen Park und ein Solewellenbad besitzt.

Am Sande, dem größeren der beiden Lüneburger Marktplätze, haben sich noch viele gotische Häuserfassaden erhalten. Wahrzeichen der Stadt ist St. Johannis.

Vom Turm der Celler Stadtkirche
hat man den besten Ausblick auf
die mittelalterliche Altstadt. Herzog Otto der Strenge legte die
Stadt an der Aller 1292 an.

Uelzen lag immer im Schatten Lüneburgs, damals wie heute. Die Stadt ist hervorgegangen aus einer Klosteranlage, bei der sich ein Handelsplatz entwickelte. Seit 1270 ist Uelzen Stadt, seit 1374 sogar Hansestadt. Tuchhandel verhalf dem Ort im 16. Jahrhundert zu letzter Blüte.

Der Zweite Weltkrieg hat nur wenige alte Gebäude verschont: Sehenswert sind in Uelzen Propstei und Gildehaus (15. Jahrhundert), das Rathaus mit seiner klassizistischen Fassade und die Marienkirche, vollendet 1380. Dort befindet sich auch das Wahrzeichen Uelzens: das Goldene Schiff aus dem 13. Jahrhundert.

Celles Blütezeit war im 17. Jahrhundert

Die alte Residenzstadt Celle erhielt besonders im 16. und 17. Jahrhundert ihr heutiges Aussehen. Obwohl bereits 990 urkundlich erwähnt, erlangte Celle erst in der Regierungszeit der Herzöge von Braunschweig-Lüneburg (1378 bis 1705) größere Bedeutung.

Das mittelalterliche Schloß wurde in den Jahren 1533/80 zum erstenmal völlig umgestaltet, und auch der Innenausbau der Schloßkapelle fiel in diese Zeit. Im 17. Jahrhundert holte der Celler Herzog Georg Wilhelm Künstler aus Italien und Frankreich an seinen Hof: Das Schloß erhielt neue Fassaden, die herzoglichen Wohnräume wurden neu ausgestattet und die Stadtkirche, erbaut 1308, mit neuen Stuckdecken versehen. Das Schloßtheater entstand um 1675 und ist damit die älteste, noch heute bespielte Bühne Deutschlands.

Zu eher traurigem Ruhm war die Tochter Herzog Georg Wilhelms, Sophia Dorothea, gekommen, besser bekannt unter dem Namen Prinzessin von Ahlden. Sie mußte aus Gründen der Staatsraison den Erbprinzen Georg von Hannover heiraten, und die Ehe ging nicht gut.

Oben: Nicht nur bei Wilsede, auch im Naturpark Südheide kann man Pferd und Wagen für eine Kutschfahrt mieten. Im Spätsommer beginnt hier die Heideblüte, dann werden die Pilzsammler fündig.

Unten: Mehr als 400 Jahre residierten im Celler Schloß die Herzöge von Braunschweig und Lüneburg. Schloßkapelle, Wohnräume und das Theater sind sehenswert.

Schutenhüte waren früher fester
Bestandteil der Arbeitskleidung,
mit der die Heidhauer-Frauen aufs
Feld gingen. Heute trägt man die
Hüte nur noch bei Festen.

Sophia Dorothea hatte sich zusätzlich mit der Feindseligkeit ihrer Schwiegermutter auseinanderzusetzen, und am Ende verliebte sie sich in einen alten Jugendfreund, den Grafen Philipp Christoph von Königsmarck.

Die Sache kam heraus, und der Graf wurde in der Nacht zum 3. Juli 1694 im Schloß zu Hannover ermordet. Seine Leiche verschwand spurlos. Die Prinzessin jedoch wurde nach Schloß Ahlden südlich von Walsrode im Allertal verbannt. 33 Jahre hat sie dort gelebt, und nicht einmal ihre Kinder durfte sie wiedersehen.

Nicht weniger tragisch ist die Geschichte von Caroline Mathilde, der Urgroßenkelin von Sophia Dorothea. Sie wurde 1766 im Alter von 15 Jahren mit dem dänischen König Christian VII. verheiratet, einem labilen, glücklosen Regenten, der später in geistige Umnachtung fiel. Caroline Mathilde aber erlag dem Charme des einflußreichen Ministers Struensee, der beim dänischen Adel verhaßt war. Man wartete nur auf eine Gelegenheit, ihn zu stürzen. Sie kam, als sein Verhältnis zur Königin bekannt wurde. Struensee wurde hingerichtet und die Königin nach Celle verbannt, wo sie im Alter von 24 Jahren gestorben ist, vermutlich durch Gift. Die traurige Geschichte wird sehr anschaulich wiedergegeben durch die Sammlung des kleinen Schloßmuseums. Und vor dem Denkmal der Königin im Französischen Garten stehen oftmals Dänen, um ihrer unglücklichen Königin zu gedenken.

Kostbare Bildteppiche in Wienhausen

»Hüte die Tür deiner Zunge vor der, die in deinen Armen liegt«, so steht es lateinisch geschrieben auf einem der drei Teppiche, die Darstellungen aus der Sage von Tristan und Isolde zeigen. Sie gehören zu jenen acht kostbaren Bildteppichen, die in der Schatzkammer des Klosters Wienhausen in der Südheide verwahrt und wegen ihrer Empfindlichkeit nur einmal im Jahr gezeigt werden: vom Freitag nach Pfingsten elf Tage lang. Die Teppiche sind in der Zeit zwischen 1300 und 1480 entstanden, ihre Darstellungen wurden mit Wolle auf Leinen gestickt.

Das Kloster Wienhausen, etwa zehn Kilometer südöstlich von Celle gelegen, gehört zu jenen Orten, in denen die Zeit stehengeblieben zu sein scheint. Agnes von Meißen, die Frau des Pfalzgrafen Heinrich bei Rhein, der ein Sohn Heinrichs des Löwen war, hat es im Jahre 1231 gegründet. Man sagt, daß sie das dafür erforderliche Land dem Ritter Barthold von der Woldesburg habe abgewinnen können, nachdem sie ihm von ihrer göttlichen Erscheinung berichtet hatte. Ursprünglich war das Zisterzienserinnen-Kloster in Nienhagen gegründet worden, wurde aber bald seines ungesunden Klimas wegen nach Wienhausen verlegt. Westflügel und Nonnenchor der heutigen Klosteranlage mit seiner strengen Backsteinarchitektur stammen aus der Zeit um 1310/30. Vorzüglich erhalten haben sich die Wandmalereien im Innern des Nonnenchors (um 1335). Mitten im Raum steht das »Heilige Grab«. Darin liegt, erschreckend eindringlich dargestellt, der aufgebahrte Christus (um 1290).

Im Jahre 1562 wurde das Kloster evangelisches Damenstift. Auch heute noch leben hier Stiftsdamen; sie verwahren und erklären all die Kostbarkeiten, die das Kloster vorzuweisen hat: Da sind zum Beispiel die beiden farbig gefaßten Holzplastiken des auferstandenen Christus und der sogenannten Wienhäuser Madonna von etwa 1290 oder die ebenfalls farbige Grabfigur der Stifterin Agnes von Meißen.

Nicht einzeln aufzählen kann man die mittelalterlichen Möbel, die liturgischen Geräte und die Handschriften. Die ältesten erhaltenen Brillen überhaupt wurden 1953 im Nonnenchor zwischen den Dielenbrettern, direkt am Chorgestühl, gefunden. Nonnen hatten sie dort entweder verloren oder aber versteckt. Jedenfalls sind uns die Brillen so erhalten geblieben.

Von besonderem Wert ist das Wienhäuser Liederbuch, eine handschriftliche Sammlung von 59 niederdeutschen, lateinischen und mehrsprachigen Gesängen mit Melodien. Darunter befindet sich das Lied von der Vogelhochzeit. Das alles wurde aufgeschrieben in den Jahren 1455 bis 1470.

Wenn aber die Sonne scheint über dem Kloster Wienhausen, dann werden Besucher gern in den kleinen Klostergarten geführt, wo die Sonnenuhr steht. Auch heute noch kann man an ihr die Zeit ablesen.

Die Südheide steckt voller Besonderheiten

Wenn die Bauern von Wietze Bauchweh hatten, dann wußten sie schon, was sie dagegen tun konnten. Sie brauchten nur zu den Teerkuhlen zu gehen, jenen unheimlichen Tümpeln in der Nähe ihres Dorfes. Da gab es so viel »Medizin« gegen Magenschmerzen, daß man sie auch noch für andere Zwecke verwenden konnte, zum Beispiel zum Schmieren der Wagen.

Vor etwa 120 Jahren war es dann vorbei mit der billigen »Arznei«, die sich als größeres Erdölvorkommen entpuppte, und man begann planmäßig nach dem Erdöl zu bohren – zum ersten Mal in Europa. Tatsächlich erwiesen sich die seit 1652 bekannten Tümpel als ergiebig, und im Jahre 1885 begann die maschinelle Ausbeutung, die ihren Höhepunkt 1910 erreichte. Dann gingen die Erträge zurück. Das Erdölmuseum erinnert heute an die großen Zeiten des »Scheichtums« Wietze.

Die Südheide steckt voller Besonderheiten. In Bergen gibt es ein Afrika-Museum, in Hermannsburg, dem alten Missionsort, wird

im Ludwig-Harms-Haus an die Arbeit der Hermannsburger Missionare in der Dritten Welt erinnert. Und eines der romantischsten Heidedörfer ist Müden an der Örtze mit seiner Backsteinkirche von 1227 und ihrem hölzernen Glockenturm von 1729, mit schönen Bauernhäusern und einem alten Treppenspeicher, erbaut 1706.

Und dann Bergen-Belsen. Hier befand sich eines der Konzentrationslager der Nationalsozialisten. Ein Obelisk erinnert an die Greuel, die dort im Namen des Volkes verübt wurden; eine gute Dokumentation informiert.

Wer von Bergen weiterfährt gen Norden, auf der Bundesstraße 3, der erreicht die Kreisstadt Soltau, gelegen inmitten herrlicher Natur, mit dem idyllischen Vorort Wolterdingen. Von dort geht es in den westlichen Teil der Heide mit Fallingbostel und Walsrode, wo sich der 20 Hektar große Vogelpark mit etwa 900 Vogelarten befindet. Über Visselhövede, wo eine besonders schöne aus Feldsteinen erbaute gotische Kirche steht, führt die Straße nach Rotenburg, einem idealen Ausgangspunkt für Wanderungen durch das Tal der Wümme.

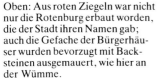

Oben: Aus roten Ziegeln war nicht nur die Rotenburg erbaut worden, die der Stadt ihren Namen gab; auch die Gefache der Bürgerhäuser wurden bevorzugt mit Backsteinen ausgemauert, wie hier an der Wümme.

Unten: Eine Attraktion des Vogelparks Walsrode ist die »Paradieshalle«, ein Palmenhaus, in dem bei tropischen Temperaturen exotische Vögel frei herumfliegen.

Neben exotischen Schmuckvögeln – hier in grellem Orange – zeigt der Vogelpark Walsrode rund 240 Papageienarten, die ein eigenes Papageienhaus haben.

Nicht nur wegen der landschaftlichen Schönheit lohnt es sich, die Lüneburger Heide zu besuchen: Bardowick, einst ein bedeutender Handelsplatz, besitzt die Stiftskirche St. Peter und Paul, allgemein Dom genannt, die um 1190 erbaut wurde.

Celle besticht durch seine historische Innenstadt mit den vielen Fachwerkhäusern. Sehenswert sind außerdem das Schloß mit Schloßkapelle, Küche, Museum und Schloßtheater; das Rathaus (Neubau 1561/79) und die Stadtkirche von 1308, umgebaut 1675/98.

Fallingbostel ist berühmt durch die Siebensteinhäuser (Hünengräber), die im militärischen Übungsgebiet liegen und nur am 1. und 3. Wochenende im Monat erreichbar sind.

Lüneburg gehört mit seinen alten Giebelhäusern zu den schönsten Städten in Niedersachsen. Sehenswert sind das Rathaus am Markt (Baubeginn um 1200); der alte Kran, die St. Johanniskirche (14. Jh.) und St. Nikolai, erbaut in den Jahren 1407/1440, mit dem Hochaltar von Hans Snitker, entstanden um 1450.

Alljährlich im August finden in der Lüneburger Heide die Heideblütenfeste statt, bei denen die Heidekönigin gewählt wird. Berühmt wegen ihrer besonders farbenprächtigen Umzüge sind die Feste in Amelinghausen und Schneverdingen.

An Erntefesten kann man teilnehmen in Steinbeck/Luhe oder in Bardowick. Wietzendorf lädt alljährlich ein zum Honigfest.

In Müden/Örtze findet jedes Jahr Anfang Juli eine Bock-Auktion statt.

Lüneburg hat einen besonders reichhaltigen Veranstaltungskalender vorzuweisen: Das Lüneburger Stadtfest wird stets Ende Juni/Anfang Juli fünf Tage lang gefeiert. Ebenso lange dauert das Schützenfest Mitte August. Frühjahrs- und Herbstmarkt finden regelmäßig im April/Mai bzw. im September/Oktober auf den Sülzwiesen statt. Am 11. November ist Martinitag, und Lüneburg feiert in der Fußgängerzone. Zu einer jährlich wiederkehrenden Einrichtung ist die Antiquitätenmesse geworden; sie wird an einem Wochenende Ende Februar/Anfang März abgehalten. Ein besonderes kulturelles Ereignis stellt die Bachwoche dar, die Mitte Juni stattfindet.

Für Reiterferien ist die Lüneburger Heide besonders gut geeignet. Überall gibt es Reiterhöfe. Und wer im September/Oktober Ferien in der Heide macht, wird sich die Celler Hengstparade ansehen. Sie findet immer am letzten Sonntag im Oktober sowie jeweils am Mittwoch davor im Landgestüt statt.

Von zwei interessanten Angeboten kann man im Celler Land Gebrauch machen: Es werden organisierte Wanderungen und Radtouren angeboten.

Bei St. Dionys gibt es einen Golfplatz (18 Löcher), auf dem Gäste immer willkommen sind. Der Golfplatz liegt etwas versteckt im Brietlinger Wald.

Beliebte Freizeitseen sind unter anderem der Brunausee in Bispingen/Behringen (7 ha), der Lopausee in Amelinghausem (9 ha), der Hüttenseepark Meißendorf bei Winsen/Aller (40 ha mit 1 ha großem Badesee), der Große Bullensee bei Rotenburg/Wümme (12 ha).

Bei Paddlern sind die vielen kleinen Heideflüsse (Örtze, Lachte, Aller, Wümme) sehr beliebt.

In Celle: »Die Ungarische Post«

Porzellankabinett im Celler Schloß

Heidekönigin in Amt und Würden

Natur

Wer sich für die Tier- und Pflanzenwelt der Heide interessiert, findet überall Anregungen. Informationszentren über Pflanzen und Tiere gibt es in Döhle, Undeloh und Niederhaverbeck (Naturschutzpark Lüneburger Heide). Wald- und Heidelehrpfade wurden unter anderem in den Stadtwäldern von Lüneburg und Soltau, am Wilseder Berg bei Undeloh und im Steingrund bei Oberhaverbeck angelegt. Auf einem 20 Hektar großen Gelände befindet sich der Vogelpark Walsrode. Er beherbergt rund 5000 Vögel. Die Anfänge des Vogelparks Walsrode, der auch in die wissenschaftliche Forschung eingeschaltet wird, gehen bis ins Jahr 1958 zurück. Damals gab es dort eine Fasanen-Zucht. Heute sind in Walsrode neben exotischen Vögeln auch so seltene Tiere wie Schwarz- und Weißstörche, Kraniche, Eulen, Spechte, Raubwürger und Bekassinen zu besichtigen.
Rund 300 Tiere leben im Heidepark Soltau, der allerdings vor allem ein Vergnügungspark ist.
In den Freigehegen des Wildparks Lauenbrück leben vor allem heimische Tiere. Safari-Abenteuer vermittelt der Serengeti-Großwildpark bei Hodenhagen.

In der Heide wächst auch Wollgras

Klöster

Eine Rundfahrt zu den Klöstern möchten wir an dieser Stelle vorschlagen. In der Lüneburger Heide haben sich sechs mittelalterliche Nonnenklöster erhalten, die nach der Reformation in evangelische Damenstifte umgewandelt wurden. Kloster Ebstorf, Kirchplatz 10, 3112 Ebstorf (Kreis Uelzen): große Hallenkirche mit Nonnenempore, Klostergebäude, Kreuzgang in Backsteingotik, Kopie der 1943 zerstörten Ebstorfer Weltkarte aus dem 13. Jahrhundert mit einem Durchmesser von 3,5 Meter.
Kloster Medingen, Klosterweg 1, 3118 Bad Bevensen: Das 1228 gegründete ehemalige Zisterzienserinnenkloster wurde im 18. Jahrhundert zerstört und in klassizistischem Stil wiederaufgebaut (barokker Kirchturm). Das Kloster birgt viele Kunstschätze.
Kloster Lüne, Lüner Weg, 2120 Lüneburg: 1172 gegründet von Benediktinerinnen, spätgotische Kirche mit später angebautem Nonnenchor. Sehenswert auch der Kreuzgang (um 1400) und die Eingangshalle mit dem gotischen Brunnen. Bildteppiche aus der Zeit um 1500.
Kloster Isenhagen, Klosterstraße 2, 3122 Hankensbüttel: 1243 gegründet, gotische Kirche, klösterliche Stickereien und Mobiliar aus dem Mittelalter.
Kloster Wienhausen, An der Kirche 1, 3101 Wienhausen: gotischer Backsteinbau aus dem 14. Jahrhundert, mittelalterliche Kreuzgänge, Konventsräume, ausgemalter Nonnenchor, Ausstellung von alltäglichen Dingen des Mittelalters. Gotische Bildteppiche (Teppichwoche).
Kloster Walsrode, Hindenburgplatz, 3030 Walsrode: 986 erwähnt, idyllische Klosteranlage. Klosterkirche St. Johannis mit Glasmalereien aus dem 15. Jh.

Essen und Trinken

Der Heidschnuckenbraten gehört zur Lüneburger Heide wie die Bachforelle, der Heidehonig und der Ratzeputz, der nach alter Väter Sitte am Ende eines jeden guten Essens steht und der schon manchem arglosen Fremdling für Sekunden den Atem genommen hat. Man sollte sich folgende Anschriften merken:
Asendorf/Jesteburg: »Zur Heidschnucke« (regionale Küche).
Bothel: »Botheler Landhaus«, Hemsbünderstraße 10 (stimmungsvolles Haus, feine Küche).
Celle: Restaurant Endtenfang im »Parkhotel Fürstenhof«, Hannoversche Straße 55/56 (feine Küche, empfehlenswert: Entenvesper).
Embsen: »Gasthof Stumpf«, Ringstraße 6 (deftige regionale Küche).
Garlstorf am Walde: »Niemeyers Heidehof«, Winsener Landstraße 4 (regionale Küche).
Hanstedt: »Hotel Sellhorn«, Winsener Straße 23 (regionale Küche).
Lüneburg: »Kronen-Brauhaus«, Heiligengeiststraße 39–42 (Braureimuseum, regionale Küche).
Rotenburg (Wümme): »Lerchenkrug« im Stadtteil Waffensen (regionale Küche).
Salzhausen: »Romantik-Hotel Josthof«, Am Lindenberg 1 (altes und sehr schönes Haus, regionale Küche).
Schneverdingen: »Landhaus Höpen«, Höpener Weg 13 (feine Küche).

Heidschnuckenessen im »Josthof«

Seit 1945 werden alljährlich in Hitzacker die »Sommerlichen Musiktage« abgehalten. Das Niveau der
kammermusikalischen Veranstaltungen ist besonders hoch.

Ein bißchen Ostland ist uns diesseits der Elbe geblieben, und es mutet fast exotisch an – nicht nur wegen der Rundlingsdörfer, die das besondere Merkmal des Wendlandes sind, oder der ostelbisch klingenden Ortsnamen, sondern auch wegen der weitgehend unberührten Natur. Sie profitiert, wenn man so will, von der nahen Grenze zur DDR, denn entsprechend wenig industrialisiert und besiedelt ist die Region. So bleibt zum Beispiel der Kranich ungestört, die Graugans findet einen Brutplatz und der Storch einen reich gedeckten Tisch: Kröten und Frösche gibt es genug.

Es ist kein leeres Wort, wenn der Storch im Wendland auch heute noch Glücksbringer genannt wird und man alles tut, um ihn am Haus zu halten. In Meetschow fiel es einem Storch ein, auf dem Turm eines Lastkrans zu nisten. Man nahm Rücksicht auf die Storchenfamilie: Der Kran wurde einen Sommer lang nicht benutzt.

Schon von jeher ist dieses Gebiet südlich der Elbe, zwischen Lauenburg und Schnackenburg, Grenzland zum Osten gewesen. Als erster bemühte sich Karl der Große, durch Befestigungen die wichtigsten Elbübergänge zu sichern. So hat er nach dem großen Wenden-Überfall von 789 das Kastell bei Höhbeck und etwas später die Ertheneburg (heute Artlenburg) errichten lassen.

Der Name Wendland war bis ins Mittelalter nur für das Gebiet östlich der Elbe in Gebrauch; etwa seit 1700 bezeichnete man den Landstrich zwischen Lüchow und Dannenberg ebenfalls als Wendland.

Wenden nannte man die in Ost- und Mitteleuropa ansässigen Slawen. Man nimmt an, daß schon im Mittelalter an der Elbe Slawen, also Wenden, lebten. Ihre »andersartige« Lebensweise hat sich bis ins 20. Jahrhundert erhalten. So hatten die Bewohner des Landkreises Lü-

RUNDLINGSDÖRFER IM WENDLAND

chow-Dannenberg eine eigene Sprache, eine eigene Lebensweise und eine besondere Art zu wohnen. Wie andersartig diese Art des Wohnens war, kann man noch heute an den Rundlingsdörfern erkennen, mit ihren teilweise noch wendischen Ortsnamen. Bei den Rundlingen sind bis zu zwölf Höfe um einen runden Platz gruppiert. Um das Dorf liegt ein dichter Baumgürtel, und es gibt nur einen Zufahrtsweg. Das Bauernhaus selbst ist immer ein reetgedecktes Hallenhaus mit großer Eingangstür an der Frontseite und einem reich dekorierten Schaugiebel. Das Fachwerk wendländischer Bauernhäuser ist besonders farbenfreudig gehalten.

Im Rundling Schutz vor Überfällen

Die am besten erhaltenen Rundlinge sind Bussau, Mammoißel, Schreyahn, Lübeln und Jameln. Allen Rundlingsdörfern ist gemein, daß Kirche und Friedhof immer außerhalb des Dorfes liegen; Beispiele dafür sind Bussau, Zebelin und Schmarsau. Für die Frage, warum diese Dorfform gewählt worden ist, gibt es zwei mögliche Antworten: Einmal bot das enge Zusammenrücken den besten Schutz vor Überfällen in diesem unsicheren Landstrich; möglich ist aber auch, daß die Rundlinge im Zuge der Ostkolonisation planmäßig angelegt wurden. Nach dem letzten Wendenkreuzzug, durch den man die Wenden noch 1147 christianisieren wollte, wurde das eroberte Land mit Bewohnern aus Mecklenburg besiedelt. Es ist denkbar, daß Heinrich der Löwe die ersten Rundlinge hier auf seinem Territorium hat anlegen lassen.

Grenzland ist das Wendland bis heute geblieben: An der äußersten Spitze und von drei Seiten umschlossen von der DDR liegt Schnackenburg, die kleinste Stadt Niedersachsens. Einst profitierte die Schiffer- und Fischerstadt vom Elbzoll, heute praktiziert hier nicht einmal mehr ein Arzt.

Drüben, auf der anderen Seite der Elbe, liegen Lütkenwisch und Lanz, wo der Turnvater Jahn im Jahre 1778 geboren wurde. Die Namen der Nachbarn jenseits des Stroms sind nur noch Erinnerung. Die Gymnasiasten von Schnackenburg gingen früher in Wittenberge in die Schule. Zu den Verwandten nach Bömenzien und Drösede diesseits der Elbe konnte man zu Fuß gehen. Und bei der verfallenen Königsbrücke, auf der Kurfürst Georg Ludwig von Hannover im Jahre 1714 erfahren haben soll, daß er König von England geworden sei, zeigen die Schnackenburger ihren Gästen, wo einst die Allee nach dem nur wenige Minuten entfernten Stresow verlief.

Aus ihrer Grenzsituation haben die Schnackenburger dennoch das Beste gemacht: Heute befindet sich hier das Deutschlandpolitische Bildungszentrum Schnackenburg. Anschauungsmaterial gibt es vor Ort; dazu werden Vorträge und Seminare abgehalten.

Es ist im übrigen für die Schnackenburger nicht ungewöhnlich, daß sie in einer Grenzstadt leben. In alten Chroniken wird bereits Anfang des 12. Jahrhunderts ein Zolleinnehmer in Schnackenburg erwähnt. Und Karl IV. soll im Jahre 1377 »am Donnerstag vor Pfingsten« in Schnackenburg 1000 Schock Groschen kassiert haben, das entsprach dem Wert von 2000 guten Rindern. Wer nach Schnackenburg will, der kommt an Gartow vorbei, das sich aus einer 1225 erstmals erwähnten Wasserburg entwickelt hat. Sehenswert sind der Schloßneubau und die ebenfalls neu errichtete Kirche der Grafen von Bernstorff von 1710/27. Die Wälder rund um Gartow sind ebenfalls auf die Bernstorffs zurückzuführen. Sie ließen das Waldgebiet im 19. Jahrhundert aufforsten. Auf Wanderungen durch den Gartower Forst hat man immer wieder Gelegenheit einzukehren. Man sollte dann nicht versäumen, selbst-

gebackenes Brot, Hausmacherwurst oder frisch geräucherten Aal zu probieren.

Über den Elbdeich wandert man auf der Elbuferstraße nach Gorleben. Dieses Dorf hat traurigen Ruhm erlangt, denn es ist zum Standort einer Atommülldeponie ausersehen worden.

Wer von Norden an der Elbe entlang fährt, um ins Wendland zu kommen, gelangt zuerst nach Blekkede, dessen Ortsbild von Fachwerkhäusern aus dem 17. Jahrhundert bestimmt wird, in dem ein Schloß aus der Zeit um 1600 steht, umgeben von einem Wallgraben und einem Park, und in dessen Heimathaus ein großes Richtschwert aus vergangenen Tagen gezeigt wird. Im Landschaftsschutzgebiet gibt es eine große Reiherkolonie, und im Erholungswald Spröckel ist ein Waldlehrpfad angelegt worden.

Musik in Bleckede und Hitzacker

Man trifft sich in Bleckede zum »Musikalischen Frühling« Ende Mai/Anfang Juni, zum Schützenfest oder zum Vitusmarkt, oder man geht ins Waldbad. Ein besonders schönes Lied, das fast schon zum Volkslied geworden ist, stammt aus Bleckede: Friedrich Wilhelm Kükken, der von 1810 bis 1882 lebte und als bekanntester Bürger von Bleckede gerühmt wird, komponierte das Lied: »Ach, wie ist's möglich dann . . .« Das Lied hat eine besonders eingängige Melodie.

Hitzacker, schon vor der Zeit Heinrichs des Löwen besiedelt, hat Pest, zwei große Brände (1548, 1668) und die Brandschatzungen des Dreißigjährigen Krieges überstanden. Hiddo, ein friesischer Ritter, hatte hier im 9. Jahrhundert seinen »Acker«. Aus Hiddos Acker ist später der Ortsname Hitzacker entstanden.

Hitzacker ist ein friedlicher Elbort mit alten Traditionen und neuen Gewohnheiten. Wein wurde bereits seit 1528 angebaut, und 1980 hat

Oben: Das Luftbild von Satemin zeigt die Charakteristika eines wendischen Rundlingsdorfes: runder Dorfplatz, umstanden von Höfen, Baumgürtel, ein Zufahrtsweg und die außerhalb gelegene Kirche.

Unten: Das Bild des Fischers, der mit Reusen Aale fängt, wird es an der Elbe wohl bald nicht mehr geben. Zwar schwimmen hier noch Fische, sie sind jedoch ungenießbar geworden.

Graf Bernstorff ließ 1724, etwa
gleichzeitig mit dem Schloß, die
Gartower Kirche in schlichten,
barocken Formen neu erbauen.
Berühmt ist die Arp-Schnitger-
Orgel.

man mit dem Weinanbau wieder begonnen. Im 19. Jahrhundert war Hitzacker zeitweilig Heilbad, nachdem man eine eisenhaltige Quelle entdeckt hatte. Der Kurbetrieb hielt sich jedoch nur bis zum Ersten Weltkrieg.

Betriebsamkeit gibt es in Hitzacker nur einmal im Jahr: Während der Sommerlichen Musiktage in Juli/August wird die Stadt für zwei Wochen zum Musikzentrum Norddeutschlands. Sehenswert in Hitzacker ist besonders das alte Zollhaus von 1598.

Dannenberg, heute Ausgangspunkt für Wanderungen im Naturschutzpark Elbufer-Drawehn, war schon früh befestigte Siedlung, wovon der Waldemarturm heute noch zeugt. Zusammen mit der Johanniskirche ist er das Wahrzeichen der ehemaligen Kreisstadt.

Kreisstadt Lüchow mit der Langen Straße

Nicht weit von Dannenberg liegt die jetzige Kreisstadt Lüchow. Ihr Altstadtkern wird geprägt durch einen einzigen Straßenzug, die Lange Straße. Den großen Brand von 1811 haben nur die gotische Johanniskirche, wenige Häuser in ihrer Umgebung und der Amtsturm überstanden.

Es gibt kaum noch Gebiete in Deutschland, die so wenig Industrie und soviel Natur zu bieten haben wie das Wendland. Es verwundert deshalb nicht, daß sich hier viele Künstler und freiberuflich tätige Städter, insbesondere aus Berlin, niedergelassen haben. Längst ist das Wendland kein Geheimtip mehr.

Oben: Nicht nur in Hitzacker, wie hier im Bild, sondern im gesamten Landkreis Lüchow-Dannenberg gibt es noch Störche. In den Feuchtwiesen an der Elbe finden sie Nahrung.

Unten: Das Mollenhauer-Handwerk ist nahezu ausgestorben. Im wendländischen Göttien werden noch hölzerne Gebrauchsgegenstände hergestellt, also »Mulden gehauen«.

Wo man Sehenswertes findet:
Breese im Bruch: Gutskapelle mit reicher Ausstattung (1592).
Dahlenburg: Heimatmuseum mit Diorama über die Schlacht an der Göhrde (1813); Denkmal der Schlacht bei Oldendorf.
Dannenberg: Feuerwehr-Museum in Neutramm; Heimatmuseum im Waldemarturm.
Gartow: Grenzaussichtspunkte in Schnackenburg am Amtshof und in Vietze auf der Vietzer Düne; Heimatmuseum in Höhbeck (April bis September); St. Georg-Kirche in Gartow mit Arp-Schnitger-Orgel (1724); mittelalterliche Wehrkirche in Holtorf; Dorfkirche in Kapern (1859); mittelalterliche Feldsteinkirche in Trebel mit Johann-Georg-Stein-Orgel (1778); gotischer Schnitzaltar in romanischer Feldsteinkapelle in Vietze.
Hitzacker: Heimatmuseum (April bis Mitte Oktober); mittlalterliches Stadtbild mit altem Fachwerk; ehemaliges Zollhaus in der Zollstraße (1589), 350 Jahre alte Kastanie.
Lübeln: Einblick in wendische Siedlungs- und Lebensweise vermittelt der »Wendlandhof«; von den drei vorbildlich hergerichteten Gebäuden dient eines als Heimat- und Handwerkerhaus.
Lüchow: Alte Heilquelle im Sallahner Wald; Heimatmuseum im Amtsturm (Schloßruine); Hügelgräber bei Granstedt.
Suhlendorf: Mühlenmuseum (Wasser- und Windmühlen-Modelle).

Im Bildhauer-Atelier in Göttien

Schützen- und Erntefeste finden in fast allen Orten des Landes statt. Zu den bekanntesten Veranstaltungen gehören die »Sommerlichen Musiktage« in Hitzacker, alljährlich im Juli/August.
Was außerdem zu erwähnen ist:
Clenze: Maimarkt; Großer Augustmarkt.
Dannenberg: Breselenzer Karneval; Frühjahrsmarkt im Mai; Dorfwoche in Jameln (Mai/Juni).
Gartow: Schloßkonzerte im Sommer.
Hitzacker: Osterfeuer im Reiterdorf Sarenseck; Stadt- und Straßenfest in der Altstadt (Mai); Hafenfest im Sportboothafen (Juni); Winzerfest auf dem Weinberg (September); Gallusmarkt (Mitte Oktober); Schlachtefest im Reiterdorf Sarenseck (November).
Lüchow: Frühjahrsmarkt (März); Burbeerfest in Bösel (April); Weihnachtsmarkt (Anfang Dezember).
Schnega: Frühjahrsmarkt (April); Kirchweih (September); Herbstmarkt (Oktober).
Außerdem finden im Herbst und im Winter unter anderem in Hitzacker, Gartow, Lüchow und Dannenberg Theateraufführungen statt, ebenso Konzerte und Vorträge.

Schützenscheibe an einem Haus

Gute Angelplätze gibt es fast überall im Land, besonders im Gebiet des Naturparks Elbufer-Drawehn. Bogenschießen kann man in Dannenberg und in Lüchow.
Golf kann man in Zernien/Braasche spielen.
Tennisplätze gibt es in Alt Garge, Bleckede, Clenze, Dannenberg, Gartow, Hitzacker, Lüchow und Zernien.
Hallen- und Freibäder befinden sich in mehreren Orten. Wassersport ist am Gartower See, bei Hitzacker, Klein Kühren und im Laascher See möglich. Bootshäfen befinden sich in Hitzacker und in Bleckede.
Sehr gut eignet sich das Land für Reiterferien. Von einigen großen Reiterhöfen werden Nachtausritte veranstaltet. Bekannt bei Freunden des Reitsports sind die Gartower Reitertage.
Wer Unterricht in Segel-, Motor- und Motorsegelflug nehmen will, der kann sich auf dem Flugplatz Lüchow-Rehbeck melden. Von dort aus sind auch Gast- und Rundflüge möglich.
Kegeln kann man an vielen Orten. Trimmpfade sind in Alt Garge, Bergen und in Hitzacker.
Der alte Raddampfer »Kaiser Wilhelm« fährt im Sommer etwa zehnmal – meist am Wochenende – von Lauenburg über Bleckede nach Hitzacker und zurück.

Bester Angelplatz ist der Steg

Natur

Naturkundlich Interessierte finden im Wendland eine noch teilweise intakte Landschaft mit sehr viel Wild, Fischreihern, Störchen, Kolkraben und Kranichen. In fast allen Orten werden Führungen und Wanderungen angeboten. So finden zum Beispiel Ornithologen, die Ferien in Dannenberg verleben, eine artenreiche, interessante Vogelwelt im Gebiet der Tauben Elbe und des Penkefitzer Sees.

In Gartow werden alljährlich Naturkundliche Tage veranstaltet (Aktionsgemeinschaft Natur), bei denen fachkundig geführte Wanderungen auf dem Programm stehen. In Gartow gibt es eine Pilzberatung, und im Falkenmoor im Gartower Wald befindet sich ein Wildgatter mit Rothirschen, Damwild und Wildschweinen.

Die Göhrde hat wunderschöne Mischwälder (60 Quadratkilometer), in denen sich auch ein Forstlehrpfad und ein Waldmuseum befinden.

Ein Museumsstück für sich ist die Riesenkastanie von Hitzacker. Sie ist etwa 350 Jahre alt. Ihre Krone hat einen Durchmesser von 35 Meter.

Sehr reizvolle Wanderwege führen durch die Clenzer Schweiz, einen bewaldeten Höhenzug, durch den sich die einzige Serpentinenstraße Norddeutschlands schlängelt. Ebenfalls ideal zum Wandern ist der bewaldete Höhenzug Drawehn, dessen höchste Erhebung der Hohe Mechtin (142 Meter) ist.

Naturschutzgebiete sind: Elbholz bei Gartow; Lucie, nordöstlich von Lüchow; Lisei, ein Mischwald mit 17 Laubbaumarten in Lemgow, der Penkefitzer See und die Salzflora bei Schreyahn.

Hobby

In Schnega, im Ortsteil Billerbeck, ist die alte Tradition der Spinnstubenabende wiederaufgenommen worden, in der Swinmark-Spinnstube. Dort wird direkt vom Vlies mit Handspindel und Spinnrad gesponnen. Man benutzt Rahmen und alte Webstühle.

Aber auch Töpferkurse werden im Wendland angeboten, so zum Beispiel im Werkhof Seelig in Kukate bei Waddeweitz. Dort kann man außerdem weben und radieren lernen.

Campingplätze befinden sich in Alt Garge, Dannenberg, Gartow, Klein Kühren, Laasche, Tiessau, Walmsburg, Wendewisch und Radegast.

Freischach kann gespielt werden in Alt Garge, Gartow, Hitzacker; Bleckede besitzt ein Dame-Spiel. Grillplätze sind in Bergen, Clenze, Klein Kühren, Sallahn, Schäpingen, im Forst Schieringen, in Gartow, Hitzacker, Schnackenburg, Dannenberg und Sprökel.

Minigolf-Anlagen gibt es in Clenze, Bleckede, Gartow, Hitzacker und Waddeweitz.

Von vielen Orten aus kann man Kutschfahrten unternehmen. Wer sich für Dampferfahrten auf der Elbe interessiert: Sie werden von der Reederei Christine Paulin in Hitzacker veranstaltet.

Freunde des Modellsports finden Flug- und Schiffsmodelle in Hitzacker. Es gibt hier auch die Möglichkeit, während der Ferien den Auto-Führerschein zu erwerben.

Töpferin an ihrem Arbeitsplatz

Essen und Trinken

Für die große Gastronomie ist kein Platz im Landkreis Lüchow-Dannenberg mit dem Wendland und dem Naturpark Elbufer-Drawehn. Wer aber deftiges Essen liebt, der findet überall gemütliche Gaststätten, in denen es nach Schweinebraten duftet und immer nach Bratkartoffeln.

Als vor einigen Jahren der damalige Bürgermeister von Schnackenburg nach den Spezialitäten in seiner kleinen Stadt gefragt wurde, lachte er herzlich und nannte das »weltberühmte Bauernfrühstück«, und danach lud er den Fragesteller ein, mit ihm zum Vespern zu kommen. Irgendwo, nicht weit von der Grenze zur DDR, hockten an einem Feldrand ein paar Bauersleute, die bereitwillig von ihrem Brot, ihrer Wurst und ihrem heißen Kaffee abgaben. Für weitgereiste Städter wird so ein einfaches Frühstück zum unvergeßlichen Erlebnis.

Und nicht vergessen: Zwischen Mai und Oktober wird in Lüchow an jedem zweiten Freitag und Samstag im alten Backhaus Brot nach wendländischen Rezepten gebacken.

Aale, frisch aus dem Räucherofen

Wo sich Werra und Fulda vereini-
gen und dann zusammen als Weser
weiterfließen, liegt die alte Stadt
Münden, deren Schönheit bereits
Alexander von Humboldt geprie-
sen hat.

Es heißt, Alexander von Humboldt, Weltreisender und ein eher nüchtern denkender Mann, habe Hannoversch Münden mit Rio de Janeiro und mit Konstantinopel verglichen und die Stadt schwärmerisch als eine der sieben schönsten der Welt bezeichnet. Franz von Dingelstedt, der Dichter des Weserliedes, schrieb: »Münden selbst liegt versteckt in einem engen, anmutigen Tale, einem Kindlein in grüner Wiege vergleichbar, das die beiden hier vereinten Ströme in Schlaf singen.«

Dieser »versteckten« Lage verdankt die Stadt, daß sie recht gut über die Zeiten gekommen ist. Münden gehört zu den wenigen Städten, die den Zweiten Weltkrieg unversehrt überstanden und damit ihr ursprüngliches Aussehen bewahrt haben. Fast alle Baustile finden sich im Stadtbild wieder: So steht die gotische Kirche St. Blasius, neu erbaut um 1280, auf romanischen Fundamenten; etwa gleichzeitig wurde die Werrabrücke errichtet. Schloß und Rathausfassade dagegen sind hervorragende Beispiele der Weserrenaissance. Das in seinem Kern gotische Rathaus erhielt 1603/9 eine neue Schauseite mit reich dekoriertem Portal, mit Giebeln und Utlucht (Erker). Den Entwurf dafür lieferte Georg Crossmann aus Lemgo.

Das Rathaus bildet alljährlich im Sommer die Kulisse für die Eisenbart-Spiele, die an einen der prominentesten Bürger der Stadt erinnern. Dieser Johannes Andreas Eisenbart, der sich Heilkünstler nannte und als Augenarzt, Stein- und Bruchschneider hervortat, war am 27. März 1663 in Oberviechtach in der Oberpfalz geboren. Auf seinen Wanderungen, bei denen er von Gehilfen, Seiltänzern, Gauklern und Spaßmachern begleitet wurde, war er nach Münden gekommen, wo es ihm auf Anhieb gefiel. Er war, wie man heute weiß, der

NATUR UND KUNST AM WESERLAUF

Schulmedizin seiner Zeit weit voraus, was ihm allerdings unter seinen Kollegen keine Sympathien eintrug. Weil er sich mit seinem marktschreierischen Gehabe so manche Blöße gab, sangen die Leute schon zu seinen Lebzeiten: »Ich bin der Doktor Eisenbart / Kurier die Leut' nach meiner Art / Kann machen, daß die Blinden geh'n / Und daß die Lahmen wieder seh'n ...«

Wo Werra sich und Fulda küssen

Der Doktor Eisenbart ist am 11. November 1727 in Münden gestorben, im Hause »Zum wilden Mann« in der Langen Straße 34. Sein Grabstein steht an der Nordseite der St. Aegidien-Kirche. Er trägt die Inschrift: »Allhier ruhet in Gott der weiland hocherfahrene, weltberühmte Herr Joh. Andreas Eisenbart, Köngl. Großbritannischer und Churfürstl. Braunschw. Lünb. Brivilegierter Landarzt wie Königl. Breußischer Rath und Hofoculiste. Von Magdeburg. Gebohrn Anno 1661. Gestorben 1727 D 11. November Aetatis 66 Jahr.« Sein Geburtsjahr ist auf dem Stein falsch wiedergegeben.

Wer in Münden weilt, der wird einen Stadtbummel unternehmen, und er wird auch den Weserstein besuchen, jene Stelle, an der Werra und Fulda zusammenfließen. Auf dem Stein steht: »Wo Werra sich und Fulda küssen / Sie ihren Namen büßen müssen / Und hier entsteht durch diesen Kuß / Deutsch bis zum Meer der Weserfluß.«

Wir wissen mittlerweile, daß dieser Vers auf einem Irrtum beruht. Weser und Werra sind miteinander identisch; sprachliche Verschiebungen, vielleicht auch Nachlässigkeiten, führten dazu, daß die beiden Flußteile unterschiedliche Namen erhielten. Demnach wäre die Fulda also nur ein Nebenfluß der Weser. Trotz der Unrichtigkeit hat der Spruch zur Berühmtheit Hannoversch Mündens beigetragen.

Vor dem Haus Lange Straße 34 in Münden steht die Figur des Doktor Eisenbart, des berühmten Wanderarztes. 1727 ist er hier gestorben.

So nimmt denn die Weser bei Hannoversch Münden ihren Lauf, ein idyllischer Fluß, der sich in unendlich vielen Windungen einen Weg bahnt durch Buntsandstein und Muschelkalk, um weiter oben im Norden durch die Porta Westfalica in die Norddeutsche Tiefebene zu fließen. Wo die Weser in die Nordsee mündet, steht der Rotesand-Leuchtturm, das Wahrzeichen der Deutschen Bucht.

Die Weser passiert drei Landesgrenzen

Auf ihrem Weg vom Weserstein bis in die Nordsee passiert die Weser mehrere Landesgrenzen. Werra und Fulda selbst fließen nur wenige Kilometer durch niedersächsisches Gebiet. Die Fulda kommt aus der Rhön, wo sie an der Wasserkuppe entspringt, die Werra aus Thüringen in der DDR. Gleich hinter Münden bildet die Weser den Grenzfluß zwischen den Bundesländern Niedersachsen und Hessen. Auf hessischer Seite liegt der sehr schöne Reinhardswald mit der Sababurg, auf der einst Dornrös-

chen hundert Jahre geschlafen hat, ehe es von einem Prinzen mit einem Kuß erlöst wurde.

Hessisch ist auch die Weserstadt Karlshafen, eine liebenswürdige, barocke Kleinstadt. Dort siedelte der hessische Landgraf vor 200 Jahren Hugenotten aus Frankreich an. Sein ehrgeiziger Plan, sich mit Hilfe eines Hafens Zugang zum Meer zu verschaffen, wurde nicht realisiert. Aber das damals gebaute Hafenbecken gibt es noch heute. Es ist Teil der städtischen Anlagen.

Mit einigen Schleifen windet sich die Weser durch Nordrhein-Westfalen; zum Beispiel bei Höxter, wo das Kloster Corvey steht, das einmal kulturelles und geistiges Zentrum Nordwestdeutschlands gewesen ist. In der Norddeutschen Tiefebene aber erreicht die Weser Niedersachsen, und bei Bremen schließlich wird sie zum breiten Strom.

Wir kehren noch einmal zurück an den Ausgangspunkt, denn es gilt, eine Landschaft zu würdigen, die wie geschaffen ist zum Wandern. Die Rede ist vom waldreichen Solling, gelegen östlich der Weser, zwischen den Städten Holzminden und

Uslar. Er ist ein plateauartiges Gebiet. Seine Berge scheinen kaum mehr als Hügel zu sein, und doch ist die Große Blöße 528 Meter hoch, der Moosberg 509 Meter.

Die wichtigsten Fremdenverkehrsorte sind neben Uslar, Hardegsen, Fredelsloh, Lauenberg und Dassel, Bodenfelde, Lauenförde und Holzminden.

Am besten wirken die Giebelhäuser am Marktplatz von Holzminden, wenn sie samstags als Kulisse für den Wochenmarkt dienen. In vielen Straßenzügen der Stadt haben sich noch Fachwerkhäuser erhalten, so in der Graben-, der Weser- und in der Halbemondstraße (Severinsches Haus).

Dem Solling schließt sich der wesentlich kleinere Höhenzug des Vogler an; zusammen mit dem Solling bildet er den 1963 gegründeten, gleichnamigen Naturpark. Vom 460 Meter hoch gelegenen Ebersnackenturm bei Bodenwerder kann man bei klarem Wetter bis zum Brocken und der Porta Westfalica sehen.

Schlösser – hoch über dem Fluß

Hoch über der Weser liegt Schloß Fürstenberg. Nach seinem Umbau um 1600 zum Jagdschloß gründete Herzog Carl I. von Braunschweig hier 1747 die Fürstenbergsche Porzellanmanufaktur. Neben Meißen ist sie die älteste, noch bestehende Manufaktur Deutschlands. Eine Porzellanausstellung kann im Schloß besichtigt werden.

Einen guten Platz für ihre Burg hatten sich auch die Grafen von Everstein ausgesucht: den großen Weserbogen bei Polle. Dabei war nicht die schöne Aussicht auf den Fluß ausschlaggebend gewesen, sondern der Blick auf die beladenen Kähne, die an der Burg vorüberzogen, was die Eversteins nutzten, um ihren weltlichen Besitz zu mehren. Während die Burg seit dem Dreißigjährigen Krieg nur noch Ruine

Die Rathausfassade in Münden, errichtet 1605 von Georg Crossmann und Friedrich Weitmann, ist eines der qualitätvollsten Beispiele für die Weserrenaissance.

Die Weserschleife bei Dölme wird
eingerahmt von sanften Hügeln:
Am linken Weserufer ist es die
Ottensteiner Hochfläche, gegenüber erhebt sich der Wisselberg.

Am Samstag belebt sich der
Marktplatz von Holzminden, der
Stadt am Solling: Der Wochen-
markt ist Umschlagplatz für
Gemüse und für den neuesten
Klatsch.

ist, hat sich die mittelalterliche Kleinstadt Polle mit vielen Fachwerkhäusern gut erhalten.

Auf der Reise entlang der Weser von Hannoversch Münden bis hinunter nach Bremen trifft man immer wieder auf die sogenannte Weserrenaissance, eine durch die Niederlande beeinflußte Stilform in Norddeutschland, die sich etwa zwischen 1520 und 1620 ausgebildet hat. Besonders in der Profanarchitektur fand dieser Baustil seinen Niederschlag. Beispiele für Bauten im Einzugsgebiet der Weser findet man in Bevern (Schloß 1603/12), in Hehlen (Wasserschloß 1579/84) und in Bückeburg (Schloß und Schloßkapelle 1560/1605), in Rinteln (Archivhäuschen 1565, Rathaus 1583) oder in Schwöbber (Schloß 1570/1604).

Hameln: Rattenfänger und Weserrenaissance

Den besten Überblick über diesen Baustil jedoch bieten Hannoversch Münden mit Schloß und Rathaus, die Hämelschenburg und Hameln. Die Hämelschenburg bei Hameln ist ein stattlicher Dreiflügelbau mit hufeisenförmigem Grundriß und Treppenturm im Süden. Sie wurde zwischen 1588 und 1599 umgebaut und erweitert von Cord Tönnis aus Hameln und Joh. Hundertossen. Besonders reich dekoriert ist die Fassade des Südflügels.

Typisch für die Weserrenaissance sind auch die Bürgerhäuser in Hameln, die an ihren Fassaden spätgotische Ornamentik mit Renaissanceformen aus Mitteldeutschland und mit Formen der Spätrenaissance aus den Niederlanden verbinden.

Der älteste Renaissancebau in Hameln ist der »Rattenkrug«, erbaut 1568/69. Der Name erinnert an jene Geschichte, mit der die Stadt untrennbar verbunden ist: an die Sage vom Rattenfänger, der eines Tages in der Stadt erschien und sie von einer großen Ratten- und Mäuse-

Oben: Reiche Schnitzereien hat das sogenannte Stiftsherrenhaus in Hameln aufzuweisen: Die Dachbalkenköpfe sind mit Groteskenmasken verziert.
Unten: Das 1558 erbaute Stiftsherrenhaus von Hameln.

plage befreite. Als er jedoch seinen versprochenen Lohn kassieren wollte, stellten sich die Hamelner taub.

Sie schickten ihn fort, aber der Rattenfänger kehrte zurück. Und wie er einst die Ratten und Mäuse mit seinem Flötenspiel aus Häusern und Kellern gelockt hatte, so lockte er jetzt die Kinder aus der Stadt. Sie folgten ihm, und es heißt, er habe sie in einen Berg geführt. Aber niemand vermag es genau zu sagen, denn die Kinder sind nicht wieder zurückgekehrt.

In der Sage vom Rattenfänger steckt ein wahrer Kern: Danach sollen im Jahre 1284 etwa 130 Kinder aus Hameln verschwunden sein. Man nimmt an, daß die Kinder (wohl eher Jugendliche) überredet worden sind, sich im Osten niederzulassen, der damals gerade neu besiedelt wurde. Ebenso wird auf den Kinderkreuzzug und die Schlacht bei Sedemünder im Jahre 1260 verwiesen.

Auch in Rinteln malerische Altstadt

Das heutige Hameln gehört mit der Altstadt zu den eindrucksvollsten Städten an der Oberweser. Besonders schön sind das Haus Leist (1585/89), in dem sich ein Heimatmuseum befindet, das Rattenfängerhaus (1603) in der Osterstraße 28 und das Dempterhaus (1608) am Markt 7. Als Fest- und Feierhaus diente früher das Hochzeitshaus (1617) in der Osterstraße 2, und in diesem Gebäude befand sich jene Ratsapotheke, die in den Jahren 1820 bis 1841 dem Apotheker F.W. Sertürner gehörte, dem Entdecker des Morphiums.

Eine ähnlich malerische Altstadt wie Hameln hat Rinteln, gegründet 1238 von Adolf von Schaumburg. Rinteln war als Handels- und Messestadt zu wirtschaftlichem Ansehen gekommen und hatte zeitweise sogar eine Universität (1620/21 bis 1810).

Bald nach der Stadtgründung begann man mit dem Bau der Marktkirche (geweiht 1340). Neben der Kirche befindet sich das ehemalige Rathaus, das aus zwei einzelnen Giebelhäusern des späten 16. Jahrhunderts entstanden ist. Im Jahr der Universitätsgründung, 1620, ist am Kirchplatz das Haus Bockelmann errichtet worden. Der mit Flachranken reich verzierte, viergeschossige Fachwerkbau mit dem torartigen Eingang ist besonders typisch für die Rintelner Bürgerhausfassaden seit 1600.

Zu den bevorzugten Ausflugszielen der Hannoveraner gehört der vor ihrer Haustür liegende Deister. Es ist ein Höhenzug südwestlich der Stadt, der sich von Springe bis nach Bad Nenndorf hinzieht und eine Höhe von bis zu 405 Meter erreicht. Jurakalk im Süden und Kreidesandstein mit eingelagerten Kohlenflözen bilden den geologischen Untergrund des Deisters, in dem noch bis zum Jahre 1956 bei Barsinghausen Kohle abgebaut wurde. Barsinghausen, wo mit der Klosterkirche aus dem 13. Jahrhundert eine der ältesten Hallenkirchen in Niedersachsen steht, ist heute ein beliebter Wohn- und Kurort.

Springe, an der Deisterpforte gelegen, die Weser- und Leinetal miteinander verbindet, ist bekannt vor allem wegen des 1600 Hektar großen Sauparks, der in den Jahren 1835 bis 1839 angelegt und mit einer hohen, 16 Kilometer langen Mauer umgeben wurde. Anlaß war ein Gerichtsurteil gegen den König von Hannover aus dem Jahre 1825, bei dem es um den von dem Wild im Deister angerichten Schaden ging. Der Saupark war Schauplatz vieler großer Hofjagden. Einer der prominentesten Jäger war Kaiser Wilhelm II. In Springe lebte übrigens der Uhrmacher Heinrich Göbel (1813 bis 1893), der noch vor Edison die elektrische Glühbirne erfunden hat.

Nennt man die Kurorte des Landes, so ist als ältestes Heilbad Bad Münder zu nennen, das nicht weit von Springe liegt. Schon im Jahre 1033 wurden hier die Solequellen genutzt. Bad Nenndorf, das zwischen den Ausläufern der Bückeberge und des Deisters liegt, war schon Mitte des 16. Jahrhunderts für seine heilkräftige Schwefelquelle bekannt.

Den »Hylligen Born« trank schon Goethe

Eines der schönsten und bekanntesten deutschen Heilbäder ist Bad Pyrmont mit seinem einzigartigen Palmengarten und seinen Heilquellen, die bereits vor 2000 Jahren bekannt waren und als »Hylliger Born« von den Germanen verehrt wurden. Unter vielen Prominenten weilten auch Goethe und Humboldt in Bad Pyrmont, das gegen Ende des 19. Jahrhunderts endgültig zum Weltbad avancierte.

Ein Kuraufenthalt in Bad Pyrmont ist bei vielen Krankheiten oder Beschwerden empfehlenswert (siehe auch Seite 187). Der Kurort hat überdies bedeutende Sehenswürdigkeiten vorzuweisen. Der Ort selbst wurde im 17. Jahrhundert von Fürst Georg Friedrich von Waldeck angelegt, die Hauptallee mit der Fontäne ist sein Werk.

Das Schloß erbauten im 16. Jahrhundert die Grafen von Spiegelberg. Mit Grachten, Wällen und Bastionen muß es damals einer Festung geglichen haben. Den Schloßneubau, wie er sich heute präsentiert, errichtete Hermann Korb 1706/10; er hatte bereits das Wolfenbütteler Schloß umgebaut. Sehenswert sind die reich stuckierten Festsäle innen, mit Gemälden von Friedrich A. Tischbein. Der erste Stock des Schlosses ist den Kurgästen zugänglich.

Nicht weit entfernt von Bad Pyrmont liegt die kleine Stadt Lügde mit ihrem mittelalterlichen Stadtbild und der Kirche St. Kilian aus dem 12. Jahrhundert. Hier soll Karl der Große 784 das Weihnachtsfest gefeiert haben.

Ein Aufenthalt in Bad Oeynhausen sollte nach Möglichkeit einen Besuch im Deutschen Märchen- und Wesersagenmuseum einschließen. Hier wird dem Besucher deutlich gemacht, daß das Wesergebiet immer reich an Märchen und Sagen gewesen ist. Und es verwundert nicht, daß einer der bekanntesten Geschichtenerzähler von der Weser stammt: der Freiherr von Münchhausen. Hieronymus C. F. von Münchhausen lebte von 1720 bis 1797 in seinem kleinen Schloß in Bodenwerder, wo er seinen Freunden die haarsträubendsten Abenteuer erzählte, die ihm schließlich den Titel »Lügenbaron« eintrugen. Der Kasseler Bibliothekar R. E. Raspe veröffentlichte, nachdem er nach England hatte fliehen müssen, 1785 in Oxford in englischer Sprache die Geschichten des Barons. Gottfried August Bürger hat sie dann ein paar Jahre später ins Deutsche übersetzt und um 13 Erzählungen vermehrt.

Münchhausens Grab befindet sich in der Klosterkirche von Kemnade, die 1046 geweiht wurde. Zusammen mit der Klosterkirche in Bursfelde (bei Hannoversch Münden, geweiht 1090) ist sie eines der seltenen Beispiele frühmittelalterlicher Architektur in Deutschland.

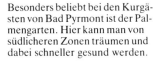

Besonders beliebt bei den Kurgästen von Bad Pyrmont ist der Palmengarten. Hier kann man von südlicheren Zonen träumen und dabei schneller gesund werden.

Der berühmteste derer von Münchhausen war der »Lügenbaron«, der von 1727 bis 1797 lebte. Das Denkmal in seiner Geburtsstadt Bodenwerder erinnert an ihn.

Amelungsborn: Klosterkirche St. Maria, erbaut um 1150.

Bad Pyrmont: Schloßneubau von 1706/28; Erweiterungen, Hauptfassade 1765/75.

Bevern: Schloß, erbaut 1603/12.

Bursfelde: Abteikirche, vollendet 1102; Malereien Ende 15. Jh.

Fischbeck: Stiftskirche, begonnen um 1100, mit sehenswerter Krypta und dem Kopfreliquiar aus vergoldeter Bronze (um 1200).

Fredesloh: Stiftskirche, begonnen 1137, geweiht 1172.

Fürstenberg: Porzellanmanufaktur im Jagdschloß (17. Jh.).

Hämelschenburg: Wasserschloß, neu erbaut 1551/1609.

Hameln: Münsterkirche (1150/1280). Zahlreiche Bürgerhäuser.

Hehlen: Schloß, erbaut 1579–84.

Kemnade: Klosterkirche, geweiht 1046; Steinmadonna um 1500.

Kirchbrack: Pfarrkirche mit spätromanischen Fresken.

Möllenbeck: Stiftskirche (918).

Münden: St. Blasius-Kirche, neu erbaut um 1300. Taufkessel 1392. Rathaus, gotisch mit Fassaden von 1603/09. Schloß, neu erbaut seit 1562: Treppenturm, Kapelle und Gemach zum Weißen Roß: Renaissanceausmalung um 1562.

Schwöbber: Wasserschloß, erbaut zwischen 1512 und 1604.

Fürstenberger Porzellanfiguren

Schützen- und Heimatfeste gibt es in fast jedem Ort an der Oberweser. Darüber hinaus werden folgende Feste gefeiert, von denen einige auf altes Brauchtum zurückgehen:

Barsinghausen: Stadtfest im September.

Bodenwerder: Lichterfest auf der Weser am 2. Samstag im August.

Fürstenberg: Osterfeuer und Maibaumsetzen.

Hameln: Volks- und Heimatfest im Juni. Rattenfänger-Freilichtspiele von Mai bis September, sonntags 12 Uhr.

Bei der »Grenzziehung« Ende September/Anfang Oktober gehen die Hamelner Männer einen Tag lang die alte Stadtgrenze ab, in jedem Jahr ist es ein anderes Teilstück.

Hann. Münden: Altstadtfest im September, Mündener Schüttenhoff im Oktober. »Das Spiel vom Doktor Eisenbart« Pfingsten bis August, unregelmäßig sonntags 11.15 Uhr vor dem Rathaus.

Hardegsen: Osterfeuer.

Lügde: Osterfeuerräderlauf am Ostersonntag (Brauch aus heidnischen Zeiten).

Neuhaus im Solling: Osterfeuer, Maibaum setzen.

Polle: Zeltfest im Juli.

Uslar: Altstadtfest im August, Osterfeuer in vielen Ortsteilen. Im Ortsteil Delliehausen wird im Juli ein Kohlenmeiler aufgebaut.

Das Schauspiel vom Dr. Eisenbart

Wer sich sportlich betätigen will, der findet an der Oberweser viele Möglichkeiten:

Angeln kann man in fast allen Orten. In der Weser zum Beispiel beißen Barsch, Brasse, Barbe, Hecht und Zander.

Bergsteigen ist auch in dieser Region nicht unmöglich: Wer alpinistische Ambitionen hat, der fährt in den klippenreichen Ith oder zum Hohenstein. Ein Felsmassiv hat der Süntel, für dessen Klettergarten allerdings ein Ausweis des Deutschen Alpenvereins benötigt wird.

Drachenfliegen ist in Barsinghausen möglich.

Segelflieger finden auf dem Ith ideale Windverhältnisse vor.

Paddler finden ideale Reviere auf der Weser. In Fürstenberg, Hameln und Hann. Münden kann man Paddelboote leihen.

Reitmöglichkeiten gibt es fast überall, ob man mit dem eigenen Pferd kommt (Unterstellplätze vorhanden) oder sich ein Pferd leihen will. Segelfliegen ist möglich unter anderem in Barsinghausen, Hann. Münden, Rinteln und Uslar. Überall gibt es gut markierte Wanderwege.

Wintersport: Skilift in Neuhaus.

Dorado für Segelflieger: der Ith

Natur

Ob die Weser wirklich am Weserstein in Hannoversch Münden beginnt, wo sich Werra und Fulda küssen, das dürfte längst keine Frage mehr sein. In Wirklichkeit nämlich hat sie an dieser Stelle schon 293 Kilometer zurückgelegt; denn die Weser beginnt dort, wo die Werra entspringt, im fernen Thüringen. Weser und Werra, die beiden Namen haben ein und denselben Ursprung. Bei Tacitus heißen sie Visurgis, zur Zeit der Karolinger Wisaraha. Irgendwann gab es eine kleine Sprachverschiebung, und Weser und Werra waren nicht mehr vereint.

Wer sich für die Tierwelt des Weserberglands interessiert, findet eine Reihe sehr gut gestalteter Wildgehege. Der älteste ist das Wisentgehege im Saupark bei Springe, wo die zottigen Wildrinder zu sehen sind. Etwa 20 Tiere leben heute in dieser Anlage. Lohnend ist auch ein Besuch der Jagdschau im Schloß.

Bodenwerder: Wildgehege am Hopfenberg (Rot- und Damwild).

Hann. Münden: Wildgehege am Rinderstall (Damwild, Wildschweine).

Hess. Oldendorf: Tiergehege im Forellental.

Neuhaus im Solling: Wildpark mit Rot-, Muffel- und Schwarzwild.

Wisente im Saupark von Springe

Hobby

Eine Floßfahrt auf der Oberweser gehört sicherlich zu den besonderen Abenteuern, die aber nicht jedermanns Sache sind. Manch einer zieht eine Reise mit einem der Schiffe der weißen Flotte vor. So verkehren die Schiffe der Oberweser-Dampfschiffahrt nach Fahrplan zwischen Hannoversch Münden und Vlotho. Die Personenschifffahrt Warnecke veranstaltet Rundfahrten (täglich von Ostern bis Herbst) von Hameln und Bodenwerder aus.

Eisenbahnfreunde werden freilich eine Reise auf den Schienen vorziehen – mit »Opas Bimmelbahn«. Oldtimer-Züge verkehren zwischen Rinteln und Stadthagen (Bundesbahn-Kursbuch Nr. 262). Und wer am liebsten mit der Pferdekutsche reist, der findet dazu in fast allen Orten Gelegenheit.

Für Interessierte, die an einer Betriebsbesichtigung teilnehmen wollen, hier ein paar Tips:

Fürstenberg: berühmte Porzellanmanufaktur.

Hann. Münden: Kunsthandwerkerhof »Ochsenkopf«.

Lügde: Zigarrenfabrik.

Springe: Holzverarbeitende Betriebe.

Uslar: Möbelindustrie, im Stadtteil Volpriehausen eine Kristallglashütte.

Hobbykurse: Fürstenberg (Porzellanmalerei), Hann. Münden (Glasschleifen), Polle (Weben).

Lustige Floßfahrt auf der Weser

Essen und Trinken

Es fehlt an der Oberweser nicht an gemütlichen Gaststätten, und wer dort zum Essen und Trinken einkehrt, der sollte sich an Wildgerichte halten und an Forellen. In einigen Häusern findet man gute Weinkarten.

Es wird aber vorwiegend Bier getrunken. Empfehlenswert ist das Bier aus Uslar, wo sich im übrigen einer der besten gastronomischen Betriebe der Region befindet: das »Romantik-Hotel Menzhausen« mit der sehenswerten Fachwerk-Fassade. Die Küche bietet besonders gute regionale Spezialitäten (große und erstklassige Weinauswahl).

Weitere empfehlenswerte Restaurants:

Hameln: Dort sollten Sie im »Museumscafé« in der Osterstraße 8 die Rattenfängertorte probieren.

Hann. Münden: »Ratskeller« am Rathausplatz (elsässische Küche).

Holzminden: »Hellers Krug« (Fachwerkbau von 1756), Altendorfer Straße 19 (regionale Küche). Im nordrhein-westfälischen Vlotho empfehlen sich Besuche im »Lütke«, Weserstraße 29, und bei »Grotegut« im Ortsteil Exter.

Das Hotel »Menzhausen« in Uslar

Niedersachsens größtes Binnen-
gewässer ist mit etwa 32 Quadratkilometer das Steinhuder Meer.
An sonnigen Sommerwochenen-
den ist die Boots-Armada kaum
zu überblicken.

Nach Antwerpen hielt ich mich in Wiedensahl auf. Was sich die Leute ut oler Welt erzählten, klang mir sonderbar ins Ohr. Ich horchte genauer. Am meisten wußte ein alter stiller, für gewöhnlich wortkarger Mann. Einsam saß er abends im Dunkeln. Klopft' ich ans Fenster, so steckte er freudig den Tran-Krüsel an. In der Ofenecke steht sein Sorgensitz. Rechts von der Wand langt er sich die sinnreich senkrecht im Kattunbeutel hängende kurze Pfeife, links vom Ofen den Topf voll heimischen Tabaks, und nachdem er gestopft, gesogen und Dampf gemacht, fängt er seine vom Mütterlein ererbten Geschichten an.«

Das ist eine Szene aus dem Leben des »Weisen von Wiedensahl«. Damit ist Wilhelm Busch gemeint, der am 15. April 1832 in Wiedensahl geboren wurde, »gleich links von der Welt und dann rechts um die Ecke«, wie er einmal die Lage seines einsamen Dorfes geschildert hat. Wiedensahl, gelegen am Rande des Schaumburger Waldes zwischen Minden und dem Steinhuder Meer, ist auch heute noch ein stiller Ort. In seiner abgeschiedenen Umgebung haben mehrere Kunstdenkmäler besonderen Ranges die Zeitläufte überdauert: Idensen, Loccum und Schloß Baum.

1760/61 ließ Graf Wilhelm von Schaumburg-Lippe sich in Baum ein Jagd- und Lustschloß errichten. Besonders wichtig war ihm der englische Garten, angelegt um 1760, den er durch Teiche und Grotten, mit Portalen und Plastiken gliederte.

Ebenfalls klein in ihren Abmessungen, doch monumental in ihrer Wirkung und wesentlich älter ist die 1120/29 erbaute Alte Kirche in Idensen. Bischof Sigward von Minden ließ sie als seine Grabeskirche errichten. Der strenge, romanische Kirchenbau ist innen völlig mit Fresken ausgemalt. Sie sind gut er-

IM FÜRSTENTUM DER SCHAUMBURGER

halten und stammen aus der Erbauungszeit.

Loccum ist nicht nur wegen seines
guten Erhaltungszustandes berühmt, sondern auch dafür, daß
sich die Umwandlung des alten Zisterzienserklosters in eine protestantische Ordensgemeinschaft in
nachreformatorischer Zeit, um
1600, so reibungslos vollzogen hat.
Kloster Loccum wurde 1163 von
Graf Wilbrand von Hallermund
und seiner Gattin Beatrice von Luc-
ca, der Namensgeberin, gegründet.
Als Zisterzienserkloster unterstand
es direkt dem Papst; es besaß ausgedehnte Ländereien, durfte Recht
sprechen und genoß den Schutz von
Kaiser und Reich. Schenkungen,
unter anderem auch von Heinrich
dem Löwen, vermehrten den Wohlstand des Klosters stetig, was sich
auch in seiner reichen Ausstattung
niederschlug.

Akademien: Loccum und Wilhelmstein

Der Architekt der Klosterkirche ist
uns bekannt: Bodo erbaute zwischen 1240 und 1280 die dreischiffige Pfeilerbasilika auf kreuzförmigem Grundriß. Über dem Lettner
im Innern, der den Laienraum vom
Priester- beziehungsweise Mönchs-
raum trennte, hing früher das
Triumphkreuz, auf das die Gestalt
von Christus gemalt war (13. Jahrhundert). Reste des Chorgestühls,
auf dem die Priester im Chorraum
beim Altar saßen, haben sich ebenfalls noch erhalten.

Im sich anschließenden Klostergebäude ist besonders der Kreuzgang

In Bruchhausen-Vilsen, südwestlich von Verden, kommen die Ei-
senbahn-Freunde auf ihre Kosten:
Die alte Dampflok ist noch funktionstüchtig.

Wilhelm von Schaumburg-Lippe
ließ eine kleine Insel im Steinhuder Meer vergrößern und hier 1767
eine Musterfestung anlegen.

(um 1300) sehenswert, in dem die Mönche lesend auf und ab gingen. Die Kreuzgratgewölbe des Kapitelsaales (um 1250) werden von vier Säulen gestützt. Die Gewölbe selbst sind mit teppichartigen Mustern bemalt.

Der Name Loccum hat in den Jahren nach 1945 einen neuen Klang als Stätte leidenschaftlich geführter Gespräche erhalten. Vor allem unter dem evangelischen Theologen, Landesbischof Lilje, der gleichzeitig Abt von Loccum war, trafen sich bedeutende Wissenschaftler, Politiker, Theologen und Wirtschaftsfachleute aus ganz Deutschland auf den Tagungen der Evangelischen Akademie.

Eine Akademie für ganz andere Zwecke gründete Graf Wilhelm von Schaumburg-Lippe 1767 im Steinhuder Meer. In seiner Militärakademie lernten so berühmte Schüler wie G. J. D. von Scharnhorst oder Carl von Clausewitz alles Wichtige über Strategie und Landesverteidigung. Der Graf ließ eine kleine Insel im Steinhuder Meer künstlich erweitern, so daß er auf sternförmigem Grundriß seine Musterfestung anlegen konnte. Dazu gehörten außerdem die Militärschule und Wohngebäude.

Das Steinhuder Meer selbst hat sich in den vergangenen Jahrzehnten zu einem bedeutenden Touristenzentrum entwickelt. Der mit 32 Quadratkilometer größte norddeutsche Binnensee wird vor allem von Seglern sehr geschätzt. Allein an seinem Nordufer gibt es 4000 Liegeplätze, an seinem Südufer 2000.

Der Sage nach soll das relativ flache Steinhuder Meer durch den Fußtritt eines Riesen entstanden sein: Der schlafende Riese wurde von Zwergen dermaßen geärgert, daß er aufwachte und versuchte, die Störenfriede zu fangen. Dies gelang ihm jedoch nicht, und wütend stampfte er mit dem Fuß auf. Darüber erschraken die herbeigelaufenen Zwerge so sehr, daß sie anfingen zu weinen. Durch ihre Tränen füllte sich der Fußabdruck des Riesen mit Wasser; das Steinhuder Meer war entstanden.

Das Land an der Mittelweser zwischen der fürstlichen Residenz Bückeburg und der Bischofsstadt Verden liegt abseits der Hauptverkehrsstraßen. Und gerade das ist der Reiz dieses Gebietes.

Bückeburg, Residenz der Schaumburger

Der Name Bückeburg ist eng verbunden mit dem der Grafen von Schaumburg. Sie waren es, die etwa um 1300 hier zuerst eine Wasserburg errichteten, bei der sich nach und nach Händler und Gewerbetreibende ansiedelten. Hinzu kamen drei Adelssitze, und um 1400 war die Siedlung bereits durch eine Umwallung geschützt.

Mit der Verleihung des Stadtrechts 1609 begann der glanzvolle Aufstieg Bückeburgs als Residenzstadt der Schaumburger. In diese Zeit fällt auch der größte Umbau des Schlosses: Es sollte der neu erworbenen Fürstenwürde Ernst von Schaumburgs angepaßt werden. Dabei wurde im Innern weder mit Marmor noch mit Blattgold gespart.

Fürst Ernst von Schaumburg war ebenfalls der Bauherr der Stadtkirche von Bückeburg. Sein Name ist in der Inschrift an der Fassade enthalten. 1771 wurde Joh. Gottfried Herder Hofprediger in der Bückeburger Stadtkirche, bis Goethe ihn dann nach Weimar holte.

Eine ältere Stadtgründung (1222) der Schaumburger Grafen ist Stadthagen. Bevor sie nach Bückeburg umzogen, hatten sie hier ihre Residenz. Die planmäßige Anlage erkennt man an den sich rechtwinklig kreuzenden Straßen. Das Schaumburger Schloß, neu erbaut 1535/95, gehört zu den frühesten Beispielen für die Weserrenaissance. Sehenswert ist auch das später entstandene Rathaus von 1597.

Obernkirchen, gelegen zwischen Bückeburg und Stadthagen, wurde

An der Aller: Von ihrer Quelle
westlich von Magdeburg bis hin
zur Mündung in die Weser bei
Verden fließt die Aller durch
zahlreiche Moorgebiete.

als Benediktiner-Nonnenkloster schon von Ludwig dem Frommen 815 gegründet. In der Stiftskirche (1150/1350) gehört die Madonna mit Kind (1340) zu den sehenswerten Ausstattungsstücken.

Verden: Im Gemäuer steckt der Rentmeister

Kurz vor der Stelle, an der Aller und Weser zusammenfließen, liegt Verden, gegründet 814 als Bistum auf einer germanischen Kultstätte. Das mittelalterliche Stadtbild wird von drei Kirchtürmen überragt: von St. Andreas, St. Johannis und vom spätromanischen Glockenturm des Domes.

Dem Dom sieht man seine jahrhundertelange Bauzeit nicht an: Schon im Jahre 1005 begann man mit einem Kirchenbau aus Stein; erst 1490 wurde das Langhaus fertiggestellt. Besonders im Innern wirkt der Dom, eine dreischiffige Hallenkirche mit Chorumgang, sehr einheitlich. Das berühmteste Ausstattungsstück ist der gotische Levitenstuhl aus Eichenholz mit seinen filigranen Schnitzereien.

Um den »Steinernen Mann«, einen Wasserspeier am Kreuzgang des sich anschließenden Klosters, rankt sich eine Sage. Danach soll ein Rentmeister des Domes einst Geld veruntreut haben. Als sein Betrug ruchbar wurde, wünschte man ihn zum Teufel – der kam sogleich und wollte den untreuen Rentmeister mitnehmen. Die Dommauern waren aber so dick, daß der Rentmeister darin steckenblieb und zu Stein wurde. Dort steckt er heute noch – als Wasserspeier.

»Er hat den Steinernen Mann von Verden gesehen!« – Dieser Vermerk wurde früher den Handwerksburschen quasi als Gütezeichen in ihr Wanderbuch eingetragen, nachdem sie von ihren Meistern in den Dom an die besagte Stelle geführt worden waren. Die Meister statuierten dieses Exempel gern, um ihre Gesellen auf die Folgen von Untreue hinzuweisen. Heute würde man mit dieser Methode wohl kaum noch Erfolg haben!

Im malerischen Stadtbild Verdens erinnert nichts mehr an den blutigen Sachsenaufstand 782, bei dem Karl der Große viele Sachsen hinrichten ließ. Die Aller soll sich rot von Blut gefärbt haben . . .

Barsinghausen: Klosterkirche (1250).
Baum: Lustschloß (1760/61).
Bückeburg: Stadtkirche (1615), Schloß mit Park, Mausoleum (1915).
Bücken: Stiftskirche (1050/1250).
Idensen: Alte Kirche (1120/29).
Leveste: Pfarrkirche, 13. Jh.
Loccum: Kloster (1240/80).
Neustadt a. Rbge. – Mandelsloh: Pfarrkirche St. Osdakus um 1150, mit Wandmalereien.
Neustadt a. Rbge. – Mariensee: Zisterzienserkloster und Kirche.
Nienburg/Weser: Rathaus (Weserrenaissance), St. Martini (1441).
Obernkirchen: Stiftskirche um 1350 mit Madonna (1340).
Stadthagen: Schloß (1535/95), Rathaus (1597), Mausoleum an der Kirche St. Martini (1609/25).
Stellichte: Gutskapelle.
Thedinghausen: Erbhof im Hagen (1596/1634), frühbarockes Schloß.
Verden: Dom (1005/1490) mit Levitenstuhl (14. Jh.); Kirche St. Andreas (1170); St. Johannis-Kirche (um 1150).
Wilhelmstein: Inselfestung (1748/1777).
Wunstorf: Stiftskirche (1170/90).

St. Johannis in Verden: Inneres

Schützen- und Erntefeste gehören auch an der Mittelweser zu jenen Terminen, an denen man sich nichts anderes vornehmen darf. Und dieses sind besondere Ereignisse:
Bückeburg: Musikfest und Bürgerschießen im jährlichen Wechsel mit Sommerfest.
Hoya: Osterfeuer; Maibaumaufsetzen.
Neustadt a. Rbge.: Im Ortsteil Otternhagen findet alle zwei Jahre ein Heideblütenfest statt, auf dem die Heidekönigin des Neustädter Landes gewählt wird.
Nienburg: Osterfeuer; Maibaumaufstellen; historisches Scheibenschießen am Montag nach Johanni (21. Juni).
Rehburg-Loccum: Osterfeuer.
Stadthagen: Frühjahrskrammarkt im März; Herbstkrammarkt im Oktober.
Steinhude: Fischerkreidag am Freitag und Samstag nach Himmelfahrt; festliches Wochenende in August.
Stolzenau: Osterfeuer; Frühjahrsmarkt im März; Herbstmarkt im November.
Verden: Domweih im Juni. Zu den Bräuchen in Verden gehört aber auch die Störtebeker-Spende. Sie wird alljährlich am Montag nach dem Sonntag Lätare (drei Wochen vor Ostern) verteilt und geht auf ein angebliches Testament des Piraten Störtebeker zurück, der 1401 in Hamburg hingerichtet wurde. Er soll den Armen, Kirchenbediensteten und Beamten von Verden eine Portion Brot und Heringe vermacht haben. Die Spende wird von prominenten Politikern verteilt.

Wassersport steht bei der Aufzählung der sportlichen Aktivitäten an der Mittelweser verständlicherweise ganz obenan. Auf der Mittelweser kann man rudern, segeln, Waserski laufen und surfen.
Ein besonders schönes Revier finden die Wassersportler allerdings am Steinhuder Meer, wo in Steinhude auch Segelkurse angeboten werden. Und selbstverständlich gibt es überall dort, wo Wasser ist, vorzügliche Angelplätze (Angelschein notwendig).
Ideal eignet sich die Landschaft für ausgedehnte Radtouren (in fast allen Orten kann man Fahrräder leihen).
Freunde des Reitsportes sollten nicht versäumen, einen Besuch in Verden zu machen. Die Reiterstadt bietet das ganze Jahr über gute Reitturniere und Pferdeauktionen. Außerdem befindet sich in Verden das Deutsche Pferdemuseum.
Wer Segelfliegen lernen oder einfach mal mitfliegen will, kann dies in folgenden Orten tun: Bückeburg, Hoya und Verden. Rundflüge in Motorflugzeugen werden schließlich von Hoya und Verden aus veranstaltet.
Kegeln und Tennisspielen kann man fast überall.

Verden: Turnier der Dressurreiter

Wer sich für Naturdenkmale interessiert, der findet in Neustadt a. Rbge. Wacholderheide beim Ortsteil Helstorf. Mächtige Rotbuchen stehen im Ortsteil Hagen (achtstämmig) und im Ortsteil Nöpke (sechsstämmig).

Naturschutzgebiete befinden sich in Neustadt a. Rbge. (Blankes Flat bei Esperke, Helstorfer Moor, Otternhagener Moor), Rehburg-Loccum (Rehburger Moor) und Verden (Dünengebiet bei Neumühlen).

Tierparks und Wildgehege befinden sich in Neustadt a. Rbge. (Wildgehege am Dammkrug – Dam- und Rehwild), in Nienburg (Wildgehege mit Affen, Ziegen und Kleintieren), in Stolzenau (Damwildgehege) und in Verden (Pflegestation für Störche).

Lehrpfade gibt es in Bückeburg (Forstlehrpfad in Harrl, 6,5 Kilometer), Neustadt a. Rbge. (Waldlehrpfad »Grinder Wald«, 2 Kilometer), Steinhude (Waldlehrpfad bei »Altensruh«, 3 Kilometer) und in Verden (Waldlehrpfad von der Stadtgärtnerei aus, 2 Kilometer).

Der Naturpark Steinhuder Meer nimmt unter den großen Naturparks im Weserbergland (Solling-Vogler, Nördlicher Teutoburger Wald und Wiehengebirge, Weserbergland-Schaumburg-Hameln und Münden) eine Sonderstellung ein. Herzstück dieses Parks ist das 32 Quadratkilometer große Steinhuder Meer, das sehr flach ist (tiefste Stelle drei Meter) und durch den Meerbach zur Weser abfließt. Für die Entstehung des Steinhuder Meeres gibt es die unterschiedlichsten Theorien. Das Alter des inmitten der Geest gelegenen Sees wird auf 20 000 Jahre geschätzt.

Es gibt im Gebiet der Mittelweser eine Reihe bemerkenswerter Museen, die zu besuchen sich lohnt:
Bückeburg: Hubschrauber-Museum, Heimatmuseum, Gemäldegalerie.
Neustadt a. Rbge.: Torfmuseum im Schloß Landestrost.
Nienburg: Heimat- und Bauernhaus-Museum; wechselnde Kunstausstellungen im Posthof.
Stadthagen: Heimatmuseum.
Verden: Heimatmuseum, Deutsches Pferdemuseum, Märchen- und Freizeitpark.
Wiedensahl: Wilhelm-Busch-Geburtshaus mit Ausstellung.
Und wer einen Betrieb besichtigen möchte:
Bückeburg: Textilbetrieb.
Neustadt a. Rbge.: Sektkellerei, Ziegelverblendwerk.
Nienburg: Glasfabrikation; Zeitungsverlag »Die Harke«.
Steinhude: Aalräuchereien.
Eisenbahnfreunde finden die erste Museumseisenbahn Deutschlands in Bruchhausen-Vilsen, die während der Sommermonate nach Bundesbahn-Fahrplan verkehrt. Außerdem gibt es in Bruchhausen-Vilsen ein Automuseum.
Plattdeutsche Volksstücke werden auf Freilichtbühnen in Neustadt a. Rbge. (Juni bis September) und in Verden (Daverden Juli/August, Holtebüttel Juni/Juli) aufgeführt.

Nienburger Spargel ist in Nordwestdeutschland ebenso ein Begriff wie im Südwesten der Spargel aus Schwetzingen, und während der Spargelzeit haben die Gaststätten der Region Hochbetrieb. Eine besonders umfangreiche und phantasievolle Spargelkarte gibt es alljährlich im »Forsthaus Heiligenberg« in Bruchhausen-Vilsen, wo der Gast allerdings auch zu anderen Zeiten gut essen kann. Das »Forsthaus Heiligenberg« liegt im Ortsteil Homfeld und ist sehr gemütlich eingerichtet. Im Sommer kann man draußen sitzen. Vom Forsthaus aus sind schöne Wanderungen möglich. Weitere empfehlenswerte Gasthäuser:
Bassum: »Altes Rasthaus« im Stadtteil Kastendiek, unmittelbar an der B 51 (deftige regionale Küche).
Bückeburg: »Ratskeller«, Bahnhofstraße 2.
Oyten: »Zur deepen Wisch« (gemütlicher Gastraum, regionale Küche).
Stadthagen-Niederwöhren: »Landhaus Heine«, mit dem »Restaurant Ambiente« (über 500 Weine).
Verden: »Haus Schleppegrell«, Von-Einem-Platz 7; das in der Nähe des Domes gelegene Restaurant befindet sich in einem alten Bürgerhaus. Die Küche ist anspruchsvoll; erlesene Weine.

Im »Forsthaus Heiligenberg« in Bruchhausen-Vilsen ißt man gut.

Im Museumsdorf in Cloppenburg
wird dem Besucher bäuerliches
Alltagsleben der Vergangenheit
vor Augen geführt. Dazu gehört
die Windmühle ebenso wie der
reetgedeckte Stall.

Auf dem kleinen Friedhof bei der Fachwerkkirche von Klein-Escherde (nahe Hildesheim) tragen die Grabsteine Namen von Menschen, die vor zwei- bis dreihundert Jahren in Verden und Bardenfleth gelebt haben.

Oder: In der Zwergschule von Renslage haben Kinder aus dem Bersenbrücker Land vor mehr als 200 Jahren das kleine Einmaleins gelernt. Sie trugen hölzerne Schultaschen und schrieben auf Schiefertafeln.

Schließlich: Im sogenannten Saterhaus, einer Bauernhausform, die typisch für das Saterland gewesen ist, sind vor 150 Jahren die Bewohner an kalten Wintertagen eng zusammengerückt um das im Herdraum (Flett) brennende Torffeuer.

Diese drei Szenen, die sich früher so an verschiedenen Orten in Niedersachsen abgespielt haben könnten, sind jetzt an einen Ort und in die Gegenwart gerückt: Im Niedersächsischen Freilichtmuseum Cloppenburg sind verschiedene Hofanlagen, Dorfgebäude und Bauernhaustypen wiederaufgebaut worden, um die Vergangenheit lebendig werden zu lassen.

Der Weg ins Museum führt durch eine mehrstöckige Zehntscheune, durch die sogenannte Münchhausen-Scheune aus Aerzen bei Hameln. Sie stammt aus dem Jahre 1561, wurde vor einigen Jahren in Cloppenburg aufgebaut und ist heute Schauplatz bemerkenswerter Ausstellungen.

Auf dem großen Areal des Museums, das nach Art eines alten Bauerndorfes angelegt worden ist, stehen Häuser und Mühlen aus allen Teilen Niedersachsens, die Mehrzahl stammt jedoch aus dem Oldenburger Münsterland. Da findet man das bescheidene Heuerhaus ebenso wie den stattlichen Hof aus dem Artland mit den Ausmaßen eines Herrenhauses. Wer niedersächsische Wohnkultur erleben

ALTES BRAUCHTUM IM OLDENBURGER LAND

102 und die Lebensweise der Väter und Großväter nachvollziehen will, in diesem Museum gelingt es ihm.

Und das Museum ist lebendig. Auf der Weide haben es sich Kühe wiederkäuend bequem gemacht, eine Gänseherde zieht schnatternd am ostfriesischen Gulfhaus vorbei, im Dorfkrug werden deftige Bratkartoffelgerichte gegessen, in der Töpferei sitzt jemand an der Drehscheibe, und im Backhaus backt einer Brote. Am Samstag werden sie auf dem Markt in Bremen verkauft.

In dem kleinen Bauerngarten aber jätet einer Unkraut und äußert seinen Mißmut darüber, daß die Bohnen nicht so recht wachsen wollen. Einige der Bauerngärten werden von Cloppenburgern nach genauen Vorgaben bewirtschaftet, denn alles soll möglichst so sein, wie es einmal war.

Natur und Brauchtum rund um Oldenburg

Ganz gegensätzlich ist es, an der dem Freilichtmuseum benachbarten Thülsfelder Talsperre die Natur in ihrer ganzen Vielfalt zu beobachten. Da fängt der zierliche Sonnentau kleine Insekten, um sie zu verspeisen, da leuchtet der Fliegenpilz; Heidelbeeren – hier Bickbeeren genannt – wachsen dort ebenso wie Himbeeren und Preiselbeeren. Arnika, das ein altes Volksheilmittel ist und als Schutz vor bösen Hexen galt, findet man ebenfalls.

Durch Wald führt der Weg und durch Heide, die von einer Heidschnuckenherde gepflegt wird. Im Tal der Soeste blühen Orchideen, und an einem Weg am Waldesrand sitzt eine Gruppe Wanderer und macht Rast. Drüben aber, in Dwergte, dem idyllischen Bauerndorf, schlägt der Bauer Gerhard Menken den kleinen Stadtkindern vor, die bei ihm zu Gast sind, nächsten Montag mit ihm nach Cloppenburg zum Markt zu fahren, um Enten zu kaufen. Die meisten Enten auf dem Menken-Hof heißen Frido-

In Bad Zwischenahn, am Zwischenahner Meer, hat man ein typisches Ammerländer Bauernhaus aus dem Jahre 1605 samt Stall und Windmühle wiederaufgebaut.

lin, und die Kinder würden sie am liebsten mit ins Bett nehmen.

Dwergte ist übrigens alljährlich gegen Ende der Erntezeit Schauplatz eines alten Brauches, der möglicherweise noch aus heidnischen Zeiten stammt. Es ist der »Peiterbult«.

Die Dwergter tragen dann die blauen Kittel und den »Slatthaut« nach Großväter-Art, und wenn die letzte Garbe gebunden worden ist, wird sie mit Blumen geschmückt, und alle rufen: »Peiterbult! Peiterbult! He!« Das Wort soll von dem Wort »Pärebult« abgeleitet worden sein, Pferdehocke. Denn die letzte Hokke war in heidnischer Zeit für die Pferde des Gottes Wotan bestimmt. Dabei war es Brauch geworden, stets eine etwas klein geratene Hokke zu wählen und gleichzeitig für das nächste Jahr Wotans Pferden eine viel bessere Hocke zu versprechen. Der Einfluß des heidnischen Gottes Wotan muß zu jener Zeit schon nicht mehr besonders groß gewesen sein . . .

Viele alte Bräuche sind noch im Oldenburgischen Münsterland zu Hause, wo 80 Prozent der Bevölkerung katholisch sind. In Löningen kennt man den Brauch des Adventsblasens: An den Abenden vor den Adventssonntagen treten junge Burschen vor die Haustür und blasen auf einem hölzernen Horn; der

Ein Musentempel auf norddeutsche Art in der ehemaligen Residenzstadt Oldenburg. Das Staatstheater verbirgt sich hinter einer Fassade von 1893.

Die romantische Klosterruine von
Hude läßt die Bedeutung des ehemaligen Zisterzienserklosters, gegründet 1232, kaum noch ahnen.
Seit 1533 wurde es als Steinbruch
benutzt.

Brauch geht auf die Zeiten zurück, als die Hirten in der Weihnachtszeit in der Kirche spielen durften. Die Adventsbläsergruppe auf einem Brunnen in der Innenstadt von Löningen macht diesen Brauch anschaulich.

Eine besondere Sitte wird im Ammerland gepflegt, rund um Westerstede und Bad Zwischenahn. Hier wird der Löffeltrunk angeboten, das heißt, man trinkt den Korn aus einem Zinnlöffel. Dabei führt man den Löffel mit der linken Hand zum Mund, denn die »arbeitende« rechte Hand ruht sich am Abend aus. Beim Löffeltrunk ist ein festgelegter Dialog obligatorisch: »Ik seh' di!« – »Dat freit mi!« – »Ik sup di to!« – »Dat do!« – »Prost!« – »Ik hebb di tosapen!« – »Hest 'n Rechten drapen!« Übersetzt heißt das: »Ich seh' dich!« »Das freut mich!« »Ich trink dir zu!« »Das tu!« »Prost!« »Ich hab' dir zugetrunken!« »Hast den Richtigen getroffen!«

Der Löffeltrunk ist wesentlicher Bestandteil eines Räucheraal-Essens, bei dem Messer und Gabel nicht benötigt werden. Man zieht den Aal mit den Händen ab und führt ihn quer zum Munde. Nach dem Essen werden die Hände vom Kellner mit Schnaps begossen; das ist die einzige Möglichkeit, den Fischgeruch zu beseitigen.

Alte Residenzstadt: Oldenburg

Seit dem 12. Jahrhundert ist Oldenburg Residenzstadt der Oldenburger Herzöge. Von der reichen Kulturgeschichte der Stadt zeugen die vielen Sehenswürdigkeiten und Kunstschätze in den Museen. Das Oldenburger Schloß wurde 1607/12 neu erbaut; trotz späterer Umbauten erkennt man auch heute noch den Renaissance-Kern.

Die Lamberti-Kirche mußte nach ihrem Einsturz 1791 wieder erneuert werden. Nach klassizistischer Manier errichtete man 1797 einen

106 Zentralbau. Aus der Zeit des Klassizismus sind in der Stadt zahlreiche Bürgerhäuser und Verwaltungsgebäude erhalten: so das Ministerialgebäude (1830/50) am Damm oder die Häuser in der Huntestraße, in der Bremer Straße, am Pferdemarkt und am Theaterwall.

Auch in der Umgebung der Stadt Oldenburg haben die Herzöge ihre Spuren hinterlassen. In Rastede lag die herzogliche Sommerresidenz, und in der Krypta der ehemaligen Klosterkirche St. Ulrich (um 1100) ließ sich unter anderen Moritz von Oldenburg 1420 beerdigen. Ein von den Oldenburgern gestiftetes Kloster konnte sich in Rastede nicht halten, 1777 wurde die Kirche (nicht aber die Krypta) abgerissen und das Kloster samt Ländereien zum Sommersitz umfunktioniert.

Eine andere Klostergründung der Oldenburger war Hude. Die Familie Christians v. Oldenburg stiftete hier nach 1192 Land. 1232 siedelten sich in Hude Zisterziensermönche an. Im 13. Jahrhundert war Hude besonders begütert, das heißt, es hatte Besitztümer in Schwei, Bremen, Oldenburg und Wildeshausen. Mit den Erträgen aus diesen Gütern wurde dann um 1250 eine großartige Klosteranlage gebaut, ähnlich angelegt wie die von Kloster Loccum. 1533 wurden die letzten Mönche vertrieben und das Kloster freigegeben zum Abbruch. Heute zeugen noch einige Mauerreste von der einstigen Größe des Klosters.

Das Klostergut wird noch heute bewirtschaftet; die neuen Gutsherren wohnen im ehemaligen Abtshaus, und die Wassermühle samt Brauhaus sind ebenfalls noch erhaltene Gebäude des alten Klosters.

Die Huder Klosterruine liegt am Rande des Hasbruchs, eines Urwalds mit zum Teil tausend Jahre alten Eichen. Zusammen mit einigen umgestürzten Baumriesen assoziieren die Mauerreste Vergänglichkeit und romantisches Idyll.

Seit dem 12. Jahrhundert wurde das Stedinger Land besiedelt. Die Bau-

Oben: Während das Ostufer des Dümmer Sees den Wassersportlern vorbehalten ist, können an den übrigen Uferseiten viele seltene Wasservögel ungestört nisten.

Unten: Die Gründung der Alexanderkirche in Wildeshausen geht auf das Jahr 851 zurück. Damals ließ Waltbert, ein Enkel Widukinds, als Reliquien die Gebeine des heiligen Alexander aus Rom nach Wildeshausen überführen.

ern, die sich hier niedergelassen hatten, galten von jeher als besonders streitsüchtig und freiheitsliebend. Sie hatten ständig Schwierigkeiten, die Oldenburger Grafen als Obrigkeit anzuerkennen. Als sich die Kirche in die Zwistigkeiten zwischen Bauern und Adel einmischte, kam es zur Schlacht von Altenesch. Hier sahen sich etwa 2000 Stedinger Bauern einer Übermacht von Klerikern und westfälischen Rittern gegenüber, die zudem noch besser ausgerüstet waren. Die Stedinger mußten ihre erste und größte Niederlage einstecken.

Nach der Schlacht von Altenesch 1234 wurde die Kirche in Berne, dem Hauptort des Stedinger Landes, zur Hallenkirche umgebaut. Außerdem errichteten die Oldenburger Grafen in Berne eine Burg, um sowohl die Handelswege als auch das Stedinger Land besser überwachen zu können. Mit der Freiheit der Stedinger Bauern war es fürs erste vorbei.

Reliquien aus Rom für Wildeshausen

Zu den historisch bedeutsamen Stätten des Landes gehört Wildeshausen, Zentrum des Erholungsgebietes Wildeshauser Geest. Waltbert, der Enkel des Sachsenherzogs Widukind, hat hier im Jahre 851 ein Stift gegründet. Dafür ließ er als Reliquien die Gebeine des heiligen Alexander von Rom nach Wildeshausen überführen. Der Bericht, der darüber von Fuldaer Mönchen verfaßt worden ist und den Titel »Translatio Alexandri« trägt, zählt zu den ältesten deutschen Geschichtsquellen.

In der Alexanderkirche, die in ihrer jetzigen Form als Backsteinbasilika in den Jahren 1224/30 entstanden ist, kann man sich den Teufel zeigen lassen. Der Baumeister soll ihn, als er ihn erblickte, blitzschnell eingemauert haben. Sehenswert sind aber auch die Fresken in der Sakristei, entstanden nach 1400. Die Fal-

kenjagdszenen sind etwa hundert Jahre älter.

Etwa gleichzeitig wie die Alexanderkirche in Wildeshausen ist die Pfarrkirche St. Briccius im benachbarten Huntlosen entstanden. Auffällig ist der achteckige Turm, der der Kirche Wehrcharakter verleiht. Die im Jahre 1200/50 neu erbaute Backsteinkirche in Bassum geht zurück auf eine Gründung Ansgars, des »Apostels des Nordens«. Ansgar stiftete hier um 860 ein Kloster. Zu einem Spaziergang lädt das Pestruper Gräberfeld ein, das für an Vor- und Frühgeschichte Interessierte ein lohnendes Ziel ist. Über 500 Hügelgräber aus der Bronzezeit befinden sich hier auf einer großen Heidefläche.

Nicht weit davon entfernt liegen besonders eindrucksvolle Steingräber: die »Großen Steine« von Kleinenkneten. Sie haben ebenso wie die »Visbeker Braut« und der »Visbeker Bräutigam« Namen erhalten. Die Sage erzählt, daß ein Mädchen einen ihm verhaßten Mann heiraten sollte. Auf dem Weg zur Visbeker Kirche wünschte es sich, lieber in einen Stein verwandelt zu werden, als dem Manne das Ja-Wort geben zu müssen. Der Wunsch wurde gründlich erfüllt: Die ganze Hochzeitsgesellschaft mitsamt dem Bräutigam wurde zu Stein.

Fährt man von der Wildeshauser Geest über Goldenstedt und Vechta nach Diepholz, dem alten Grafensitz, so erreicht man bald den Dümmer See, der zusammen mit den benachbarten Dammer Bergen ein beliebtes Ausflugs- und Ferienziel ist. Die Dammer Berge haben in dieser Hinsicht Tradition – sie wurden bereits im vorigen Jahrhundert als Oldenburger Schweiz bezeichnet, und ein Schweizer Haus bot und bietet den Ausflüglern die Möglichkeit, bei Kaffee und Kuchen Rast zu machen und den Aussichtsturm auf dem Mordkuhlenberg zu besteigen.

Apen: Kirche (12. Jh.).
Bad Zwischenahn: Freilichtmuseum.
Barnstorf: Pfarrkirche (um 1200).
Bassum: Stiftskirche (1200/50).
Berne: Pfarrkirche (nach 1234).
Cloppenburg: Freilichtmuseum.
Edewecht: Kirche (14. Jh.) mit Wandmalereien (15. Jh.).
Altenoythe: St. Vitus (10. Jh.).
Ganderkesee: Gaukirche, Arp-Schnitger-Orgel.
Goldenstedt: Arkeburg, frühgeschichtliche Erdburg.
Großenkneten: Steingräber, »Visbeker Braut und Bräutigam«.
Harpstedt: Sonnenstein, 2000 v. C.
Hude: Klosterruine.
Huntlosen: Pfarrkirche (um 1230).
Löningen: St. Vitus.
Oldenburg: Schloß (1604) mit Landesmuseum; St. Lamberti (1797), Lappan-Turm; Bürgerhäuser.
Rastede: Pfarrkirche mit Krypta.
Vechta: Armreliquiare (um 1170) in der St. Georgskirche.
Westerstede: Pfarrkirche (1232).
Wildeshausen: Alexanderkirche (1230) mit Wandmalereien (um 1300, 15. Jh.); Rathaus. Pestruper Gräberfeld.

Inneres der Kirche von Edewecht

Bräuche und Feste im Oldenburger Land:
Bad Zwischenahn: Frühlings- und Herbstmarkt im April und Oktober.
Cloppenburg: Mariä Geburtsmarkt am Sonntag nach dem 8. Sept.
Dwergte: Peiterbult (Ende Juli).
Ganderkesee: Fasching um den Ring (Wochenende vor Rosenmontag).
Goldenstedt: Pfingstbaum-Setzen, Markt am 1. Sonntag im Oktober.
Harpstedt: Harpstedter Schiebenscheeten (Dienstag nach Pfingsten).
Lembruch: Der Dümmer brennt (2. und 3. Samstag im August).
Oldenburg: Kramermarkt (1. Samstag im Oktober, neun Tage), Lambertimarkt (Adventszeit).
Sulingen: Stoppelmarkt (2. Mittwoch und Donnerstag im August).
Vechta: Frühjahrsmarkt (letztes Wochenende im April), Stoppelmarkt (Mitte August), Thomasmarkt mit Klamottenmarkt (letztes Wochenende im Oktober).
Westerstede: Pfingstveranstaltung bei der Howieker Wassermühle.
Wiefelstede: Sonnenwendfeier in Conneforde (Mitte Juni).
Wildeshausen: Gildefest, eines der größten und ältesten Schützenfeste in Nordwestdeutschland (Pfingsten); Volksfest »Zwischenbrükken« (letztes Wochenende im September).
Schützenfeste feiert man überall.

Stand beim Stadtfest in Oldenburg

Das Oldenburger Land, zu dem auch das Oldenburger Münsterland mit den Landkreisen Cloppenburg und Vechta gehört, eignet sich ideal für Radwanderungen. Aber auch Fußwanderungen (insbesondere im Bereich der Thülsfelder Talsperre und in der Wildeshauser Geest) sind empfehlenswert. Außerdem ist das Oldenburgische ein beliebtes Reiterrevier. Überall gibt es große Reiterhöfe. Zentrum der Pferdezucht ist unter anderem Südoldenburg.
Die großen Wassersportreviere sind das Zwischenahner Meer (Segeln, Rudern, Surfen) und der Dümmer See (ebenfalls Segeln, Rudern, Surfen). Einer der schönsten Flüsse für Paddler ist die Hunte im Bereich Wildeshausen/Dötlingen. Im nördlichen Teil des Landkreises Cloppenburg liegt die Schifferstadt Barßel (Flüsse und Kanäle).
Flugsport ist unter anderem möglich auf dem Flugplatz Varrelbusch bei Cloppenburg und in Ganderkesee, wo sich eine Flugschule für Motorflug befindet.
Viele Orte besitzen Frei- und Hallenbäder. Zu den schönsten Schwimmbädern gehören die in Harpstedt und in Wildeshausen. In Wildeshausen befindet sich auch ein Golfplatz (Neun-Loch-Anlage). Außerdem gibt es dort, wie in vielen anderen Orten, Tennisanlagen mit Frei- und Hallenplätzen.
An frostigen Wintertagen bestehen hervorragende Eislauf- und Eissegelmöglichkeiten auf dem Dümmer. Auch auf dem Zwischenahner Meer und in Goldenstedt am See ist Eislauf möglich. Goldenstedt hat auch eine Rodelbahn.

Der Urwald Hasbruch mit seinen tausendjährigen Eichen ist eines der bedeutenden Naturdenkmäler in Nordwestdeutschland. Der Urwald liegt in unmittelbarer Nähe einer Autobahnabfahrt.

Einer nordischen Schärenlandschaft gleicht das Ufer der Thülsfelder Talsperre. Sie ist übrigens die einzige Talsperre in Nordwestdeutschland. Sie liegt zwischen Cloppenburg und Friesoythe, wurde um 1925 im Soestetal erbaut und 1927 als Stausee in Betrieb genommen. Im Naturschutzgebiet Thülsfelder Talsperre haben sich vielfältige Lebensräume für seltene Pflanzen und Tiere entwickelt. Die Talsperre liegt inmitten einer Heide- und Waldlandschaft. Nicht weit davon entfernt erstreckt sich der Urwald Baumweg, eine durch Verbiß entstandene bizarre Baumlandschaft.

Der Dümmer See ist 18 Quadratkilometer groß und damit der zweitgrößte See in Niedersachsen. Er ist maximal 1,3 Meter tief und gilt als ein Naturgebiet ersten Ranges. Viele Vogelarten brüten auf den Inseln, im Schilfgürtel und im Verlandungsgebiet des Dümmer.

Auf dem Deichringweg (20 Kilometer) kann man von jedem Uferort aus um den See wandern.

Das etwas über fünf Quadratkilometer große Zwischenahner Meer erreicht eine Tiefe von neun Meter.

Baumriese im Urwald Hasbruch

Ob einer das Angeln nun sportlich betreibt oder es nur als Hobby bewertet wissen will – es bleibt sich letztlich gleich, und es ändert sich nichts an der Tatsache, daß es im Oldenburgischen eine Vielzahl guter Angelplätze gibt, wenn sich auch das Wasser mitunter, besonders bei Nordwestwind, ein wenig störrisch gebärdet.

Und weil wir eben bei den Hobbys sind: Es gibt im Oldenburgischen viele Möglichkeiten, sein Steckenpferd zu reiten oder ein neues Steckenpferd kennenzulernen.

In Barßel zum Beispiel kann man Gartenschach spielen und kegeln. In den Dammer Bergen gibt es einen Märchenpark, Delmenhorst bietet eine sehenswerte städtische Kunstsammlung, und in Goldenstedt ist eine Ostdeutsche Heimatstube mit Erinnerungsstücken und Dokumenten aus den ehemaligen deutschen Ostgebieten eingerichtet worden. Nicht weit von Goldenstedt gibt es auch ein Wildgehege.

Vor Wildeshausen aber liegt die »klassische Quadratmeile der Vorgeschichte« mit vielen alten Gräbern, wie zum Beispiel dem »Visbeker Bräutigam« oder der »Visbeker Braut«.

Zwischenahner Meer bei Sturm

Räucheraale aus Bad Zwischenahn und vom Dümmer, Schinken und Würste aus den Rauchhäusern des Ammerlandes – das sind nur einige der Spezialitäten, denen sich der kulinarisch interessierte Gast widmen sollte. Und dies sind empfehlenswerte Gaststätten:

Bad Zwischenahn: »Jagdhaus Eiden« mit »Restaurant Apicius« (sehr feine Küche, empfehlenswert: Fisch). Im Hause befindet sich die Spielbank Bad Zwischenahn. »Goldener Adler«, Wiefelsteder Straße 47 (regionale Küche).

Ganderkesee: »Hof Hoyerswege«, Wildeshauser Landstraße 66 (regionale Küche).

Großenkneten: »Gut Moorbeck«, Amelhauser Straße 56, altes Bauernhaus mit Diele und Herdfeuer, Kaffeegarten (deftige Küche).

Lembruch: »Landhaus Götker«, Tiemanns Hof 1 (feine Küche).

Molbergen: »Gut Stedingsmühlen«, Stedingsmühler Straße 1 (regionale Küche).

Rastede: »Landhaus am Schloßpark«, Südender Straße 1, reetgedecktes Haus, behaglich eingerichtet (sehr feine Küche, gelegentlich regionaler Einschlag, erlesene Weinkarte).

Westerstede: Restaurant »Busch«, Am Markt (regionale, bürgerliche Küche).

Zum deftigen Aalessen gibt's Korn

Von der Freitreppe des Osnabrük-
ker Rathauses aus (erbaut 1487 bis
1512) wurde 1648 der Westfälische
Friede verkündet. Gegenüber das
Portal von St. Marien.

Mit einer Brücke fing alles an. In einer sanften Talmulde zwischen den Höhenrücken des Teutoburger Waldes und des Wiehengebirges führte sie ungefähr dort über die Hase, wo die Nette in sie einmündete. Fluß und Brücke sind Bestandteile des Namens Osnabrück: Aus »assa« (Fluß), so vermuten Sprachforscher heute, entwickelte sich »asna« und schließlich »osna«.

Karl der Große gründete vor rund 1200 Jahren hier einen Bischofssitz. Dank tatkräftiger Bischöfe – sowie einer bedeutenden Lateinschule – wuchs die Bedeutung des Ortes rasch. So ging es schon im 11. Jahrhundert mit dem Dombau los, der 1277 beendet war, doch in den nachfolgenden Jahrhunderten wurde an- und umgebaut. Im Inneren sollte man sich das gewaltige Triumphkreuz von 1250 anschauen – und vor allem den prächtigen Domschatz, der im Diözesanmuseum zu finden ist.

Über Jahrhunderte hinweg war Osnabrück die Hauptstadt des Hochstiftes Osnabrück. In den Turbulenzen der napoleonischen Zeit ist es Teil des Königreiches Hannover geworden, doch wurden die Osnabrücker nie »hannöversch«. Sie blieben Westfalen, und selbst ihr König sprach von seinen »westfälischen Untertanen«. Doch es fällt ihnen nicht schwer, als Niedersachsen und Westfalen gleichermaßen zu empfinden. Die engen Beziehungen zu den Sachsen sind übrigens älter als Osnabrück selbst. Es heißt, unweit der Stadt habe die letzte entscheidende Schlacht Karls des Großen gegen den Sachsenherzog Widukind stattgefunden.

Im Jahre 1412 erschien die Stadt zum ersten Male mit einem Ratssendboten auf einem Hansetag. Wenig später gehörte der bedeutende Textilort mit einer der wichtigsten Leinwandmessen des Reiches der Hanse an. Osnabrücker

NIEDERSÄCHSISCHES WESTFALEN: OSNABRÜCK

Leinen war sozusagen europaweit bekannt. So konnten es sich die reichen Kaufherren 1430 leisten, für die um 1320 geweihte Marienkirche einen reichgegliederten Chor zu stiften. Heute beeindruckt den Besucher vor allem die prächtige Schauseite mit den Giebeln über den vier Langhausjochen.

Die Marienkirche wird man nicht verfehlen: Sie liegt am Osnabrücker Marktplatz. Ihr direkt gegenüber stehen Treppengiebel einiger Kaufmannshäuser aus dem 15. bis 19. Jahrhundert, die freilich nach dem letzten Krieg wiederhergestellt wurden. Auch steht am Markt das Rathaus (1512), in dem einer der Friedensschlüsse des Dreißigjährigen Krieges besiegelt wurde. Den Friedenssaal mit seinem Ratsgestühl von 1554, den geschnitzten Türen, spätgotischen Archivschränken und manchem mehr kann man besichtigen.

Nach dem Rathaus wird man einen Blick auf die benachbarte Stadtwaage von 1532 werfen – und dann einen ausgiebigen Bummel durch die schöne Stadt machen, in deren Altstadtgassen noch viele alte Bürgerhäuser zu bewundern sind. In den Straßen herrscht häufig ein rechtes Gewimmel: Osnabrück ist Anziehungspunkt einer Region, in der nahezu 800000 Menschen leben.

Bersenbrücks Museum im Kloster

Nördlich von Osnabrück erstreckt sich ein junges Feriengebiet – das Bersenbrücker Land, das geprägt wird von den Fürstenauer Bergen und dem Artland. Das Artland ist ein fruchtbares Bauernland mit großen Höfen, deren reiches Fachwerk von Wohlstand und natürlichem Geschmack der Bauherrn erzählt. Dort gibt es noch die alten Bauerngärten mit den kunstvoll beschnittenen Taxushecken.

In Bersenbrück wollen wir einmal wieder zum Museumsbesuch ani-

Oben: Im Friedenssaal des Osnabrücker Rathauses – die Ausstattung stammt sonst von 1554 – erinnert die Bildergalerie der Gesandten des Westfälischen Friedens an das historische Ereignis.

Unten: Am Kreuzgang von St. Johannis, entstanden zu Anfang des 14. Jahrhunderts, fallen die reichen Maßwerkfenster auf und die kleinen Sandsteinreliefs mit Szenen des Kreuzweges Christi.

mieren. Freilich sind es weniger die Ausstellungsstücke im Heimatmuseum des Kreises – es ist die Lage des Museums im Wirtschaftsflügel eines ehemaligen Zisterzienser-Nonnenklosters. Schon 1231 wurde dieses Kloster (von Otto von Ravensberg) gegründet, und noch heute ist der alte Klosterkomplex erhalten. Allerdings muß man zugeben, daß die Gebäude nicht alle aus der Gründungszeit des Klosters stammen, sondern zum Teil aus dem Barock. Aber immerhin finden sich im alten Remter Wandmalereien aus dem 14. Jahrhundert. Auch einen Blick in die Kirche sollte man werfen, die noch manches aus der Erbauungszeit im 13. Jahrhundert erahnen läßt.

Im Bersenbrücker Land wird gern herzhaft gegessen, mit Vorliebe Schweinernes. Der Bauer, so heißt es in einem Spruch, dürfe seinem Bauch kein Stiefvater sein, und wer fleißig bei der Arbeit sei, der dürfe diesen Fleiß auch bei Tische fortsetzen. »Vor Schwarzbrot mit Speck lauf' ich nicht weg«, sagen sie im Artland. Und: »Kartoffeln schmecken am besten, wenn sie durch den Schweinemagen gegangen und zu Speck geworden sind.«

Die Gründung des Bistums Osnabrück geht auf Karl den Großen zurück. Im Dom-Neubau (1218 bis 1277), der sich bis heute erhalten hat, befindet sich der sehenswerte Kirchenschatz.

Ein einfaches Gericht ist »Bokwetenjanhinnerk«, Buchweizenpfannkuchen, mit Wasser und Milch zubereitet und serviert mit Sirup oder einem Beerenkompott. Es gibt heute noch Gastwirte im Bersenbrükker Land, die Buchweizenpfannkuchen zu backen verstehen. Man muß nur rechtzeitig Bescheid sagen, wenn man ihn probieren möchte.

Quakenbrück: im Mittelalter gegründet

Einen Ausflug wert ist Quakenbrück, das zur Sicherung des nördlich von Osnabrück liegenden Gebietes im 13. Jahrhundert als eine Stiftsburg begann. Später siedelten sich bei der Burg Burgmannen an. Schließlich schuf man eine Stadtbefestigung, von der heute nur noch die Hohe Pforte vorhanden ist, ein spätgotisches Stadttor. 1618 war das Rathaus fertiggestellt, doch um 1800 hat man es klassizistisch umgebaut.

Im alten Stiftsbezirk liegt die Stiftskirche St. Sylvester, mit deren Bau um 1300 begonnen wurde, 170 Jahre später kamen Chor und Turm

Schon seit dem 11. Jahrhundert
war Bad Iburg Bischofssitz. Im 16.
Jahrhundert wurde der Burgkomplex zu einer bischöflichen Residenz ausgebaut.

hinzu. Wunderschön ist die farbige Ausmalung. Bei der Kirche befindet sich der Friedhof, der von den niedrigen Fachwerkhäusern der Pastoren begrenzt wird.

Wenden wir uns nun dem Süden des Osnabrücker Landes zu, so finden wir eine Ferienregion mit großer Tradition: Hier liegt der Heilbädergarten des Osnabrücker Landes mit Bad Iburg, Bad Laer, Bad Rothenfelde, Melle und Bad Essen.

Iburgs bewegte Geschichte

Auf Schloß Iburg wurde im Jahre 1668 Sophie Charlotte geboren, Tochter des Fürstbischofs Ernst August von Braunschweig-Lüneburg und seiner Gemahlin Sophie von der Pfalz. Sophie Charlotte wurde als Frau Friedrichs I. Preußens erste Königin. Sie zog unter anderem Leibniz an den Hof in Berlin, und nach ihr wurde das Schloß Charlottenburg benannt.

Daß Bad Iburg eine lange und bewegte Geschichte hat, mag an dem einsamen Bergkegel liegen, der schon in vorgeschichtlicher Zeit wegen seiner strategisch günstigen Lage zur Befestigung einlud. Im 11. Jahrhundert wurde die Burg zur Residenz ausgebaut und zugleich ein Kloster gegründet.

Das Kloster wurde sehr mächtig, stieg dann jedoch ab und erlebte erst Ende des 17. Jahrhunderts eine neue Blütezeit. Sowohl die Kloster- wie die Schloßgebäude wurden häufig um- und ausgebaut. Immerhin gibt es vom Schloßbau noch den Bergfried (um 1500) sowie den 1656 begonnenen Rittersaal – und der hat etwas sehr Bemerkenswertes: die erste perspektivische Deckenmalerei Deutschlands! Auch Kloster samt Kirche weisen in Architektur und Ausstattung noch manches aus früheren Jahrhunderten auf.

In dem traditionsreichen Bad Rothenfelde ist das Alte Gradierwerk sehenswert. Es entstand in den Jahren 1773/74, nachdem die Saline schon seit fünfzig Jahren in Betrieb war.

Das hübsche Melle, Mittelpunkt des Grönegaus, hatte schon um 800 eine Taufkirche – Anfänge der heutigen Matthäuskirche. Sie entstand im 13. und 14. Jahrhundert und lohnt wegen einiger guter Ausstattungsstücke das Anschauen.

Die Bischöfe von Osnabrück bauten in Melle dann eine Stiftsburg zum Schutz ihrer Rechte gegen die Grafen von Ravensberg. Bereits im 16. Jahrhundert wurde die Burg abgerissen. Noch heute kennzeichnen alte Gerichtslinden die ursprüngliche Gogerichtsstätte des Grönegaus. Besuchen sollte man das Heimatmuseum mit Fachwerkhäusern aus den ehemaligen Kreisen Melle und Wittlage.

In diesem Museum befindet sich der Heimathof, der als Restaurant genutzt wird. Hier kommen schon mal Gespräche auf über »ole Tiden«, alte Zeiten. Damals gab es im Westfälischen noch Spökenkieker, die den Tod anderer voraussahen, und sogenannte Wiedergänger, die im Leben eine schlechte Tat begangen hatten und dazu verurteilt waren, als Geister die Sache wieder in Ordnung zu bringen.

Einer war da – so wird erzählt –, der hatte während seines Lebens immer wieder Grenzsteine zu seinen Gunsten versetzt. Nun hockte er um Mitternacht auf seinem früheren Acker, hielt einen schweren Grenzstein im Arm und jammerte und fragte laut, wo er ihn lassen solle. Und es hätte nur einer seiner alten Nachbarn hinzugehen und ihm zuzurufen brauchen: »Wo du ihn hergeholt hast!« Dann wäre er erlöst gewesen. Aber das wagte keiner.

Sehenswertes in Osnabrück: Dom (11., 13. Jh.) mit Domschatz im Diözesanmuseum; den Markt mit dem Rathaus (1512), in dem sich der Friedenssaal befindet, und der St. Marien-Kirche (14. Jh.), der Stadtwaage (1532) und Patrizierhäusern aus dem 15./19. Jh.; das Fürstbischöfliche Schloß (1785), heute Universität; alte Bürgerhäuser in der Krahn-, Marien- und Bierstraße; gut erhaltene Stadtbefestigung; im Buckturm: Folterwerkzeuge aus dem Mittelalter.
Bad Iburg: Schloß (vermutlich 16. Jh.).
Bersenbrück: Kreismuseum im ehemaligen Zisterzienserkloster (Kirche 13. Jh.).
Fürstenau: Burgkomplex (Burg um 1300 gegründet); Bürgerhäuser (16. Jh.), Hohes Tor (1674).
Melle: Matthäuskirche (13./14. Jh.) mit guten Ausstattungsstücken; ev. Kirche (1723, einheitliche Innenausstattung); mit Fachwerkhäusern und Burgmannshöfen; schönes altes Stadtbild.
Quakenbrück: St. Sylvesterkirche (14. Jh., schöne Ausmalung); altes Stadtbild mit Burgmannshöfen und Fachwerkhäusern; spätgotische Hohe Pforte (Stadttor); Heimatmuseum.
Bemerkenswert sind die Artlandhöfe im nördlichen Teil des Osnabrücker Landes (Artland) mit kunstvoll geschnittenen Taxushecken.

St. Johannis in Osnabrück: Inneres

Das Steckenpferdreiten am 25. Oktober gehört zu den populären Veranstaltungen im Osnabrücker Jahresablauf. Es erinnert an das Ende des Dreißigjährigen Krieges im Jahre 1648. In Osnabrück, neben Münster neutraler Ort für Friedensverhandlungen, war am 6. August 1648 der protestantische Teilfriede unterzeichnet worden. Am 25. Oktober wurde der Westfälische Frieden von der Treppe des Osnabrücker Rathauses von einem kaiserlichen Gesandten verkündet. Es wurde ein großes Volksfest daraus, an dem aber die Kinder wegen der späten Abendstunde nicht teilnehmen durften. Da versammelten sie sich am nächsten Morgen und ritten auf ihren Steckenpferden vors Rathaus, um den Gesandten auf ihre Art Dank für die gute Nachricht zu sagen.
Es wird im übrigen im Osnabrücker Land viel und gern gefeiert. Schützenfeste und Karneval beispielsweise nehmen im Terminkalender viel Platz ein.
Aber auch altes Brauchtum, wie Osterfeuer und das Ausschmücken der Türen und Tore mit Maiengrün, dem Laub frischer Birken, während der Pfingsttage wird noch sehr gepflegt.

Auf dem Flohmarkt in Osnabrück

Der 70 Kilometer lange Radfernweg von Quakenbrück nach Osnabrück gehört zu den attraktiven und im übrigen gut ausgeschilderten Radwanderstraßen in Niedersachsen. Er führt nahezu ausschließlich über Landwirtschaftswege. Beliebt bei Radfahrern sind auch die zunächst nur als Autowanderstraßen konzipierten Strecken Artland- und Bramgau-Route (ebenfalls gut ausgeschildert). Die beiden Straßen führen vorwiegend über wenig befahrene Nebenstrecken. Sie sind beide etwa 120 Kilometer lang.
Wassersportler finden ebenfalls ein gutes Revier, zu dem unter anderem der Mittellandkanal gehört. Vorbildliche Sporthäfen befinden sich bei Osnabrück. Zunehmend Freunde gewinnt auch der Alfsee im Norden des Landes, der als Rückhaltebecken der Hase angelegt worden ist. Das Ferien- und Sportzentrum am Alfsee befindet sich noch in der Entwicklung, verfügt aber schon heute über einen der besten Campingplätze des Landes. Es gibt dort auch eine Wasserski-Anlage.
In der Maiburg, einem sehr schönen Waldgebiet bei Bippen, gibt es einen Wald-Trimm-Pfad.
Zu den Reiterzentren gehört Ankum, in dessen Umgebung viele Reitwege angelegt worden sind. Im Feriengebiet Ankumer See befindet sich ein Reiterhof.
Überall im Land gibt es Tennisanlagen. Auf Aktiv-Urlaub sind vor allem die Ferienorte im Südkreis eingestellt: Bad Rothenfelde, Bad Iburg, Melle, Bad Laer, Bad Essen. In Melle kann man unter anderem auch segelfliegen. Es gibt Hallen- und Freibäder. In Bad Laer wird Einzel- und Gruppengymnastik angeboten. In Bad Iburg gibt es einen Waldsportpfad.

Natur

Eines der schönsten Waldgebiete der Region befindet sich bei Bippen. Es ist die Maiburg, in der auch ein vorbildlicher Waldlehrpfad angelegt worden ist, der »Vosspäddgen« (Fuchspfad).

Bei Barkhausen in der Nähe von Bad Essen wurden die versteinerten Fußspuren von Sauropoden und Megalosauriern gefunden. Sie befinden sich in einer schräg stehenden Felsplatte, die einst Teil eines Wattenbodens war. Das ist mittlerweile mehr als 130 Millionen Jahre her.

Bei Fürstenau und bei Bippen kann man noch heute in den Wäldern Haifischzähne finden, die ebenfalls von Urbewohnern stammen, aus einer Zeit, da diese Region noch Meeresgrund war. Die Zähne unterstehen allerdings dem Schutz der Behörden. Sie dürfen nicht gesammelt werden.

Besonderer Anziehungspunkt ist der Waldzoo am Schölerberg in Osnabrück. Der als Heimtiergarten vor einigen Jahrzehnten gegründete Zoo wurde nach 1945 großzügig erweitert. Er beherbergt heute rund 1200 Tiere von etwa 250 Tierarten, darunter auch solche, die vom Aussterben bedroht sind.

Eine Besonderheit ist der Fisch- und Gewässerlehrpfad an der Hase in Quakenbrück.

Hobby

Theaterfreunden bieten die Städtischen Bühnen in Osnabrück ein umfangreiches Programm mit Schauspiel, Oper, Operette und Ballett. In der Stadthalle werden Sinfonie- und Meisterkonzerte veranstaltet. Zweimal jährlich findet in Osnabrück ein Folkfestival statt. Seit einiger Zeit gibt es in der Stadt eine Puppenkinder-Bastelstube, in der auch Kurse veranstaltet werden.

Bad Essen bietet seinen Gästen Blas- und Unterhaltungskonzerte und die Möglichkeit, Schach und Billard zu spielen.

Bad Iburg setzt alljährlich eine Reihe von Konzert-, Tanz- und Vortragsveranstaltungen aufs Programm. Die Stadt besitzt außerdem einen Märchenpark.

Bad Laer hat in seinem Angebot Kurkonzerte, Bastel- und Malkurse. Es gibt hier auch eine Kreativ-Stube.

In Melle finden Blas- und Unterhaltungskonzerte statt.

Bad Rothenfelde: Konzerte und Sonderveranstaltungen unterschiedlichster Art stehen auf dem Programm dieses Badeortes, in dem man noch ein Automuseum besuchen kann. In einem Bewegungspark befindet sich eine Miniaturgolf-Spielanlage, und es gibt mehrere Kinderspielparks.

Essen und Trinken

Reichlich und deftig – das sind die Grundvoraussetzungen für ein ordentliches Essen im Osnabrücker Land. Beliebt ist die ländliche Kost. Der Buchweizenpfannkuchen, »Bokwetenjanhinnerk« genannt, wird auch heute noch gern gegessen. Bevorzugte Getränke sind Bier und Schnaps.

Bei dieser Liebe zum Essen ist es nicht verwunderlich, daß sich im Osnabrücker Land einige sehr gute Restaurants befinden. Hier ein paar Tips:

Bramsche: »Idingshof«, Bührener Esch 1 (feine Küche, regionaler Einschlag). Im Ortsteil Hesepe: »Haus Surendorff«, Dinklingsweg 1 (feine Küche mit regionalem Einschlag). Im Ortsteil Malgarten: »Landhaus Hellmich« (feine Küche, regional beeinflußt, Spezialitäten: Fisch- und Lammgerichte; gutes Weinangebot).

Osnabrück: »Hohenzollern«, Heinrich-Heine-Straße 17, am Bahnhof (feine Küche); »Café Leysieffer«, Krahnstraße 41 (Kuchen- und Pralinenspezialitäten).

Quakenbrück: »Zur Hopfenblüte«, Lange Straße 48 (angenehmes Haus, gut bürgerliche Küche, regional beeinflußt, auf Vorbestellung: Buchweizenpfannkuchen); »Niedersachsen«, St. Antoniort 2 (gut bürgerlich).

Rieste: »Kommende Lage« im Ortsteil Lage (ehemals Johanniter-Kommende; idyllischer Kaffeegarten, bürgerliche Küche).

Im Teutoburger Wald, nahe Osnabrück, kann man herrlich wandern

In Quakenbrück: »Zur Hopfenblüte«

Wie überall, so wird auch im Emsland Anfang August das Getreide
geerntet. Erst wenn das Korn und
die Strohballen unter Dach und
Fach sind, kann der Bauer aufatmen.

Zu Uelsen in der Teestube der »Herrlichkeit Lage« gibt es Krintenweggen mit frischer Butter drauf und dazu ein Kännchen Tee mit Kandis und Sahne. Krintenweggen sind ein Weißbrot mit Korinthen oder Rosinen, das den Bewohnern der Grafschaft Bentheim von Freunden und Kollegen zur Kindstaufe ins Haus gebracht wird. Aber Krintenweggen schmecken ganz vorzüglich, auch wenn keine Kindstaufe ist.

Es soll hier der Schluß gezogen werden, daß ein Land, in dem es etwas so Leckeres wie Krintenweggen zu essen gibt, auch in anderer Hinsicht in Ordnung sein muß. Und dieser Schluß ist – was die Niedergrafschaft Bentheim mit dem Ort Uelsen betrifft – richtig.

Uelsen ist Mittelpunkt der Grafschafter Schweiz, wie das Land um Uelsen herum gern genannt wird. Und das nicht ganz zu Unrecht, denn immerhin gibt es nördlich von Uelsen die Wilsumer Berge mit dem 78 Meter hohen Hopfenberg, der in manchen Landkarten sogar mit 80 Meter angegeben ist.

In den Wilsumer Bergen befindet sich ein Ferien- und Erholungsgebiet, das von Niederländern betrieben wird, die dort aber nicht nur ihre Landsleute zu Gast haben, sondern auch Deutsche. Das Ferienleben in diesem Gebiet spielt sich auf einem Campingplatz und am Sandstrand eines sehr schön gelegenen Sees ab.

Die Frage, ob das Urlaubsgebiet um Uelsen herum deutsch oder niederländisch ist, läßt sich nur politisch beantworten. Natürlich gehört es zur Bundesrepublik Deutschland und ist Teil des Landes Niedersachsen. Aber die Verbindungen über die deutsch-niederländische Grenze hinweg sind besonders freundschaftlich. In der Gemeinde Wielen, gut fünfzehn Kilometer von Uelsen entfernt, leben fast nur Niederländer, die niederländisch sprechen, ihre Kinder in die Niederlan-

HERRLICHKEITEN IN DER GRAFSCHAFT BENTHEIM

Jacob von Ruisdael und viele seiner Malerkollegen waren vom
Bentheimer Schloß derart angetan, daß sie es immer wieder in
ihre Gemälde aufnahmen.

de zur Schule schicken, dort auch in die Kirche gehen und – sofern sie nicht Hoferben und damit an Wielen gebunden sind – in die Niederlande heiraten. Am Ende lassen sie sich dort sogar begraben. Aber sie bleiben allemal Wieler, und ihre Freunde haben sie westlich wie auch östlich des Ortes. Niemand in und um Uelsen käme auf die Idee, einen Niederländer als Ausländer zu bezeichnen.

Uelsen selbst hat sich in den vergangenen Jahren als Ferienort bemerkenswert entwickelt. Es ist ein zentraler Platz für Leute, die wandern und radfahren wollen. Hügel, Wald und Heide prägen das Gesicht der Landschaft, und die geografische Lage abseits der großen Straßen hat sich längst als Vorteil erwiesen. Es gibt nicht viele Gebiete, in denen es so ruhig ist. Und die Uelsener registrieren mißtrauisch alle Versuche, diese Ruhe zu stören.

Zu den Sehenswürdigkeiten von Uelsen gehört das Rathaus. Es wurde im 18. Jahrhundert erbaut. »Pax Intrantibus« (Friede den Eintretenden) ließen die Uelsener über den Eingang des Hauses schreiben und »Salus Exeuntibus« (Heil den Scheidenden) über den Ausgang. Die Inschrift stand schon dort, ehe das Rathaus Standesamt wurde.

Tausend Jahre altes Nordhorn

Zentrum und wirtschaftlicher Mittelpunkt des Gebietes ist Nordhorn, das seit gut tausend Jahren seinen Platz in der Geschichte hat und seit dem 14. Jahrhundert eine Burg der Grafen von Bentheim besaß. In der Hauptstraße stehen noch einige alte Bürgerhäuser aus dem 18. Jahrhundert. Die Kirche St. Ludger wurde im Jahre 1447 geweiht, und in der Nähe des Rathauses steht eine Sandsteinpumpe aus dem 17. Jahrhundert. Sie ist typisch für die Steinmetzarbeiten, die damals aus Gildehaus bei Bentheim kamen.

Oben: Der Herrgott von Bentheim gehört bereits zum Volksgut der Grafschaft: Flüche, in seinem Namen ausgesprochen, sollen besonders wirksam sein.
Unten: Die reformierte Kirche von Bentheim, erbaut 1696.

Zu den alten Bräuchen, die in Nordhorn gepflegt werden, gehört das Knobeln. Das ist nun zwar überall im westlichen Niedersachsen verbreitet, aber die Nordhorner haben es darin zu einer besonderen Geschicklichkeit gebracht. Gemeint ist nicht das Knobeln an abendlicher Theke, sondern das Knobeln am 5. Dezember, am Vorabend des Nikolaustages.

Während die Kinder durch die Straßen ziehen und bei Nachbarn und Geschäftsleuten fragen, ob der Nikolaus für sie etwas hinterlegt hat, treffen sich die Väter in den Geschäften der Stadt und knobeln. Dabei geht es dann oft um sehr nahrhafte Dinge, um Würste und Schinken oder gar um die Weihnachtsgans.

Bentheim, von der Burg beherrscht

Wenn man Nordhorn als das Zentrum des Landes bezeichnet, so ist Bad Bentheim der eigentliche, historisch gewachsene Kern. Die Stadt mit ihrem Kopfsteinpflaster wird beherrscht von der malerischen Burg, gelegen auf einem Sandsteinfelsen und weithin sichtbar. Als Idealbild einer Burg ist sie immer wieder dargestellt worden, vor allem von Malern aus den Niederlanden.

Es ist wohl anzunehmen, daß bereits die Germanen hier eine Fliehburg errichtet hatten. In ihrer Nachfolge bauten die Grafen von Bentheim im 10. Jahrhundert die gleichnamige Burg. Nach Zerstörung und Besitzerwechsel gelangte die wiederaufgebaute und befestigte Burg im 12. Jahrhundert endgültig in den Besitz der Bentheimer Grafen, sie wurde nun Mittelpunkt der Grafschaft Bentheim.

Zu den Kostbarkeiten, die im Burgbezirk zu sehen sind, gehört der »Herrgott von Bentheim«. Das ist ein romanisches Kreuz aus Sandstein, das zu Anfang des 12. Jahrhunderts geschaffen wurde. Lange war es verschwunden, wenngleich es im Volksmund lebte; denn aus Landsknechtstagen weiß man, daß die rüden Burschen im Zustand höchsten Zornes »Herrgott von Bentheim« zu fluchen pflegten. Im 19. Jahrhundert wurde das Kreuz am Schloßberg wiedergefunden.

Bentheim, das sich seit einigen Jahren mit dem Attribut Bad schmücken darf, ist ein malerisches Bergstädtchen, und die Bentheimer sind sehr darauf bedacht, das gepflegte Bild nicht durch Unrat zu zerstören. Als die Bentheimer Ortsoberen vor einigen Jahren keine Mitarbeiter für die Straßenreinigung finden konnten, wandten sie sich an die Bürger. Und schon meldeten sich Rentner in ausreichender Zahl, die nicht nur bereit waren, den Besen zu schwingen, um die Straßen sauberzuhalten, sondern sich auch um die Grünanlagen kümmerten, und alles unentgeltlich.

Kurort ist Bentheim schon seit langem. Die zu den Kuranlagen gehörenden Häuser wurden fast alle in der ersten Hälfte des vorigen Jahrhunderts erbaut und können ihre klassizistische Herkunft nicht verleugnen.

Zu Bentheim gehört Gildehaus, wo sich im Mittelalter die bedeutenden Steinbrüche des schließlich so genannten Bentheimer Sandsteines befanden, aus dem zum Beispiel das Rathaus in Amsterdam erbaut worden ist. In Gildehaus befinden sich einige sehr schöne Bürgerhäuser aus dem 17. und 18. Jahrhundert, im Pfarrgarten steht eine Sandstein-Sonnenuhr aus dem 18. Jahrhundert, und die alte Schule ist von 1656.

Das niedersächsische Nachbarland der Grafschaft Bentheim, die im Süden an Nordrhein-Westfalen grenzt und im Westen an die Niederlande, ist das Emsland, das sich entlang der Ems von Salzbergen im Süden bis nach Papenburg im Norden erstreckt: 100 Kilometer lang, 60 Kilometer breit. Das Emsland ist der größte deutsche Landkreis und größer als das Saarland.

Seine landschaftlichen Schönheiten bezieht das Emsland aus der Flußlandschaft rechts und links der Ems, die zum Beispiel bei Salzbergen noch den typischen Uferbewuchs einer nahezu »heilen Welt« hat. Später, wenn sich die Ems zu einem breiteren Strom entwickelt, wird die Landschaft etwas schwermütiger und ist bei Regen besonders schön.

Moore im Emsland, Humpel im Hümmling

Es sind die großen Moore, die diese Landschaft charakterisieren. Das Bourtanger Moor im Westen erhielt seinen Namen nach der Grenzfestung Bourtange. Aber das Moor selbst war uneinnehmbar und kaum zu begehen. Der Verlauf der Grenze zwischen Deutschland und Holland durch das Bourtanger Moor ist 1764 amtlich festgelegt worden.

Im Norden des Landes befinden sich die großen Moore bei Aschendorf und Esterwegen, das Wilde Moor, das Westermoor, die Dose, und im Osten sind es die großen Flächen des Hahnenmoores bei Herzlake und der Speller Dose.

Landschaftliches Unikum in dieser pfannkuchenflachen Region ist der Hümmling, dessen 73 Meter hoher Windberg eine beherrschende Position einnimmt. »Hümmel« oder »Humpel« werden im Ostfriesischen Anhöhen genannt, Höcker und Buckel, und es ist wohl anzunehmen, daß der Hümmling von dort seinen Namen erhalten hat, zumal Friesen im Hümmling gesiedelt haben.

Der Hümmling, der heute mit seinen schönen Ortschaften, den Wäldern und Wacholderhainen ein gastliches Ausflugs- und Feriengebiet ist, war in alter Zeit ein gefährliches Revier. Im Dreißigjährigen Krieg, so wird erzählt, wurde das Land von unliebsamen Gesellen durchstreift, die sich zu Horden zusammengeschlossen hatten und sich schreckliche Kämpfe lieferten.

Oben: Im historistischen Zentralbau der Harener Kirche St. Martinus von 1908 verbinden sich barocke und antikisierende Stilelemente miteinander.

Unten: 1680/89 wurde die ehemals mittelalterliche Burganlage in Dankern zum barocken Wasserschloß ausgebaut. Ein Triumphbogen-Portal aus Sandstein (1687) markiert den Eingang.

Das besondere Schmuckstück im Hümmling ist das Jagdschloß Clemenswerth in Sögel. Clemens August, ein Prinz aus dem Hause Wittelsbach, Kurfürst und Fürstbischof von Köln, Hildesheim, Paderborn, Münster und Osnabrück sowie Großmeister des Deutschen Ritterordens, war ein recht bau- und lebenslustiger Herr. Er liebte zwar die Zurückgezogenheit, befand sich dort aber gern in fröhlicher Gesellschaft und war überdies ein eifriger Jäger.

Berühmt: Jagdschloß Clemenswerth

Er beauftragte im Jahre 1735 den berühmten Baumeister Johann Conrad Schlaun, dessen Handschrift überall im Westfälischen zu lesen ist, ein Jagdschloß zu bauen. Und dabei ist eines der originellsten Schlösser in Norddeutschland herausgekommen: Das eigentliche Schloß – zweigeschossig und mit kreuzförmigem Grundriß – wird von acht eingeschossigen Pavillons gleichförmig umgeben.

Die Pavillons dienten zum Teil als Kavaliers- und Wachthäuser, in einem befand sich die Bibliothek, in einem anderen die Küche, in einem dritten aber ist noch heute ein kleines Kapuzinerkloster mit einer Kapelle. Das Kloster wird bewohnt von Pater Lambert, der in Sögel allseitige Verehrung genießt.

Das Schloß, in jedem Detail die Jagd mit all ihren Aspekten darstellend, liegt inmitten eines Parks mit breiten Alleen. Es ist inzwischen Standort des Emslandmuseums geworden, das sich innerhalb weniger Jahre zu einem der schönsten Museen im Nordwesten entwickelt hat. Es gewinnt zusätzliche Anziehungskraft durch die regelmäßig dort stattfindenden Ausstellungen.

Von der Abgeschiedenheit des Jagdschlosses Clemenswerth mit der Idylle des kleinen Kapuzinerklosters ist es nicht weit bis ins 21. Jahrhundert, das sich bei Lathen

auf dem Probestand befindet. Dort – zwischen Lathen und Dörpen – wird auf einer 31 Kilometer langen Versuchsstrecke eine Magnetschwebebahn ausprobiert, die – wie es zuversichtlich heißt – »um die Jahrtausendwende zu den wichtigsten Verkehrsträgern Europas gehören wird«.

Die Schiffer, die mit ihren Binnenschiffen zunächst auf dem Dortmund-Ems-Kanal, dann auf der Ems aus dem Ruhrgebiet zur Nordsee fahren, nehmen den technischen Fortschritt vor ihrer Nase gelassen hin. Einer macht mal eben in Dörpen fest und bringt der heiligen Madonna in der Georgskirche ein paar Blumen. Die aus dem frühen 15. Jahrhundert stammende steinerne Gottesmutter gilt seit vielen Generationen als die Schutzpatronin der Fahrensleute auf der Ems. Ein bißchen ist sie allerdings aus der Mode gekommen. – Ansehen sollte man sich in Dörpen die klassizistische St. Vitus-Kirche.

Wasserschloß mit Ferienzentrum

Wir bleiben noch etwas in der Gegend, wenden uns nach Haren, und hier liegt außerhalb wiederum ein Schloß. Das Schloß Dankern hatte

1736 bis 1750 ließ sich der Kölner Kurfürst Clemens August das Schloß Clemenswerth als Jagdschloß errichten. Acht Alleen führen sternförmig auf das Schloß zu.

einen mittelalterlichen Vorgängerbau. Erst der bischöfliche Rentmeister von Meppen, der hier seinen
Sitz nahm, ließ sich 1680 die Burg
zu einem prächtigen Wasserschloß
um- und ausbauen. Die Anlage besteht nun aus Haupt- und Vorburg,
einschließlich der Wirtschaftsge-
bäude. Den Eingang der Dreiflü-
gelanlage betont ein Triumphbo-
genportal aus Sandstein, mit reichen Steinmetzdekorationen.

Die glatten Ziegelmauern sind in
rechteckige Felder unterteilt und
mit Jagdmotiven aus Sandstein
verziert: ein Hinweis auf die Funk-
tion des Schlößchens.

Und zum Anschauen braucht man
nicht scheu um Einlaß zu bitten,
Dankern ist nämlich ein gastliches
Schloß, Mittelpunkt eines richtigen
Ferienzentrums mit Ferienhäusern
und vielen Angeboten für Sport
und Spiel – sogar ein zehn Hektar
großer See gehört dazu.

Das Bentheimer Schloß (12./18. Jh.) gehört zu den eindrucksvollsten Burganlagen in Niedersachsen. Dort befindet sich auch der »Hergott von Bentheim«, ein Steinkreuz aus dem 12. Jahrhundert. Im Schloß ist ein Museum.
Weitere Sehenswürdigkeiten in der Grafschaft Bentheim:
Nordhorn: St. Ludger-Kirche (15. Jh.); Klosterkomplex Frenswegen (Gotik und Barock).
Uelsen: St. Wehrenfried (14. Jh., romanische Reste); Rathaus (18. Jh.), Windmühle.
Im Emsland gibt es Sehenswertes, in Börger: Hünengräber.
Haren (Ems): Wasserschloß Dankern (1688); St. Clemenskirche Wesuwe (1509) mit Taufstein (um 1200).
Haselünne: Heimathäuser.
Lingen: Bürgerhäuser in Fachwerk und Backstein (16./17. Jh.).
Lathen: Magnetschwebebahn.
Meppen: Altstadt mit klassizistischen Bürgerhäusern; Wallanlagen; Jesuitenkolleg (18. Jh.); Rathaus (1408/1601).
Papenburg: St. Amandus-Kirche (13./15. Jh., reiche Ausstattung) in Aschendorf; Heimatmuseum mit Moor- und Schiffahrtsabteilung, Bockwindmühle, Binnenschiffahrts-Freilichtmuseum.
Sögel: Jagdschloß Clemenswerth (1736/46 von J. C. Schlaun erbaut) mit Emslandmuseum.

Keramik in Schloß Clemenswerth

Feste in der Grafschaft Bentheim und im Emsland:
Dörpen: Kirmes in Neudersum, Erntedankfest und Kirmes in Dersum, Kirmes in Wippingen, Kram- und Viehmarkt in Neubörger und Krammarkt in Kluse (alles im September). Ein Kram- und Viehmarkt, verbunden mit Kirmes, ist am 2. Sonntag im Oktober.
In Freren wird allein im August und im September in sechs Ortsteilen Kirmes gefeiert. Am 11. November ist der Martinszug der Kinder.
Haren (Ems): Kirmes und Kramermarkt (letztes Wochenende im August).
Haselünne: Eierpicken am Ostermontag; Maikirmes (zweites Wochenende im Mai); Herbstkirmes mit Viehmarkt (4. Wochenende im Oktober); Nikolauslaufen der Kinder am 5. Dezember.
Meppen: Maiwoche (1. Woche im Mai); Sommerkirmes (1. Wochenende im August); Herbstkirmes am 3. Wochenende im Oktober, Weihnachtsmarkt.
Nordhorn: Karneval, Maimarkt (2. Sonntag im Mai), Oktoberfest, Herbstmarkt (4. Sonntag im Oktober), Knobeln (5. Dezember).
Papenburg: Mai-, Juli- und Augustmarkt, Aschendorfer Kirmes (September).
Sögel: Maria-Himmelfahrt-Wallfahrt mit Volksfest und Kirmes (Sonntag nach 15. August).
Werlte: Werlter Woche (2. Woche im Mai).

In der Grafschaft Bentheim wie auch im Emsland gibt es grenzüberschreitende Radwanderwege. Einer davon ist die 180 Kilometer lange Westerwolde–Emsland-Route, die unter anderem Haren (Ems), Heede, Dörpen, Fresenburg und Lathen berührt. In Bad Bentheim beginnt ein 32 Kilometer langer grenzüberschreitender Radwanderweg. Außerdem:
Bad Bentheim: Schwimmen, Reiten, Tennis, Kegeln.
Börger: Wandern, Radwandern.
Dörpen: Angeln, Wandern und Wassersport.
Emsbüren: Schwimmen, Wassersport.
Freren: Wassersport, Schwimmen.
Fresenburg: Angeln, Wassersport.
Haren (Ems): Wassersport (auch Windsurfing und Wasserski), Angeln, Reiten, Kegeln.
Haselünne: Wassersport, Schwimmen, Reiten, Tennis.
Langen: Angeln, Tennis und Schwimmen.
Lorup: Schwimmen, Reiten, Segelfliegen, Tennis.
Papenburg: Schwimmen, Wassersport, Angeln, Tennis sowie Segelfliegen.
Sögel: Reiten, Tennis, Schwimmen, Angeln, Schießen.
Surwold: Segelfliegen, Schwimmen.
Uelsen: Reiten, Trimmpfad, Angeln, im Winter: Rodeln und Schlittschuhlaufen.
Werlte: Reiten, Schwimmen.

Ein stimmungsvolles Bild: Boote dümpeln auf der Ems bei Rheine

Das Emsland wird geprägt von der Ems, die in der Senne nördlich von Paderborn entspringt, das Münsterland durchfließt und bei Rheine die letzten Ausläufer des Teutoburger Waldes durchbricht. Sie mündet nach 371 Kilometer bei Emden in die Nordsee.

Die mittlere Ems mit dem Emsland bildet eine der eindrucksvollsten Landschaften im deutschen Nordwesten. Der geografische Charakter des Landes wird bestimmt von den Flüssen Hase und Ems, von dem Geestrücken des Hümmling und der Baccumer Hügelkette im Südosten. Am Rande des Emslandes erstrecken sich große Moorgebiete.

Was sich Naturfreunde notieren sollten:

Bad Bentheim: Waldlehrpfad (7 km).

Börger: Wacholderhain, Natur- und Tierpark, Windberg (73 m).

Dörpen: 1000jährige Linde in Heede.

Lorup: Wacholderhain, Natur- und Tierpark, Waldsportpfad.

Papenburg: Hochmoorflächen.

Sögel: Schloßpark, Wacholderhain.

Surwold: Waldmuseum und Aussichtsturm in Surwolds Wald, dort ist auch ein Forstlehrpfad.

Werlte: Eleonorenwald bei Vrees, Silbersee bei Lahn.

Zu den besonderen Ereignissen für Theaterfreunde gehören alljährlich die Freilichtaufführungen in Bad Bentheim (sehr idyllisch gelegene Freilichtbühne) und in Meppen, wo die Emsländischen Freilichtspiele stattfinden.

Von Haren (Ems) aus kann man Ausflugsfahrten mit dem Fahrgastschiff »Amisia« unternehmen und auf diese Weise das Land vom Wasser aus kennenlernen.

Von Lorup aus werden Pferdekutschfahrten durch den Hümmling unternommen.

Meppen weist auf kulturellem Gebiet ein breites Angebot vor. Es werden Theateraufführungen und gute Konzerte geboten. In Meppen befindet sich die Musikschule des Emslandes.

Papenburg bietet seinen Gästen Schiffsausflüge an – überhaupt ist dort gut aufgehoben, wer sich für Schiffahrt interessiert. Es gibt ein Museum mit einer Schiffahrtsabteilung und ein Binnenschiffahrts-Freilichtmuseum. In Papenburg werden auch Schiffe gebaut.

In Sögel werden im Schloß Clemenswerth ständig wechselnde Kunstausstellungen gezeigt, die sich inzwischen weit über die Region hinaus einen Namen gemacht haben.

Der Buchweizenpfannkuchen gehört auch im Emsland zu den traditionellen Gerichten, und noch heute kann man ihn sich in vielen Gaststätten servieren lassen. Doch sollte man ihn vorher bestellen.

Im übrigen gilt für das Emsland und für die Grafschaft Bentheim, daß dort deftige Kost bevorzugt wird. Verwunderlich ist das nicht. Man befindet sich in bester Gesellschaft: Im Norden leben die Ostfriesen, im Osten die Oldenburger, im Süden die Westfalen und im Westen die Niederländer – und alle langen gern hin, wenn's was zu essen und zu trinken gibt.

Bei den Getränken dominiert – neben Bier und klarem Korn – der Tee, der häufig auf ostfriesische Art zubereitet wird.

Wer in der Grafschaft Bentheim und im Emsland nach guten Restaurants sucht, der sollte sich folgende Adressen merken:

Bad Bentheim: Ringhotel »Grossfeld«, Am Schloßpark (gut bürgerlich). »Schulze-Berndt«, Ochtruper Straße 38 (gut bürgerlich). In dem Haus befindet sich die Spielbank von Bad Bentheim.

Herzlake: »Zur alten Mühle« (Sporthotel), im Ortsteil Aselage (feine Küche, gute Weine).

Lathen: »Pingel-Anton«, Sögeler Straße 2 (gemütlich, bürgerliche Küche mit regionalem Einschlag). Das Haus erhielt seinen Namen nach einer regionalen Eisenbahn.

Lingen: »Altes Forsthaus Beck«, Georgstraße 22 (Haus von 1830, Kunstausstellungen, sehr feine Küche mit regionalem Einschlag – lohnend auch zur Spargelzeit).

Uelsen: Teestube der »Herrlichkeit Lage« (idyllisch gelegen, heimische Spezialitäten wie Krintenweggen).

Die Ems bei Lingen im Gegenlicht

Atlas im Schloßpark von Dankern

Von Norden-Norddeich aus erreicht man Juist mit dem Schiff in
etwa eineinhalb Stunden. Auto-
verkehr ist auf Juist untersagt:
Man benutzt entweder das Fahrrad oder Pferd und Wagen.

Nein, die Kartenzeichner lang zurückliegender Jahrhunderte mit ihren geringen technischen Möglichkeiten irrten nicht, wenn sie die Küstenlinie deutlich anders festlegten, als wir sie heute kennen. Ihre ungefähre heutige Gestalt erhielt unsere Nordseeküste erst nach der letzten Eiszeit: In Jahrhunderten stieg – dank dem Abschmelzen der Gletscher – der Meeresspiegel an. In den letzten 10 000 Jahren waren es fünfzig Meter! Weitere Veränderungen des Küstenverlaufs gab es in nachchristlicher Zeit durch gewaltige Sturmfluten. Doch immerhin begann man vor etwa 1000 Jahren mit den ersten Deichbauten. Heute sind die Küstenschutzwerke so perfektioniert, daß wohl selbst nach einer gewaltigen Sturmflut die Karten nicht umgezeichnet werden müßten.

Und wie ist es mit den sieben Ostfriesischen Inseln? Sie sind – um gleich zwei gut erhaltene Irrtümer auszuräumen – weder Festlandsreste noch auf anhaltender »Wanderschaft«. Entstanden sind die Inseln aus großen Sand- und Schlickmengen, die von Westwinden und Wellen hier abgelagert wurden. Diese Kräfte wirken heute noch und bewirken das, was fälschlich als Wanderung bezeichnet wird.

In ihrer West-Ost-Ausdehnung blieb die Inselkette seit der frühen Neuzeit nahezu unverändert. Innerhalb der Kette haben sich freilich enorme Wandlungen vollzogen, denn der stetige Sandtransport von West nach Ost wurde immer mal durch den Tidestrom zwischen Watten- und offenem Meer unterbrochen. Doch seit Mitte des vorigen Jahrhunderts werden die Inseln kontinuierlich durch zunehmend stabilere Schutzwerke wie Deiche, Buhnen oder Deckwerke gesichert. Beginnend im Westen, heißen die Ostfriesischen Inseln: Borkum, Juist, Norderney, Baltrum, Langeoog, Spiekeroog und Wangerooge.

PERLEN IM MEER: DIE OSTFRIESISCHEN INSELN

So wie hier am Strand von Norderney gestaltet sich auf den meisten Ostfriesischen Inseln das Badeleben: Zu einem gelungenen Urlaub gehören Sand, Meer und Sonne.

Die Dünen und ihr Bewuchs – Gras, Ginster, Disteln, Sanddorn, Kriechweiden, Kiefern – sind trotz aller Sicherungsmaßnahmen nach wie vor für die Existenz der Inseln sehr wichtig. Sie schwächen die verheerende Wirkung schwerer Sturmfluten ab. Darum stehen die Dünen auch unter besonderem Schutz: Sie dürfen nur auf angelegten Wegen begangen werden.

Die sieben Ostfriesischen Inseln, obwohl ja miteinander verwandt, legen großen Wert auf ihre Individualität. »Jede Insel ist anders«, heißt es – und das nicht nur in Prospekten, mit denen Touristen umworben werden.

Am westlichsten liegen Borkum und Juist

Borkum, die westlichste Ostfriesen-Insel und zugleich die größte (34 Quadratkilometer), liegt am weitesten vom Festland entfernt: Etwa 50 Kilometer sind es von Emden, rund zweieinhalb Stunden braucht die Fähre.

Die Insel, die früher bedeutend größer war, im 12. Jahrhundert aber während einer schrecklichen Sturmflut viel Land einbüßte, war im 18. Jahrhundert Heimat vieler Walfänger. Seeleute von Borkum waren auf den Walfangschiffen hoch angesehen. Noch heute erinnern Zäune aus Walkinnladen und Rippen an diese inzwischen vergangene Zeit; denn der Walfang ging zu Ende, als die Petroleumlampe im 19. Jahrhundert den Trankrüsel ersetzte.

Die ersten Touristen kamen 1830 nach Borkum. Im Jahre 1875 erstaunten die Borkumer alle Welt mit ihrer neuen Warmwasser-Badeanstalt, und 1880 wurde eine Inselbahn angelegt. Damals gehörte Wilhelm Busch zu den Gästen, die sich den Seewind auf Borkum um die Nase wehen ließen.

Heute bietet die Insel eine ganze Palette von Bade- und anderen Sportmöglichkeiten. Beliebt ist sie vor allem bei Familien mit Kindern. Rollerrennen, Laternenumzüge und Kinderfeste gehören zum sommerlichen Repertoire. Auf Borkum steht auch einer unserer ältesten Leuchttürme. Er ist von 1576, hat aber nicht nur als Wegweiser für die Schiffahrt gedient, sondern auch als Wegweiser zum lieben Gott, denn er wurde zeitweilig als Kirche benutzt.

Juist, 17 Kilometer lang, ist die längste und mit gut 500 Meter die schmalste Ostfriesen-Insel. Hierher kommen kaum Tagesausflügler, denn der Schiffsverkehr ist auf die Gezeiten angewiesen. Die Juister wollen auch gar keine tideunabhängigen Hafen haben. »Er bringt nur Unruhe«, sagen sie.

Auf dieser ruhigen Insel dürfen selbst die Pferde nicht allzu laut mit ihren Hufen klappern: Für Pferdefuhrwerke besteht im Ort Geschwindigkeitsbeschränkung. Sie dürfen nur im Schritt fahren.

Und noch etwas haben die Juister hingekriegt: Sie sind eine Insel ohne Hochhäuser geblieben, obwohl es an Versuchen nicht gefehlt hat, ihnen Betonklötze an den Strand zu setzen. Wenn die Juister heute von Hochhäusern sprechen, dann meinen sie ihre dreistöckigen Häuser in der Ortsmitte.

Die Insel ist seit 1840 Nordseebad und heute ein beliebter Kurort. Berühmt sind die Wattwanderungen, die von der Kurverwaltung angeboten werden. Ausflugsziel ist der Hammersee – ein Süßwassersee. Im Westen der Insel befindet sich ein Naturschutzgebiet mit einer artenreichen Vogelwelt.

Nicht weit von Juist liegt übrigens die achte Ostfriesen-Insel: Memmert. Es ist eine Vogelinsel, die nur von einem Vogelwart bewohnt wird. Wer auf die Insel will, benötigt eine Genehmigung.

Norderney ist das älteste deutsche Nordseebad und zugleich die königliche Ostfriesen-Insel, ein Attribut, das auf ihre Zeit als Sommerresidenz der hannoverschen Könige anspielt. Auch später, nachdem Nor-

derney preußisch geworden war (1866), hat es der Insel an prominenten Besuchern nicht gefehlt. Kaiser Wilhelm II., Fürst Otto v. Bismarck, Wilhelm v. Humboldt, Heinrich Heine, Theodor Fontane und Gustav Stresemann zählten zu ihren Gästen.

Heinrich Heine hat sich allerdings bemüht, ein möglichst tristes Bild von der Insel zu zeichnen – namentlich den Tee der Norderneyer hat er auf eine Qualitätsstufe mit dem Nordseewasser gestellt. Vielleicht wollte er Norderney als ruhigen Ferienplatz für sich behalten.

Von Norderney nach Baltrum

Noch heute hat Norderney das Flair einer Sommerresidenz. Einige Gebäude aus dem vorigen Jahrhundert tragen dazu bei, ebenso das städtische Leben, das von jungen Leuten geprägt wird. Norderney ist alljährlich Treffpunkt von sportbegeisterten Jugendlichen, die an Golf-, Tennis- und anderen Turnieren teilnehmen.

Wer sein Auto nach Norderney mitnehmen will, der kann das tun. Die Reederei, deren Schiffe zwischen der Insel und dem Festland verkehren, wird sich freuen. Das Auto selbst aber muß drüben auf einem Parkplatz abgestellt werden. Im

Diese Haltung der Dame im Strandkorb dürfte auf die Dauer recht anstrengend sein, aber was tut man nicht alles, um braun zu werden!

132 Ort besteht nur Fahrerlaubnis zum Aus- und Einladen des Gepäcks. Baltrum, vier Kilometer lang und zwei Kilometer breit, ist die Insel der kurzen Wege. Autos sind auf Baltrum nicht zugelassen, und als der Gendarm eines Tages einen fahrbaren Untersatz beantragte, bekam er ein Pferd bewilligt. Auf diese Weise konnte man auch eine gemeindeeigene Wiese nutzbringend verwenden.

Baltrum gilt als Insel der Stammgäste. Es gibt Leute, die fahren seit Jahrzehnten in jedem Jahr zur gleichen Zeit nach Baltrum und treffen dort immer dieselben Leute. Einige haben sich schon zu einem Verein zusammengeschlossen mit dem Ziel, die Insel zu fördern und sich in jedem Jahr dort einzufinden.

Wenn man die Baltrumer nach den Sehenswürdigkeiten ihrer Insel fragt, dann fällt ihnen zunächst nur die Insel selbst ein, die ja an sich schon eine Sehenswürdigkeit sei. Und schließlich erinnern sie sich an ihre Inselglocke.

Diese Glocke wurde vor vielen Jahren von der Nordsee angespült. Sie stammte von einem niederländischen Schiff. Und die Baltrumer waren über dieses Strandgut so begeistert, daß sie es kurzerhand an bevorzugter Stelle aufhängten und ihm einen Platz in ihrem Ortswappen einräumten.

»Langeoog, wie bist du doch so schön«

Langeoog bezeichnet sich gern als sportliche Insel, neuerdings ist sie aber auch musikalisch: Die Langeooger treffen sich mit ihren Gästen an schönen Sommerabenden in den Dünen und singen nach den Noten D, G, H und A und am Ende mit einem gedehnten D: »Langeoog – wie bist du doch so schön.« Das neue Langeooger Liederbuch hat über 250 Seiten!

Die Insel hat eine schlimme Geschichte hinter sich, in der die großen Sturmfluten die Hauptrolle

Oben: Wenn auf Baltrum, der kleinsten Ostfriesischen Insel, der Ausflugsdampfer heimkehrt, wird die sonst so beschauliche Ruhe für kurze Zeit unterbrochen.

Unten: Am 14 Kilometer langen Sandstrand von Langeoog findet sich leicht ein ruhiges Plätzchen. An vier Stellen wird der Strand bewacht.

spielten. Im 18. Jahrhundert – nach der Weihnachtsflut von 1717 – verließen fast alle Langeooger ihre Insel. Nur vier Familien blieben. Vier Jahre darauf hielten nur noch zwei Personen auf der Insel aus. Dennoch: Im Jahre 1830 wurden die ersten Feriengäste auf Langeoog begrüßt, nachdem das Eiland in den Jahrzehnten zuvor nach und nach wieder besiedelt worden war. Es dauerte dann aber noch 50 Jahre, ehe die eigentliche Entwicklung zum Heilbad einsetzte. Heute besitzt die Insel alles, was ein Nordseeheilbad ausmacht.

Zu den besonderen Sehenswürdigkeiten gehört das Vogelschutzgebiet im Osten. Dort befindet sich die größte deutsche Lachmöwenkolonie. Sie darf nur während einer Führung betreten werden. Zur Brutzeit empfiehlt es sich, einen Stock bei sich zu tragen, den man schützend in die Höhe hält, wenn man von den Möwen angegriffen wird.

Beliebt: Spiekeroog und Wangerooge

Spiekeroog mit seinen kleinen Wäldern und der imponierenden Dünenlandschaft gilt als die grüne Ostfriesen-Insel. Zugleich hat sich der Ort Spiekeroog seinen dörflichen Charakter am besten bewahrt. Mitten im Ort liegt die alte Inselkirche von 1696, und auf dem ältesten Inselhaus, das zu Beginn des 18. Jahrhunderts erbaut wurde, liegt noch ein Dach, das man bei Überflutung der Insel mit wenigen Handgriffen vom Haus lösen kann, so daß es ein Floß wird, das die Flut zum Festland treibt. Früher waren alle Häuser mit solchen Dächern versehen – und viele Insulaner retteten so ihr Leben.

Hinter dem alten Inselhaus befindet sich ein vor Jahren angelegter Rosengarten, der nach dem Vorbild alter Bauerngärten geschaffen worden ist. Die Spiekerooger verdanken diesen Garten einem Kur-

Das Zweier-Fahrmobil ist nur eine der vielen Möglichkeiten für die Urlauber, sich auf Norderney zu amüsieren. Sport- und Kulturangebote sind gleichermaßen gut vertreten.

gast, Landschaftsgärtner von Beruf, der eines Tages in einer stillen Stunde zu buddeln begann und dann so viel Spaß daran fand, daß er nicht wieder aufhören konnte, bis der Garten fertig war.

Wangerooge, die östlichste Ostfriesen-Insel, hat eine recht bewegte Geschichte hinter sich.

Die Insel mit dem kleinen Ort, der bereits im Jahre 1327 die Stadtrechte erhielt, gehörte im 18. Jahrhundert zeitweilig zu Rußland, wurde später – im 19. Jahrhundert – niederländisch, dann französisch und wieder russisch. 1818 fiel Wangerooge schließlich an Oldenburg. Und dabei blieb's, was aber die Wangerooger nicht hindert, sich als ostfriesische Insel zu bezeichnen.

Der Badebetrieb geht auf russische Zeiten zurück. Er begann im Jahre 1804. Die Insel wurde bevorzugt von Bremern besucht – eine Tradition, die sich bis heute gehalten hat. Ort und Strand bilden auf Wangerooge beinahe eine Einheit. Die Insel verfügt über alle erforderlichen Kureinrichtungen, und die Großschiffahrtswege der Jade, Weser und Elbe führen dicht vorbei.

»Manndränken« verwüsteten das Land

»De nich will dieken, de mutt wieken«, sagen sie an der Küste. Wer nicht deichen will, muß weichen. Und sie wissen, wovon sie reden; denn die großen »Manndränken«, die gewaltigen Sturmfluten, die Mensch und Tier ertränkten, Häuser und Land zerstörten, sind unvergessen, obwohl einige von ihnen Jahrhunderte zurückliegen.

An die große Flut von 1962 erinnert man sich an der Küste nur ungern. Sie hatte zur Folge, daß man überall die Deiche beträchtlich verstärkte und sich einmal mehr Gedanken machte um den Küstenschutz.

Der 190 Quadratkilometer große Jadebusen zum Beispiel ist das Ergebnis dramatischer Sturmfluten der Jahre 1219, 1362 und 1511.

Obwohl mehrfach an- und umgebaut, spiegelt die Rathausfassade in Jever etwas von der Blütezeit der Stadt im 17. Jahrhundert wider. Davor die »Ratspütt«, eine klassizistische Brunnensäule.

»Schlicktown« liegt am Jadebusen – das ist der Spitzname für die Hafenstadt Wilhelmshaven. Die Wilhelmshavener tragen's gelassen und in dem Bewußtsein, daß sie immerhin in einer Stadt leben, in die andere Leute fahren, wenn sie mal ausspannen wollen. Wilhelmshaven hat aber nicht nur Strände und Badestellen. Ihre Bedeutung bezieht die Stadt aus der Tatsache, daß sie wichtiger Marinehafen und Ölumschlagplatz ist.

Zu Gast in Dangast: Pechstein und Heckel

Ebenfalls am Jadebusen liegt der Badeort Varel-Dangast. Und Dangast gehört zu den ältesten Küstenbadeorten in Deutschland. Immerhin trafen sich dort schon zu Beginn unseres Jahrhunderts bedeutende Maler wie Heckel, Schmidt-Rottluff, Pechstein und Emma Ritter. Sie gründeten in Dangast eine Künstlerkolonie. Einer der letzten Künstler von Rang, Franz Radziwill, ist unlängst gestorben.

Zwischen dem Jadebusen und dem Dollart, der ein Ergebnis der schrecklichen Cosmas- und Damianflut vom 26. September 1509 ist, die den legendären Ort Tornum verschlang, haben sich in den vergangenen Jahrzehnten einige Ferienplätze entwickelt: Da ist beispielsweise Hooksiel mit seinem Muschelfischerhafen und dem kleinen Freilichtmuseum am Hafenkopf oder Carolinensiel, in dem soeben ein Schiffahrtsmuseum

Nicht nur von außen ist das hauptsächlich im 15. und 16. Jahrhundert erbaute Schloß in Jever sehenswert: Marie Wiemken ließ 1560/64 den Audienzsaal prächtig ausstatten.

Im Buddelschiffmuseum in Neuharlingersiel kann man besichtigen, was die Fischer an langen Winterabenden gebastelt haben: Schiffsmodelle in der Flasche.

Bevor das Wasserschloß in Dornum 1678 errichtet wurde, stand hier bereits die Burg eines ostfriesischen Häuptlings. In Dornum hat sich noch eine zweite Burg erhalten.

eröffnet worden ist. Und da ist vor allem Neuharlingersiel.

Blickt Carolinensiel auf eine große Geschichte als Handelshafen zurück, so sind die Leute von Neuharlingersiel stolz auf ihre Fischer. Damit sind sie stolz auf sich selbst, denn fast jeder in Neuharlingersiel hat mit der Fischerei zu tun.

Nicht weit vom Hafen liegt der Sielhof, ein Schlößchen, das sich einst der Oldenburgische Gesandte in Berlin als Sommerresidenz erbauen ließ. Heute befindet sich darin ein Restaurant. Und das Schlößchen liegt inmitten eines Parks.

Der Ferienort Esens-Bensersiel besteht aus zwei Teilen. Esens liegt einige Kilometer landeinwärts. Es ist ein alter Häuptlingssitz, in dem noch heute die Erinnerung an den Junker Balthasar gepflegt wird, der im 16. Jahrhundert in Esens lebte und in Ostfriesland als ein wackerer Kriegsheld galt, wenn auch etwas rauhbeinig.

Die Bremer hielten ihn für einen Seeräuber. Und sie hatten allen Grund, sich über ihn zu ärgern; denn die Kriegsknechte des Balthasar nahmen ihnen die Schiffe weg, wo immer sie dazu Gelegenheit hatten. Schließlich zogen die Bremer

mit einer Kriegsmacht nach Esens, belagerten die Stadt, eroberten sie am Ende gar. Doch als sie den Häuptling gefangennehmen wollten, hatte sich der alte Fuchs ins Bett gelegt und – war gestorben. So nahmen die Bremer wenigstens seine Rüstung mit, die noch heute im Focke-Museum gezeigt wird. Vor einigen Jahren hat sich Esens die Rüstung ausgeliehen, um sie als

Modell für ein Junker-Balthasar-Denkmal zu benutzen.

In Jever dagegen wird das Fräulein Marie hoch verehrt. Während ihrer Regierungszeit stand die Stadt in hoher Blüte. Das Schloß und der prächtige Audienzsaal erhielten damals ihr heutiges Aussehen.

Aus Jever gibt es eine Geschichte, die sich um den alten Kanzler Bismarck rankt. Der nämlich aß gerne

Kiebitzeier, und das wiederum hatten einige Bismarck-Verehrer aus Jever erfahren. Sie schickten dem Kanzler daraufhin in jedem Jahr zum Geburtstag eine Kiste mit dieser kulinarischen Kostbarkeit. Der Kanzler revanchierte sich eines Tages auf fürstliche Art: Er ließ seinen treuen Verehrern in Jever einen Silberpokal in Gestalt eines großen Kiebitzeies mit Kiebitzkopf

138 und -krallen schicken. Der Pokal steht im »Haus der Getreuen«.

Zu den Häuptlingsstädten des Landes – Ostfriesland wurde bis in die Neuzeit nicht von Fürstengeschlechtern beherrscht, sondern von Häuptlingssippen – zählt Dornum, wo zwei mächtige Burgen aus jener Zeit stehen. Das ist eine reine Glückssache; denn als Ostfriesland im Jahre 1744 an Preußen fiel, ließ König Friedrich II. fast alle Burgen des Landes schleifen. In Dornum gibt es heute noch die Beninga-Burg, die als Hotel und Restaurant genutzt wird, und die Norderburg. Beide wurden um 1400 erbaut. Die Norderburg erhielt später ihr barockes Aussehen. Sie kann nur nachmittags besichtigt werden. Vormittags dient sie als Schule.

Schmuckstück an der Küste: Greetsiel

Eine der Burgen, die dem Abbruchkommando des Preußenkönigs zum Opfer fiel, war die von Greetsiel. Aber die Sache hatte einen Sinn: Auf Befehl Friedrichs wurde aus dem dadurch gewonnenen Baumaterial ein Hafen gebaut. Er existiert noch und ist der Stolz der Greetsieler, die ihre Dankbarkeit auch nicht verhehlen und als »die letzten Preußen« gelten.

Die Greetsieler haben ihr Dorf in den vergangenen Jahren zu einem richtigen Schmuckstück an der Küste gemacht. Teile des Dorfes sind Fußgängerbereich geworden. Und bei einem Bummel sollte man auch die »Zwillinge« nicht auslassen. Das sind zwei Windmühlen am Ortsrand, Wahrzeichen von Greetsiel und beliebte Foto- und Malmotive. Es haben sich einige Maler in Greetsiel niedergelassen, und an mehreren Plätzen – so in einer der beiden Mühlen und im Witthus – werden Kunstausstellungen veranstaltet, so daß Greetsiel auf dem besten Wege ist, ein Künstlerdorf zu werden.

Die Fischer von Greetsiel sind da-

Sicherlich waren die Zwillingsmühlen von Greetsiel, Galerie-Holländer, einmal reetgedeckt. Funktionstüchtig sehen die Mühlen heute noch aus.

mit einverstanden. Und manchmal trifft man sich beim Tee, um einen Klönschnack miteinander zu halten. Dies ist eine gute Gelegenheit, einige Sätze über den ostfriesischen Tee zu sagen, über den schon – so von Johann Haddinga aus Norden – ganze Bücher geschrieben worden sind.

Tee – Nationalgetränk der Ostfriesen

Die Ostfriesen sind die größten Teetrinker Deutschlands. Vor ihrer Liebe zum Tee hat schon Friedrich der Große kapituliert, der eigentlich nichts von solchen importierten Sachen hielt. Sie kosteten unnützes Geld. Und sogar während des Zweiten Weltkrieges erhielten die Ostfriesen Tee-Sonderrationen, weil sonst mit ihnen überhaupt nichts anzufangen gewesen wäre. Sie waren schon dickschädelig genug.

Tee wird in Ostfriesland zubereitet nach einem besonderen Verfahren, das zu den Geheimnissen der jeweiligen Küche gehört. Die Teezeremonie läuft ab nach einem vorgeschriebenen Ritual: Zunächst werden Kluntjes in die Tasse gelegt, das sind weiße Kandisstücke (möglichst dicke). Darüber wird der Tee gegossen, so daß es richtig schön knistert (wegen der Gemütlichkeit). Danach wird Rahm mit einem Rahmlöffel in den Tee gehoben (nicht schütten). Und so ist der Tee trinkbereit. Denn er darf nicht umgerührt werden. Die Zunge des Ostfriesen wünscht sich zunächst den bitteren Teegeschmack, danach den sanften Geschmack der Sahne und schließlich den des süßen Kandis. Nach drei Tassen Tee stellt man den Löffel in die Tasse als Zeichen dafür, daß man genug getrunken hat. Aber – Sie können sicher sein – es steht schon wieder ein Wasserkessel auf dem Herd, für die nächste Kanne, für die nächsten drei Tassen.

Es geschieht selten, daß die Ostfriesen zum Tee Rum trinken. Rum ist ohnehin kein Ostfriesen-Getränk. Dort trinkt man klaren Weizenkorn – aber nur glasweise und dann wegen der Verdauung.

Wer von Ostfriesland spricht, der darf die Städte nicht vergessen: die alte Residenz Aurich, in deren Einzugsbereich der Upstalsboom steht, Symbol der Einheit aller Friesen

Neben der Hafenidylle mit Mastenwald und alten Fischerhäusern bietet Greetsiel an Sehenswürdigem noch ein Sieltor aus der Zeit Friedrichs des Großen und die Kirche aus dem 15. Jahrhundert.

140 und bis zum heutigen Tag ihr Treffpunkt. Von hier ist es nicht weit bis zum Ostfriesland-Äquator, der das Land in zwei Hälften teilt und Beweis dafür ist, daß die Ostfriesen mit Humor gut ausgestattet sind und kräftig auch über sich selbst lachen können.

Der Ostfriesland-Äquator wurde erfunden, als ganz Deutschland über die Ostfriesenwitze lachte. Da sagten sich die Ostfriesen: »Wenn die sowieso schon über uns lachen, dann gönnen wir uns auch einen Äquator.« Die Ostfriesenwitze haben dann ebenso bei der Touristen-Werbung geholfen, wie der Äquator eine Touristen-Attraktion geworden ist. Dies gilt auch für das Ostfriesen-Abitur der Wittmunder. Zur alljährlich stattfindenden Prüfung, die Tausende von Binnenlandbewohnern gern bestehen wollen, gehört beispielsweise auch das Melken einer Papp-Kuh.

Von Leer bis ans Ende der Welt

Leer darf nicht vergessen werden, denn die Stadt hat viel Sehenswertes zu bieten. In dem alten friesischen Missionsort gibt es heute noch vier Kirchen. Außerdem haben sich die Reste zweier Häuptlingsburgen erhalten. Religionsflüchtlinge aus Holland gaben der Stadt ihr niederländisches Gepräge.

Berühmt in der reformierten Kirche ist die Orgel aus dem 18. Jahrhundert; man sollte es nicht versäumen, sich bei Gelegenheit ein Orgelkonzert anzuhören.

Die Stadt hat sich in den vergangenen Jahren fein herausgeputzt und gilt als idealer Ausgangspunkt für weite Radtouren ins Ostfriesische, vor allem ins Leda-Jümme-Gebiet oder ans »Endje van de Welt«, ans Ende von der Welt. So werden die am Dollart gelegenen Orte Pogum und Ditzum genannt. Jedes Jahr im Sommer findet dort ein Schlickschlitten-Rennen statt. Ganz in der

Ein flämischer Leuchter, Fliesen am Kamin und Delfter Vasen auf der Anrichte: An dieser Einrichtung aus Aurich erkennt man den niederländischen Einfluß.

Das Emdener Hafentor, erbaut
1635, stammt aus der Blütezeit
Emdens; damals war der Hafen
einer der wichtigsten nordeuro-
päischen Seehäfen.

Nähe, bei Jemgum, hat der finstere
Herzog von Alba im Jahre 1568 in
blutiger Schlacht Ludwig von Nas-
sau geschlagen. Das Alba-Haus im
Jemgum erinnert noch heute daran.
Emden, die bedeutende Hafenstadt
am Dollart, lädt zu Hafenrundfahrten ein, zu einem Blick vom Rathausturm und zu einem Besuch der
Rüstkammer. Und von Emden aus
fährt man ans Große Meer.

Alle ostfriesischen Seen heißen Meer

Das ist mit 450 Hektar der größte
Binnensee in Ostfriesland, ein
Flachmoorsee, der sich in einer
Senkungszone im Übergangsbe-
reich zwischen Marsch und Geest
gebildet hat. Die schilfbewachsene
Zone an seinen Ufern liefert reichlich Reet zum Dachdecken. Am
Großen Meer hat sich überdies eine
artenreiche Tierwelt entfaltet.
In unmittelbarer Nachbarschaft
zum Großen Meer liegen zwei wei-
tere Flachmoorseen: der 126 Hektar große Hieve und das erheblich
kleinere Loppersumer Meer. In
Ostfriesland tragen alle Seen die
Bezeichnung Meer. Dafür wird das
Meer See genannt – doch ist sie
weiblichen Geschlechts, die See.
Um die Jahrhundertwende wurde
der Nordgeorgsfehner-Kanal gebaut und das Hochmoor abgetorft.
Es entstand ein torfbeheiztes Kraft-
werk. Um dieses Werk entwickelte
sich Wiesmoor. Es gilt heute als
Blumengemeinde Ostfrieslands –
Gewächshäuser und ein großer
Park geben Kunde davon, was man
aus einer kleinen Moorkolonie alles
machen kann. Alljährlich, am ersten Wochenende im September,
ist in Wiesmoor Blütenfest, und die
Wiesmoorer wählen eine Blumen-
königin.

Aurich: Fürstensaal im Haus der Ostfriesischen Landschaft.
Bunde: Steinhaus (um 1400), Martinskirche (13. Jh.).
Dornum: Wasserschloß Norderburg (Neubau 1698/1717) mit Torturm (1678). Bockwindmühle von 1628.
Greetsiel: schönes Ortsbild; »Zwillinge« (zwei Mühlen).
Hage: Windmühle.
Hooksiel: Hafen.
Jever: Schloß (15./16. Jh.) mit Audienzsaal; Rathaus (1616).
Leer: Waage (1714); Hafen.
Marienhafe: »Störtebeker-Turm«, Teil der Kirche St. Marien (um 1250).
Neuharlingersiel: Kutterhafen.
Norden: Ludgeri-Kirche (13./14. Jh.) mit Arp-Schnitger-Orgel; Rathaus (16. Jh.) mit Theelkammer, Schloß, Schloßpark Lütetsburg.
Spiekeroog: Älteste ostfriesische Inselkirche (1696); Ortsbild.
Wilhelmshaven: Rathaus (1929, von Fritz Höger) mit Aussichtsplattform; Handels- und Marinehafen (Pier für Öltanker).
Wittmund: Schloßwallanlage.

Audienzsaal im Schloß von Jever

Martinisingen und Nikolauslaufen gehören in Ostfriesland zu den alten Bräuchen, die von den Kindern immer noch gepflegt werden. Das Martinisingen erinnert an den Reformator Martin Luther, und der heilige Nikolaus spielt in Ostfriesland eine größere Rolle als der Weihnachtsmann.
In fast jedem ostfriesischen Ort werden Schützenfeste gefeiert. In den Städten sind alljährlich mehrere Märkte. Man kann auf folgenden Festen besonders gut feiern:
Junker-Balthasar-Markt (3. Samstag im August) in Esens-Bensersiel.
»Müggenmarkt« in Jemgum mit »Müggenmarkt«-Ball (erste Augusthälfte) sowie die Traditionsregatta in Ditzum (Segel- und Kutterregatta – Mitte August, Mitte September).
Gallimarkt in Leer (Mitte Oktober).
Regatta der Fischkutter in Neuharlingersiel (Juli).
Norder Stadtfest (letztes Wochenende im August).
Johannimarkt (Juni) und Michaelismarkt (September) in Weener.
In Wittmund gibt es am Rosenmontag das Bessensmieten, am 30. April/1. Mai ist Maimarkt im Stadtteil Leerhafe, in der ersten Junihälfte der Johannimarkt, und in der ersten Augusthälfte ist Plum'nmarkt in Altfunnixsiel.
Im Winter werden überall im Land fröhliche Kohlessen veranstaltet.

Neuharlingersiel: Kutterregatta

Volkssport der Ostfriesen sind Boßeln und Klootscheeten. Für beide Disziplinen benötigt man eine Hartholzkugel. Es sind Mannschaftssportarten. Geboßelt wird auf den langen, geraden Straßen des Landes. Dabei gilt es, die Kugel mit möglichst wenigen Würfen an ein Ziel zu bringen. Oft wirken sich die Gräben ein bißchen störend aus. Aber dafür gibt es Spezialisten, die mit Netzen an langen Stangen ausgerüstet sind.
Fürs Klootscheeten im Winter benötigt man einen hartgefrorenen Acker, auf dem die Kugel nach vorn getrieben wird. Fast in jedem Ferienort besteht für Gäste die Möglichkeit, beim Boßeln oder Klootscheeten mitzuspielen. Übrigens: Auf den Straßen hat die Boßelkugel immer Vorfahrt, Autos müssen warten.
Zu den beliebtesten Sportgeräten im Lande zählt das Fahrrad. Für die Ostfriesen selbst ist es ein unverzichtbares Verkehrsmittel, und die Feriengäste eifern ihnen nach.
Die Flüsse und Kanäle laden ebenso zum Wassersport ein wie die Nordsee. Beim Wattlaufen sollte man unter allen Umständen die Hochwasserzeiten beachten.

Ostfriesensport: Boßeln im Winter

Natur

Zu den schützenswerten Landschaften gehört das Wattenmeer vor der deutschen und insbesondere vor der niedersächsischen Nordseeküste. Bei einer Wanderung über das Watt wird man rasch erkennen, daß diese Landschaft ein Lebensraum vieler Tierarten ist. Muscheln, Schnecken, Seesterne, Krebse und Würmer bevölkern das Watt. Der Schlickkrebs bohrt seine Löcher in den Boden, die Wellhornschnecke, Straßenkehrer des Meeres genannt, ernährt sich von Aas, und die Herzmuschel macht mit kleinen Fontänen auf sich aufmerksam.

Einen guten Einblick in die Landschaft des Wattes erhält man in der Seehundaufzuchtstation in Norden-Norddeich. Dort werden im Sommer die jungen Heuler, die mutterlos im Watt aufgegriffen worden sind, hochgepäppelt. Nach einigen Wochen werden sie dann wieder ausgesetzt.

Weitere Naturschutzgebiete:
Borkum: Naturschutzgebiet Greune Stee.
Friedeburg: Naturschutzgebiet Lengener Meer (Hochmoorsee).
Großefehn: Boekzeteler Meer (Flachmoor- und Niederungssee).
Großheide: Wald- und Moormuseum Berumerfehn.
Sehestedt: Schwimmendes Moor am Jadebusen.
Vogelschutzgebiete auf den Inseln.

Krebs im Wellhornschneckenhaus

Hobby

Ein fröhliches Hobby am Strand ist das Bauen von Strandburgen, wobei es ja nicht nur darum geht, sich von den Nachbarn abzugrenzen. Bei vielen ist die »künstlerische Ausgestaltung« einer Strandburg das wichtigste. Und in allen Ferienorten gibt es Strandburgen-Wettbewerbe, die besten Burgen werden mit Preisen bedacht.

Und dann gibt es noch Müller-Kurse in Aurich und Großefehn, wo man auch in einer alten Schmiede arbeiten kann, Malen in Greetsiel, Töpfern in mehreren Orten sowie einige sehenswerte Museen.
Emden: Rüstkammer im Rathaus.
Jaderberg: Zoo.
Juist: Küstenmuseum.
Leer: Haus Samson (Sammlungen bürgerlicher Wohnkultur).
Neuharlingersiel: Buddelschiffmuseum; Sammlung der Deutschen Gesellschaft zur Rettung Schiffbrüchiger.
Norderney: Inselmuseum.
Papenburg: Moor- und Schiffahrtsmuseum.
Wiesmoor: Gewächshäuser; Ausflugspark mit Märchenbildern.

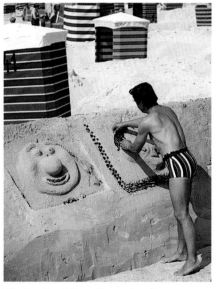

Wer hat die schönste Burg gebaut?

Essen und Trinken

Einige Restauranttips für Ostfriesland-Besucher:
Aurich: »Waldhof«, Stadtteil Wiesens, Zum Alten Moor 10 (bürgerlich, zum Kaffee: Waffeln).
Dornum: »Beninga-Burg«, Beningalohne 2 (regional, Teestube).
Friedeburg: »Landhaus Eichenhorst«, Margaretenstraße 19 (regional, große Pfannkuchen-Karte). »Landhaus Oltmanns«, Hauptstraße 79 (deftige, regionale Küche).
Greetsiel: »Teestuben Witthus«, Kattrepel 7 (viele Teesorten, Spezialität: regionale Fisch- und Krabbengerichte; Kunstausstellungen).
Hesel: »Alte Posthalterei«, Stiekelkamper Straße 5 (regionale Spezialitäten).
Hooksiel: »Packhaus«, Am Hafen 1 (Fischgerichte, während der Muschelsaison Miesmuschelgerichte).
Jever: »Haus der Getreuen«, Schlachtstraße 1 (bürgerlich); »Schloß-Café«, Alter Markt 14 (Spezialität: Echte Leidenschafen, ein Teegebäck).
Neuharlingersiel: »Rodenbäck«, Am Hafen Ost 2 (Fisch).
Norden-Norddeich: »Deutsches Haus«, Neuer Weg 26 (Fischspezialitäten); »Café ten Cate«, Osterstraße 153 (Ostfriesische Knüppeltorte); »Fährhaus«, Norddeich, Hafenstraße 1 (Fischspezialitäten).
Spiekeroog: »Spiekerooger Teestube«, Norderloog (Inselmuseum).

Prüfung der neuen Teelieferung

Im kleinen Hafen von Spieka-
Neufeld findet sich neben den
Krabbenkuttern immer noch Platz
für Segelboote. Die Gezeiten müssen aber alle berücksichtigen.

Ein verwunschener Garten ist geblieben, gleich hinter dem Deich. Und in dem Garten steht das Haus, in dem einst der Marschendichter Hermann Allmers gelebt hat. Hochbetagt ist er im Jahre 1902 gestorben, und bis zuletzt war die Heimatliebe eines seiner wichtigsten Themen: »Wer die Heimat nicht liebt und die Heimat nicht ehrt, ist ein Lump und des Glücks in der Heimat nicht wert«, hat er in einem Gedicht geschrieben.

Er hat in dem idyllischen Dörfchen Rechtenfleth bei Sandstedt gelebt, unmittelbar an der Weser. Allmers war übrigens davon überzeugt, Nachkomme jener Friesen zu sein, die dem Kaiser Barbarossa das Leben gerettet und die es anschließend dankend abgelehnt hatten, dafür zu Rittern geschlagen zu werden. Was sollte das? Freie friesische Bauern waren Ritter, wenn nicht sogar ein bißchen mehr. Sie ließen sich statt dessen die Erlaubnis geben, einen halben Reichsadler im Wappen zu führen.

Und Hermann Allmers hat sich auch sein Lebtag nicht davon abbringen lassen, daß Karl der Große bei Rechtenfleth die Weser überquert habe, exakt im Jahre 796. Wissenschaftlich gebildete Leute widersprachen dem dichtenden Bauern und Ziegeleibesitzer, obwohl sie auch nicht dabeigewesen waren, als Karl durch niedersächsische Lande zog. Eines Tages konnte Hermann Allmers jedoch triumphieren: Bei Baggerarbeiten in der Weser hatte man ein Schwert gefunden, das er als ein Schwert des Frankenkönigs Karl identifizierte. Der Kaiser hatte es wohl etwas nachlässig umgegürtet und beim Ritt durch den Strom prompt verloren. Allmers hing das Schwert in seinem Hause an die Wand. Später mußte er eine hohe Geldstrafe zahlen, weil er es nicht abgeliefert hatte. Er zahlte anstandslos. Das Schwert hängt heute noch in seinem

IM JAGDREVIER DER BREMER BISCHÖFE

146 Hause. Und dort, wo Karl der Große das rechte Weserufer betrat, in unmittelbarer Nachbarschaft des Allmerschen Hauses, ließ der Marschendichter ein Denkmal errichten. Auch das ist noch heute zu besichtigen.

Reetdachhäuser hinter Weserdeichen

Es gibt viel zu erzählen über das Land hinter den Weserdeichen rechts und links des Stroms. In Hagen, wo die Autobahn schnurgerade durch eine wunderschöne Moorlandschaft führt, steht die Burg der Bremer Bischöfe – zunächst als Schutz- und Zwingburg gedacht, später zu einem Sommersitz der geistlichen Herren umfunktioniert. Wie sie heute aussieht, mag sie aus der Zeit um 1500 stammen.

Die Bremer Erzbischöfe besaßen ein weiteres Jagdschloß in Beverstedt, von dem aber heute nichts mehr übrig ist. Dafür gibt es dort die Monsilienburg. Das ist eine im Wald gelegene Wallanlage mit einem drei Meter hohen und 21 Meter breiten Hauptwall. Man weiß über diese Burg so gut wie nichts. Es wird angenommen, daß sie bereits 750 als Schutz gegen von der See herkommende Feinde angelegt wurde.

Die Landschaft links und rechts der Weser mit ihren Einzelgehöften, mit den freundlichen Dörfern hat noch sehr viel Altmodisches mit den reetgedeckten Häusern, die sich im Schutze des Deiches dukken. Störche stehen klappernd auf ihren Nestern. Vater und Sohn fahren mit dem Kahn hinaus zu den Aalreusen.

Und auf dem Kirchhof von Kirchhammelwarden befindet sich das Grab des Admirals Carl Rudolf Brommy. Hermann Allmers schrieb für den Grabstein: »Carl Rudolf Brommy ruht in diesem Grabe / Der ersten deutschen Flotte Admiral / Gedenkt des Wackern und gedenkt der Tage / An schöner

Der Weserhafen von Nordenham ist um die Mitte des 19. Jahrhunderts angelegt worden. Selbst aus der Vogelperspektive wirken die Silos gewaltig.

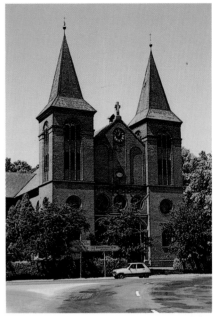

Hoffnung reich und bittrer Täuschung / Und welche Wendung jetzt durch Gottes Fügung.«

Admiral Brommy, verheiratet mit der Braker Kaufmannstochter Caroline Gross, war mit dem Kommando der Kriegsflotte betraut worden, die 1849 durch die Frankfurter Nationalversammlung gegründet worden war. Schon nach drei Jahren wurde die Flotte in Bremerhaven von einem Herrn Hannibal Fischer versteigert.

Weserstädte: Brake, Elsfleth, Nordenham

Damit sind wir schon in Brake, wo nicht mehr viel Altes zu finden ist. Brake ist eine der drei niedersächsischen Hafenstädte an der Weser. Die beiden anderen heißen Elsfleth und Nordenham. In Brake befindet sich ein sehenswertes Schiffahrtsmuseum, in dem auch die Uniform von Admiral Brommy aufbewahrt wird. Das Museum erhielt sein Domizil in einer im Jahre 1846 erbauten optischen Telegrafenstation. Mit Hilfe dieser Stationen sollten Nachrichten nach dem System indianischer Rauchzeichen weitergegeben werden. Aber der Bau war kaum seiner Bestimmung überge-

Beverstedt war einst Sommerresidenz der Bremer Bischöfe. In der klassizistischen Backsteinkirche hat sich noch ein Taufbecken (1300) aus dem Vorgängerbau erhalten.

ben, da konnte er schon als technisch überholt in Pension geschickt werden: Die elektrische Telegrafie war erfunden.

Bei Nordenham (und kurz vor Bremerhaven) geht die Weser in eine Rechtskurve, um sich gleich darauf mit einem Schlenker nach links in ihren breiten Mündungstrichter zu begeben. Links liegt das von der Weser und vom Jadebusen zu einer Halbinsel geformte Land Butjadingen, mittlerweile ein Ferienland für Leute, die ihre Ruhe haben wollen, denn in Butjadingen ist die Welt zu Ende.

Der Gast kann sich erholen an Grünstränden, kann mit dem Fischer hinausfahren zum Krabbenfang und beim Schlicktreten im Watt etwas für die Erholung seiner Füße tun. Von Burhave aus blickt man hinüber ins Land Wursten mit den uralten Fischer- und Bauerndörfern Wremen und Dorum und mit dem etwas weiter nördlich gelegenen Nordholz-Spieka.

Kümmelkohl-Stechen im Lande Wursten

Manchmal, an schönen Frühsommertagen, trifft man im Lande Wursten butendieks, also im Außendeichgelände, eine fröhliche Gesellschaft. Es sind Leute, meistens Einheimische, die sich zum Kümmelkohl-Stechen verabredet haben. Das hat aber nichts mit irgendeiner kriegerischen Stecherei zu tun. Der Kümmelkohl, ein zartes Pflänzchen, wird sorgfältig abgeschnitten und dann in fröhlicher Runde zubereitet mit Kasseler, durchwachsenem Speck, Wellfleisch und Salzkartoffeln. Dazu wird 'ne Buddel Köm auf den Tisch gestellt.

Der Kohl wächst nur auf den Salzwiesen im Außendeich-Gelände. Und weil es von ihm nicht so sehr viel gibt, bleiben die Einheimischen meistens unter sich, getreu der Erkenntnis, daß in diesem Falle geteilte Freud' wirklich nur halbe Freude

wäre. Fremde werden dann gern mit dem Hinweis auf den Winter vertröstet: Dann gibt es überall im Land die feucht-fröhlichen Kohl-und-Pinkel-Fahrten. Gruppen, Clubs und Firmen-Belegschaften schwärmen aus. Ziel ist ein Gasthaus, wo es den – subjektiv gesehen – besten Kohl gibt. Dabei handelt es sich um Grünkohl, der sich in der Zubereitung vom Kümmelkohl kaum unterscheidet. Und Pinkel ist eine Art Grützwurst, die in den Pinkeldarm des Rindes gestopft wird. Daher der für empfindliche Ohren etwas genierliche Name, der seine Ursprünge im Oldenburgischen und im Bremischen hat (die Reihenfolge ist wirklich ganz zufällig – dieser Hinweis ist mit Rücksicht auf Lokalpatrioten eingefügt worden).

Dorum mit seinem einige Kilometer westlich liegenden Kutterhafen Dorumertief, wo sich seit einigen Jahren fröhliches Badeleben abspielt, ist auf dem besten Wege dazu, Heilbad zu werden. Als man nämlich im Jahre 1970 im Außendeichgelände nach Wasser für das geplante (und inzwischen fertiggestellte) Wellenbad bohrte, stieß man unvermittelt auf eine entsetzlich stinkende Flüssigkeit, die sich jedoch bei näherer Betrachtung als eine Solequelle erwies.

Der Mann, der für den Ferienbetrieb im Lande Wursten zuständig ist, denkt nun schon daran, die Dorumer Sole als Trinkkur zu verkaufen und für Wannenbäder zu nutzen. Es sei, sagt er, die viertstärkste Schwefelsole in ganz Deutschland, und Dorum könne ein »Kurdorf« werden. Er gehört auch zu denen, die den Deich als geradezu ideales Gelände für Skilangläufer entdeckt haben. Zu seinem Leidwesen hat es bisher an der erforderlichen Menge Schnee gefehlt, um das Land Wursten als Wintersportgebiet zu verkaufen.

Fährt man auf der schmalen Landstraße über Wremen und Dorum weiter nach Norden, so erreicht man schließlich Cuxhaven, die

nördlichste Stadt Niedersachsens, Handelshafenstadt, Fischereistadt, Nordseeheilbad, mit einem zehn Kilometer langen Grün- und Sandstrand.

Eindrucksvoll: das Watt vor Cuxhaven

Das Seebad wurde im Jahre 1816 gegründet von dem Hamburger Amtmann Abendroth; denn Cuxhaven gehörte damals – seit 1394 – zur Freien und Hansestadt Hamburg. Die Franzosenzeit war in Deutschland gerade zu Ende gegangen, und Abendroth ließ ein von den Franzosen erbautes Fort in eine Seebadeanstalt verwandeln.

Besondere Anziehungspunkte sind die langen Sandstrände der Ortsteile Döse und Duhnen. Letzteres war noch vor hundert Jahren ein aus Hütten bestehendes armes Fischerdorf, ein »trauriger, öder Aufenthalt«, wie der bereits zitierte Hermann Allmers schrieb. Davon geblieben ist nur noch der einfache Dorfbrunnen inmitten des fröhlichen Kurtreibens.

Die Wattlandschaft vor Cuxhaven gehört zu dem Eindrucksvollsten, was die deutsche Nordseeküste zu bieten hat. Kilometerweit kann man bei Ebbe hinauswandern. Doch empfiehlt es sich, stets auf die Hochwasserzeiten zu achten; denn schon mancher Wanderer ist im Watt von der Flut überrascht worden, und der Weg zurück wurde ihm abgeschnitten von reißenden Wassern in breiten Prielen, die kurz vorher noch harmlose Rinnsale gewesen waren. Auch droht an Sommertagen manchmal Gefahr von plötzlich auftretenden Nebeln, die den Unkundigen in die Irre und damit ins Verderben führen können.

Wer sich ein großes Erlebnis gönnen will, der sollte an einer Wanderung nach der zu Hamburg gehörenden Insel Neuwerk teilnehmen. Sie liegt 13 Kilometer von Cuxhaven entfernt. Der Weg dorthin ist

mit Priggen abgesteckt und gar nicht zu verfehlen, zumal viele Wanderer unterwegs sind – und die berühmten Wattwagen, hochrädrige Pferdefuhrwerke, von denen einige das Zeichen der Deutschen Bundespost tragen. Die Wattwagen nehmen auch Passagiere mit.

Wer eine Tour zu Fuß gemacht hat, kann – nach ein paar Stunden Aufenthalt auf der Insel Neuwerk – mit einem Schiff zurück nach Cuxhaven fahren. Es ist – vor allem bei Sonnenschein – eine angenehme Seereise. Man sollte sich aber vorher anmelden. Bei einer geführten Wanderung über das Watt nimmt der Wattführer die Anmeldung entgegen.

Einst Hafenbollwerk: die Alte Liebe

Zu den Sehenswürdigkeiten in Cuxhaven gehört das Hafenbollwerk Alte Liebe, das 1732 errichtet worden ist. Es ist einer der besten Aussichtsplätze an der deutschen Küste; denn von der Alten Liebe aus, wo stets eine frische Brise weht, hat man einen Blick auf den gesamten Schiffsverkehr in der Elbmündung. Woher der Name Alte Liebe kommt, das weiß kein Mensch genau zu sagen. Gorch Fock, der niederdeutsche Dichter, der 1916 in der Seeschlacht im Skagerrak gefallen ist, vermutete, daß das Bollwerk nach einem alten Anlegeponton benannt worden sei, der vorher ein Segelschiff mit Namen »Olivia« gewesen war. Aus »Olivia« entwikkelte sich dann durch allerlei Verschiebungen die Alte Liebe. Es kann aber auch sein, daß eines der drei Schiffe, die im Jahre 1732 eigens versenkt wurden, um das Bollwerk zu schaffen, »Liebe« geheißen hat.

Vielleicht aber, wer weiß das schon genau, wurden hier die Seeleute nach langer Reise von ihren alten Lieben erwartet, und so wurde der Hafenplatz schließlich, wie das bei Seeleuten üblich ist, personifiziert.

Oben: In dem alten Ort Wremen lebten früher nur Bauern und Fischer. Heute fühlen sich auf dem »grünen Strand« auch Urlaubsgäste wohl.

Unten: Die mittelalterliche Feldsteinkiche St. Urban (1200/1510) in Dorum mit dem wehrhaften Turm ist auch innen sehenswert: Erhalten haben sich die Wandmalereien im Chor.

Man wählte stets weibliche Namen, wie ja auch alle Schiffe weiblichen Geschlechts sind.

Das Wahrzeichen von Cuxhaven ist allerdings die Kugelbake, die freilich nicht deshalb aufgestellt worden ist, sondern als Wegweiser für die Schiffahrt. »Am Tag sind alle Küsten grau«, hat der Seeschriftsteller Arnold Rehm gesagt und damit die Notwendigkeit von Seezeichen begründet. So wurden überall an der Nordsee an hervorragenden Stellen Holzgerüste aufgestellt, Baken, die mit einfachen Symbolen ausgestattet worden sind. Die Kugel ist das Zeichen für Cuxhaven. Die Vogelinsel Mellum hat zum Beispiel ein Dreieck, und die Ostspitze der Insel Wangerooge ist mit einer »Eieruhr« markiert worden. Nachts hatte es der Seemann übrigens leichter, seinen Hafen zu finden. Da brauchte er nur den Lichtsignalen zu folgen.

Germanenkampf in Otterndorf

Während Cuxhaven an der äußersten Elbmündung liegt, ist der Ferienplatz Otterndorf eindeutig an der Niederelbe anzusiedeln. Otterndorf hat sich vom Fischerdorf zu einem politischen und wirtschaftlichen Mittelpunkt des Landes Hadeln entwickelt und war seit dem 14. Jahrhundert zeitweilig Sitz des Herzogs von Sachsen-Lauenburg. In der seit 1445 bestehenden Lateinschule wirkte von 1778 bis 1782 der Homer-Übersetzer Johann Heinrich Voß, und bis ins 19. Jahrhundert hinein waren die Arbeiten der Otterndorfer Silberschmiedemeister weit über die Region hinaus begehrt.

Otterndorf zeichnet sich heute durch ein sehr gepflegtes Ortsbild mit alten Häusern aus. Besonders schön sind das Kranichhaus in der Reichenstraße und das Rathaus. Und im Bereich des kleinen Hafens gibt es schöne Spazierwege. Einmal im Jahr trifft man sich in Otterndorf

zum »Germanischen Fünfkampf«, was die Otterndorfer aber nur als Spaß gewertet wissen wollen, nicht als Hinweis auf ihre germanische Vergangenheit, die sie nämlich nicht gehabt haben, wie bei Historikern nachzulesen ist.

Museale Schwebefähre und der Olymp

So manches, was noch vor wenigen Jahren alltäglich und selbstverständlich war, ist von einem Tag zum anderen in den Bereich des Musealen gerückt worden. Dazu gehört die Schwebefähre in Osten an der Oste. Sie wurde 1909 errichtet und war jahrzehntelang wichtiger Oste-Übergang. 65 Jahre später – nach dem Bau einer Brücke bei Osten – wurde sie stillgelegt und sollte abgerissen werden. Damit aber waren einige Bürger von Osten nicht einverstanden. Sie setzten es schließlich durch, daß die Schwebefähre erhalten blieb und als technisches Museumsstück anerkannt wurde. Im Sommer finden Demonstrationsfahrten statt.

Schon von weitem sieht man die Wingst – sie ist ein bewaldeter Rücken inmitten der flachen Landschaft zwischen Elbe und Weser. Und sie gehört zu den traditionsreichsten Ausflugszielen in diesem Gebiet.

Mit leichtem Augenzwinkern bezeichnen die Einheimischen den mit 64 Meter höchsten Berg der Wingst als Deutschen Olymp. Ein Gastwirt hat sich im vorigen Jahrhundert den Namen einfallen lassen. Und dabei ist es dann geblieben.

In der Wingst gibt es eine Menge Kaffeehäuser mit schönen Kaffeegärten unter hohen Bäumen. Und innerhalb des ansehnlichen Waldgebietes (1100 Hektar) gibt es etwa 30 Kilometer Wanderwege. Wer nur etwas weiter in den Wald hineingeht, der ist bald allein mit sich und der Stille.

Zu den beliebten Ausflugs- und Fe-

Oben: Das alte Seebad Cuxhaven hat mehrere Hafenanlagen für Frachtschiffe und Fischkutter und, in der Nähe der »Alten Liebe«, einen Yachthafen.

Unten: Von Cuxhaven-Duhnen aus starten die Wattwagen in Richtung Neuwerk. Wer gut zu Fuß ist, schafft die 13 Kilometer aus eigener Kraft.

rienzielen gehört der Flecken Bederkesa, der an einem 200 Hektar großen See liegt und in dem sich das einzige Hausfrauen-Denkmal der Welt befindet. Die dargestellte Dame heißt Mathilde und trägt einen großen Hut.

Als besondere Sehenswürdigkeit des Ortes muß jedoch die vor einiger Zeit restaurierte und mit einem nach historischen Vorlagen erbauten Turm versehene Burg aus dem Jahre 1460 genannt werden. In der Burg, die aus bremischer Zeit stammt, befindet sich heute das Museum des Landkreises Cuxhaven.

In der Burg hat Aurora von Königsmarck einen Teil ihrer Kindheit verlebt. Sie wurde später – um 1695 – die Geliebte Augusts des Starken. Aus der Verbindung ging Moritz von Sachsen hervor, der es – in französischen Diensten stehend – zum Marschall brachte und als einer der großen Feldherrn des 18. Jahrhunderts galt. Friedrich der Große hat aus seinen militärischen Ansichten wichtige Lehren gezogen.

Landschaftlich reizvoll sind die Seen bei Flögeln, nahe Bederkesa gelegen. Dort befinden sich auch ein Steinkistengrab und ein Vorgeschichtspfad mit Großsteingräbern.

Alles drehte sich im Moor um Torf

Frau Grotheer steht in ihrem kleinen Museum, das früher die Werkstatt ihres Schwiegervaters war, der sein Geld als Torfschiffbauer verdiente. 600 Torfschiffe, so erzählt sie, habe der alte Hinrich Grotheer in seinem Leben gebaut. Und sie kennt jedes Werkzeug, das dazu notwendig war.

Das Torfschiffswerft-Museum in Schlußdorf bei Worpswede gehört zu den besuchenswertesten Museen im Lande, allein schon der Museumsführerin wegen, die sich mit jungen, leuchtenden Augen vor ihren Besuchern aufbaut und von früher erzählt, wie von einem glück-

152

Bis zum Jahre 1974 verband die
Schwebefähre beim Ort Osten das
Land Hadeln und das Kehdinger
Land miteinander. Heute ist die
Fähre Museumsstück.

Das Wasserschloß, ehemals
Stammsitz der Herren von Bederkesa, liegt einmal am gleichnamigen See und zum anderen am
Geestekanal, der Weser und Elbe
miteinander verbindet.

licheren Leben, das aber voller schwerer Arbeit war.

Sie hatten's nicht leicht, die Frauen im Moor. Sie mußten die schweren Karren schieben, hoch beladen mit Torf. Und sie mußten die Torfkähne durch die Kanäle ziehen, treideln, während der Torfbauer am Steuer stand. Und dann erzählt sie von den Tieren im Moor, und sie singt das Lied von der Lerche, einfach so, mit sämtlichen Strophen und ohne Scheu.

Worpswede und Paula Becker-Modersohn

Tetjus Tügel, der Dichter, hat einmal in einem Beitrag über Worpswede die Geschichte einer jungen Bäuerin erzählt, die auf dem Sterbebett lag. Die Nachbarinnen wollten die Magd zum Bauern schicken, der nicht weit von seinem Gehöft an diesem lauen Frühlingsabend mit Freunden beim Kegeln war. Lächelnd wehrte die Sterbende ab und sagte: »Lat ehm, wo he doch so geern kegeln deiht, min Bur.«

Und es war auch eine Frau, die das Wesen der Menschen im Moor besser als alle anderen erfaßt und festgehalten hat, Paula Becker-Modersohn, die seit 1898 in der Künstlerkolonie Worpswede lebte und 1907 – noch keine 32 Jahre alt – im Kindbett gestorben ist. In Worpswede und in Bremen, wo ihre wichtigsten Arbeiten gehütet werden, wird sie in liebevoller Vertrautheit bis auf den heutigen Tag nur Paula genannt.

Oben: Das Waldgebiet der Wingst hat nicht nur einen 67 Meter hohen Olymp, sondern auch einen Tierpark mit einem Babyzoo.

Unten: Den Barkenhoff gibt es nicht nur in den Bildern Heinrich Vogelers, sondern er existiert wirklich: Hier in der Künstlerkolonie in Worpswede hat der Maler gelebt.

Was Sie sich im Elbe-Weser-Gebiet unbedingt ansehen sollten:
Bederkesa: Burg (Kreismuseum) mit Rolandstatue; Steinkistengrab und Vorgeschichtspfad bei Flögeln.
Butjadingen: Fischereihafen Fedderwardersiel.
Cuxhaven: Wrackmuseum.
Dorum: Seeburgenkirche (um 1200).
Hagen: Burg (um 1460)
Langen: Kloster Neuenwalde.
Lilienthal: 700 Jahre alte Klosterkirche; Ortsbild Trupe.
Neuhaus (Oste): Hafen.
Osten (Oste): Schwebefähre (1909, seit 1974 nicht mehr in Betrieb); Flaschenmuseum.
Otterndorf: alter Ortskern; »Bauerndom« (13. Jh.), Kranichhaus mit Museum; Backstein-Rathaus (1583); Lateinschule (1614).
Stadland: Friesendenkmal.
Wingst: Aussichtsturm (28 Meter) auf dem Deutschen Olymp (64 Meter) mit Blick auf Elbmündung.
Worpswede: Roselius-Museum für Frühgeschichte, Café Worpswede von Hoetger, Niedersachsenstein, Barkenhoff und Bahnhof (Vogeler).
Wremen: Wehrkirche (um 1200).

Das Kranichhaus in Otterndorf

Der Germanische Fünfkampf findet alljährlich im Juli in Otterndorf statt. Es ist ein Mordsspaß, an dem Otterndorfer und ihre Gäste gleichermaßen teilnehmen. Weitere Feste:
Bederkesa: Alljährlich am letzten April- und am ersten November-Samstag Brautbaumpflanzen; Beerster Seefest (letztes Wochenende im August).
Bremervörde: Fastnachtsbier (3. Freitag im Februar).
Butjadingen: Kutterregatta im August; mehrere Krammärkte.
Cuxhaven: Sommerabend am Meer (August) mit Feuerwerk.
Dorum: Straßen- und Strandfeste (mit Wattentaufe) im Juli/August.
Neuhaus (Oste): Großes Hafenfest (2. Samstag im August).
Wingst: Schützenfeste im Juni, Juli und August.
Worpswede: Erntefest (1. Sonntag im September).
Wremen: Sommerfest (letzter Samstag im Juni); Strandfest (Anfang August); Erntefest (Sept.).
Zu Ostern werden überall im Elbe-Weser-Gebiet Osterfeuer abgebrannt, im Winter die beliebten Kohl-und-Pinkel-Fahrten veranstaltet. Im Sommer trifft man sich zum Kümmelkohl-Stechen (für Fremde ist es eine große Auszeichnung, wenn sie daran teilnehmen dürfen, denn Kümmelkohl ist eine Rarität, die von den Einheimischen am liebsten selbst gegessen wird).

Fünfkampf im Stile der Germanen

Wer sportlich aktiv seine Ferien im Elbe-Weser-Gebiet verleben will, der findet viele Möglichkeiten: Wassersport aller Art auf der See und auf Binnenseen (Bederkesa), Radwanderungen, Angeln, Reiten, Tennis.
Es gibt aber auch einige große Sportereignisse, die über die Region hinaus bekannt sind:
Bederkesa: Elmloher Reitertage (letztes Wochenende im Juli).
Butjadingen: Götzwanderung des Butjadinger Turnerbundes (Himmelfahrt).
Cuxhaven: Seit einigen Jahren findet dort wieder alljährlich im Juli das Duhner Wattrennen statt. Ausgetragen werden mehrere Rennen auf dem Meeresgrund (natürlich bei Ebbe). Dazu gibt es immer ein großes Rahmenprogramm und einen Totalisator.
Wingst: Die Wingst ist alljährlich Schauplatz von großen Leichtathletik-Festen.
Wremen: Es werden besondere Veranstaltungen für Angler und Wanderer angeboten.
Aber auch auf Wintersport stellt man sich im Elbe-Weser-Gebiet ein. Bremervörde und Dorum bieten Langlauf-Loipen an. Flüsse und Kanäle sind beliebte Eislaufreviere.

Duhnen: Traberrennen im Watt

Natur

Hobby

Essen und Trinken

Eines der bekanntesten Moore in Deutschland ist das Teufelsmoor bei Bremen, das sich in etwa 8000 Jahren gebildet hat; innerhalb von tausend Jahren entstand ein Meter Moor. Drei verschiedene Schichten sind im Teufelsmoor zu erkennen: der obere, weiße Torf, der mittlere, schwarze und der untere sogenannte geile Torf oder auch Klipp. Heide, Gagel, Knopf- und Wollgras sind im Teufelsmoor zu Hause. Zu den heute eindrucksvollsten Gebieten des Teufelsmoores gehört das »Breite Wasser« unweit der Hamme bei »Neu Helgoland« in Worpswede.

Was Naturfreunde außerdem in diesem Gebiet interessiert:

Bederkesa: Bederkesaer See und Flögelner Seenplatte bilden ein eindrucksvolles Binnenseegebiet östlich von Bremerhaven.

Cuxhaven: Einer der erlebnisreichsten Watt-Wanderwege führt von Cuxhaven-Duhnen nach der Insel Neuwerk.

Dorum: Deichwanderungen im Land Wursten, wobei bemerkenswerte Außendeich-Flora zu entdecken ist.

Hagen: Waldlehrpfad der Revierförsterei Düngel.

Lilienthal: Wümme-Landschaft.

Wingst: Waldgebiet; Waldmuseum mit Waldlehrpfad; Baby-Zoo mit vielen Tierkindern.

Wremen: Kutterfahrten zu den Seehundsbänken.

Sumpf und Kanäle im Teufelsmoor

Wer sich künstlerisch betätigen möchte oder einfach nur seine Freude daran hat, schöne Bilder anzusehen, der sollte sich vor allem zwei Adressen merken: das Künstlerdorf Worpswede und das idyllische Fischerhude. Fischerhude hat sich – trotz seiner Galerien, zu denen das Otto-Modersohn-Haus gehört, und der Kunsthandwerkstätten – seinen dörflichen Charakter bewahrt. Hobby-Maler finden dort Motive vor allem an den Wümmearmen, die das Dorf umschließen.

Das Künstlerdorf Worpswede, das vor 100 Jahren von Fritz Mackensen entdeckt wurde und seitdem von seiner Anziehungskraft auf künstlerisch Interessierte nichts eingebüßt hat, wird ganz wesentlich von Galerien und Kunsthandwerk geprägt. Große Kunstschau, Galerie Netzel, alte Molkerei und Barkenhoff sind nur einige Namen, die man sich für einen Besuch merken sollte. Außerdem werden in Worpswede in jedem Sommer Mal-Lehrgänge veranstaltet.

In Wremen im Lande Wursten können Feriengäste während ihres Urlaubs in einer Amateur-Töpferei arbeiten.

Ein Maler arbeitet gern draußen

Wo man an der Unterweser und im Land zwischen Elbe und Weser gut essen und trinken kann:

Bederkesa: »Waldschlößchen Bösehof«, Hauptmann-Böse-Straße 19 (feine Küche mit regionalem Einschlag. Spezialitäten: Fisch und Wild; erlesene Weine; Kaffeegarten).

Beverstedt: »Biber«, Logestraße 8 (bürgerlich, regional).

Bramstedt: »Bramstedter Bauernschänke« (deftig, regional).

Cuxhaven: »Badhotel Sternhagen«, Cuxhavener Straße 86.

Dorumertief: »Strandhalle« (Fisch); »Grube«, am Deich.

Nordholz-Spieka: »Dorfkrug« (Krabbengerichte); »Hein Butt« in Spieka-Neufeld (deftig).

Lilienthal: »Alte Posthalterei«, Klosterstraße 5 (feine Küche, regionaler Einschlag; erlesene Weine); »Gasthaus zur Schleuse«, Truperdeich/am Wümmedeich (deftige regionale Küche, Spezialitäten: Knipp, Kohl und Pinkel).

Wingst: »Waldschlößchen Dobrock«, Wassermühle 7 (bürgerlich).

Worpswede: »Gasthof zum Hemberg«, Hembergstraße 28.

Wremen: »Wremer Strandhalle«, Strandstraße 54, auf dem Deich (Fisch- und Krabbengerichte); »Zur Börse«, Langenstraße (gemütliche Einrichtung, regionale Küche).

Allen schmeckt es im »Bösehof«

Am schönsten ist es im Alten Land
hinter den Elbdeichen zur Zeit der
Baumblüte. Dann sind die Obstgärten von rosa und weißen Blü-
tenteppichen bedeckt.

Rot leuchtet es aus den großen Obstgärten hinter den Deichen des Alten Landes. Das sind Ingrid Marie und Jonathan, die Äpfel, die nun bald gepflückt werden. Es ist Herbst, und beim Gastwirt Miehe im »Estehof« in Estebrügge richten sie sich auf die gemütlichen Winterabende ein. In dem schönen Kachelofen wird schon mal ein Brikettfeuer entfacht.

Es ist ein verwunschener Garten, den der Wirt vom »Estehof« hinter seinem Haus geschaffen hat. Von der Hintertür seines Hauses bis hinunter zur Este sind es nur einige Dutzend Schritte. Dazwischen aber – in üppigem Durcheinander – stehen Hecken und Gebüsch, wachsen Liebstöckel und Sommerflieder, schützt ein Ahorn, weit ausladend, behagliche Sitzecken.

Das Alte Land, das sich sozusagen schräg gegenüber von Hamburg am linken Elbufer erstreckt, ist eines der größten Obstanbaugebiete Europas. Jeder dritte Apfel, jede dritte Birne, jede dritte Kirsche, die in der Bundesrepublik Deutschland geerntet werden, sind im Alten Land gewachsen.

Zweimal im Jahr ist dieser große Obstgarten Niedersachsens ein beliebtes Ausflugsziel: Im Frühling, wenn die sechs Millionen Obstbäume blühen, und im Spätsommer und Herbst, wenn Erntezeit ist. Dann stehen die prallgefüllten Obststände der Bauern an den Straßen Spalier – vor der Kulisse der wunderschönen Bauernhäuser, deren Giebelfronten häufig ein vielfach abgewandeltes rotweißes Ziegelmuster zeigen. Die Giebelbalken münden oft in ein geschnitztes Schwanenpaar.

Auch sieht man noch die reichgeschmückten Prunkpforten, die Wohlstand und Geschmack gleichermaßen ausdrücken. Sie sind aus einer Zeit, da die Bauernhäuser im Alten Land wie Wasserburgen von Gräben umgeben waren, und

ORGELN UND OBSTHÖFE IM ALTEN LAND

standen als Tor an der Grabenbrükke. Ein Prunkpforten-Krieg zwischen dem früheren niedersächsischen Ministerpräsidenten Heinrich Hellwege und seinem Nachbarn sorgte vor einigen Jahren für Schlagzeilen. Der Nachbar, ein – wie Hellwege sagte – »dickschädeliger Altenländer Jung'«, wollte die Beseitigung der Hellwegeschen Prunkpforte, die auch zu seinem Grundstück führte. Er konnte nicht mit seinem neuen Mähdrescher hindurchfahren. Hellwege wehrte sich. Mehrere Gerichte waren mit dem Streit befaßt. Schließlich wurde die Pforte vergrößert. Aber sie blieb erhalten. Der Streit hatte sieben Jahre gedauert.

Schön im Frühling, nahrhaft im Herbst

Wenn die Obstbäume blühen, darüber besteht sicherlich kein Zweifel, ist es am schönsten im Alten Land. Aber am nahrhaftesten und fröhlichsten ist es während der Erntezeit, wenn die Wanderer oben auf dem Estedeich den Becher mit Apfelwein kreisen lassen – es sind sogar schon trockene Weine darunter –, wenn Radwanderer genüßlich am Straßenrand vespern: zum Schwarzbrot mit Butter einen frischen Apfel oder auch zwei – direkt vom Baum.

Es ist ein ideales Revier für Wanderer und Radwanderer, und es gibt auch genug zu sehen. Die Uhren an der Kirche von Estebrügge zum Beispiel, die wie Kuckucksuhren an dem hölzernen Turm von 1640 kleben, der sich im Laufe der Zeit verdreht hat. Ulla Hamann vermutet in ihrem »Norddeutschen Kuriositätenführer«, es sei ihm möglicherweise nicht bekommen, daß die Einwohner von Estebrügge nach einem Blitzschlag im Jahre 1774 das Feuer im Turm mit Milch gelöscht haben. Jedenfalls sind die Estebrügger ganz unbeabsichtigt zu dieser Sehenswürdigkeit gekommen. Was man sonst noch so sieht, wenn

Oben: »Bete und arbeite, dann ist Gott mit dir.« So steht es sinngemäß über der Prunkpforte vor einem Altenländer Obsthof.

Unten: Zur Apfelernte im Alten Land wird jede Hand gebraucht, um den Holsteiner Cox, um die Äpfel der Sorten Jonathan oder Ingrid-Marie zu pflücken.

man durchs Alte Land bummelt: den kleinen Leuchtturm am Elbdeich, an dessen Fenstern gehäkelte Schiffsgardinen hängen. Oder die farbenfrohe Schnitzerei am »Alten Fährhaus« in Cranz, darüber der Spruch: »Vater Neptun und Frau Niobe – die sind stets bei uns an Luv und Lee.«

Und man wird Arp Schnitger nicht vergessen dürfen. Er hat von 1648 bis 1719 gelebt und war einer der bedeutendsten Orgelbauer in Europa. Seine Heimat war Neuenfelde im Alten Land, dort ist er auch gestorben. Natürlich hat die Neuenfelder Kirche eine Orgel von ihm, doch eine seiner schönsten Orgeln steht in der Kirche von Steinkirchen bei Jork.

Wir verlassen nun das Alte Land und wenden uns den beiden schönen Städten Buxtehude und Stade zu. In Buxtehude haben sich ja, wie man weiß, Hase und Igel in jenem berühmten Wettlauf gemessen, bei dem der Igel am Ende Sieger blieb, weil er nicht – wie der Hase – in blindem Eifer losgelaufen war, sondern mit einem Trick den Hasen überlistete.

Wo die Hunde mit dem Schwanz bellen

Außerdem »bellen in Buxtehude die Hunde mit dem Schwanz«. Der Ursprung dieses geflügelten Wortes stammt aus den Anfängen der Stadt, die im 13. Jahrhundert von Holländern gegründet wurde. Beim Bau der Kirche nun brachten sie eine Neuheit aus ihrer Heimat mit. Die Kirchenglocken wurden in Deutschland immer noch von außen mit einem Hammer zum Klingen gebracht. Die Holländer aber besaßen bereits Glocken mit innen hängendem Klöppel. Die Glocke nannten sie Hunte, das Seil zum Schwingen bezeichneten sie als Schwanz. Und daß mit dem Schwanz gebellt wurde, ergab sich für die Buxtehuder aus der Tatsache, daß die Holländer (wie übri-

Bei Buxtehude soll der Wettlauf zwischen Hase und Igel stattgefunden haben, so erzählt es das Märchen. Die Buxtehuder haben dem Hasen und dem Igel ein Denkmal gesetzt.

gens heute noch die Engländer) für Geläut »bell« sagen.

Bei einem Bummel durch Buxtehude wird man ein bißchen beim Fleth verweilen. Das ist ein den Gezeiten unterliegender schiffbarer Kanal, der von alten Fachwerkhäusern flankiert wird. Und ansehen sollte man sich die St. Petri-Kirche, die ein bißchen von alten Eichen verdeckt wird, mit ihrer teilweise bemerkenswerten Ausstattung. In der Kirche hat einst Johann Sebastian Bach die Orgel gespielt.

Um gleich noch einen anderen Prominenten zu nennen (und damit kurz gedanklich ins Alte Land zurückzukehren): In Jork hat im Oktober 1776 Gotthold Ephraim Lessing auf dem Sommersitz seines Freundes Schuback Eva König geheiratet. Mit Eva König und ihrem ersten Mann Engelbert verband Lessing eine enge Freundschaft. König war im Jahre 1768 während einer Geschäftsreise in Venedig gestorben. Den Lessings war nur ein kurzes Glück beschieden. Eva Lessing starb Anfang 1778 in Wolfenbüttel im Kindbett. Lessing hat sich von diesem Schicksalsschlag nicht wieder erholt.

In Stade gefiel es den Schweden gut

Wir aber wenden uns der alten Hansestadt und Schwedenfestung Stade zu, die sich in den vergangenen Jahren zu einem besonderen Schmuckstück entwickelt hat und auf ihre Vergangenheit nicht ohne Stolz zurückblickt.

Zur Hansezeit ging's den Stadern prächtig; sie waren sogar angetreten, den Hamburgern den Wind aus den Segeln zu nehmen, was ihnen aber nicht gelungen ist. Das lag freilich nicht an der eigenen Untüchtigkeit – es waren vielmehr die unglücklichen Umstände. Die Schwinge versandete nämlich, der lebenswichtige Zufahrtsweg zur Elbe. Und damit war der Traum zu Ende.

Nach dem Dreißigjährigen Krieg war die ehemalige Hansestadt Stade sechzig Jahre lang Sitz einer schwedischen Garnison. Aus dieser Zeit stammt der »Schwedenspeicher« (1691), rechts im Bild.

Eine Schwedenfestung wurde die Stadt nach dem Dreißigjährigen Krieg, als sich die Schweden in Norddeutschland häuslich einrichteten. Einige der damals erbauten Häuser stehen noch heute. Dazu gehört der Schwedenspeicher am alten Hafen, wo sich auch die 200 Jahre alte Stadtwaage und der wiederaufgebaute Kran aus dem 14. Jahrhundert befinden.

Reiches Fachwerk bestimmt das Bild der Altstadt. Man trifft aber auch, am Wasser West zum Beispiel, auf Zeugnisse der Renaissance, und das älteste Haus in der Stadt ist die Nummer 21 in der Bäckerstraße. Es stammt noch aus der ersten Hälfte des 16. Jahrhunderts.

Wer nun das Glück hat, anläßlich eines besonderen Festes nach Stade zu kommen, der sollte jedenfalls im »Knechthausen« nach einem Eierbier fragen. Das ist eine alte Stader Spezialität. Nach einer alten Tradition übten die Brauknechte in Stade zugleich auch das Amt der Totengräber aus. Und wenn sie also heute in Wams, Kniebundhose und Cape, völlig schwarz gekleidet erscheinen, Schnallenschuhe an den Füßen und auf dem Kopf einen Dreispitz, dann weiß man, daß jemand gestorben ist in der Stadt.

Nebenher brauen sie ihr Eierbier. Es ist ein klebriges und heißes Getränk aus dunklem Bier und geschlagenen Eiern, gewürzt mit etwas Kaneel und Zitrone. Und wenn's auch ganz einfach klingt – es macht ihnen in dieser Qualität doch keiner nach.

Zwei wunderschöne Bauernhäuser bilden Stades Freilichtmuseum auf der Insel. Ein Besuch – mit einem Blick in die alte Bauernstube – lohnt sich.

Buxtehude: St. Petri-Kirche (um 1300, 1899 erneuert); Abthaus (15. Jh.); Häuser Nr. 2 und 3 in der Fischerstraße (16./18. Jh.); Heimatmuseum am St. Petri-Platz 9; Häuserzeile am Westfleth; Marschtorzwinger (16. Jh.) am Liebfrauenkirchhof.

Fredenbeck: Kleinbahnmuseum in Deinste; urgeschichtliche Grabstellen in Mulsum; alte Wassermühle.

Jork: Heimatmuseum/Galerie »neue diele« und Lübbershaus (Kultur und Kunst); Wehrt'scher Hof (13. Jh.); Gräfenhof (vermutlich 12. Jh.), heute Rathaus.

Stade: Heimatmuseum Baumhaus, Am Wasser Ost 28; Freilichtmuseum auf der Insel (Altenländer Kultur); Heimatmuseum Inselstraße 2; Schwedenspeicher-Museum (Vor- und Frühgeschichte), Am Wasser West. Rathaus (1668) mit Rathauskeller (1279), St. Wilhadi (13. Jh.) mit Bielfeldt-Orgel; St. Cosmae (13./17. Jh.) mit Orgel (1668) von B. Huß und A. Schnitger; St. Johanniskloster (1673); Zeughaus (1698); Schwedenspeicher (1705); Kran am Fischmarkt; Haus Bäckerstraße 21 (1539); Hahnentor (1658); Alter Hafen.

Buxtehude: Inneres von St. Petri

Einen Grund zum Feiern findet man im Alten Land immer.

Schützenfeste sind in Apensen am letzten Juni-Wochenende und in der zur Samtgemeinde Apensen gehörenden Gemeinde Sauensiek am dritten Juli-Wochenende. Mehrere Schützenfeste sind in Fredenbeck, ebenso in den einzelnen Gemeinden der Samtgemeinde Horneburg. In Jork gibt es gleich mehrere Schützenvereine. Nordkehdingen feiert Schützenfeste von Mai bis August in Hüll, Dornbusch, Assel und Drochtersen.

Und schließlich wartet auch Stade mit Schützenfesten auf. Damit freilich ist es in der alten Hansestadt und Schwedenfestung nicht getan. Neben Frühjahrs-, Herbst- und Weihnachtsmarkt gibt es Flohmärkte, Altstadtfeste, die sich stets durch eine besondere Turbulenz auszeichnen und die Stadt in der ersten Junihälfte auf den Kopf stellen, und die Schweden-Woche. Gefeiert werden in Stade aber auch die Fastnacht (am Samstag vor Rosenmontag) und ein Erntefest Anfang Oktober. Beliebt sind das Osterfeuer am Ostersonntag, der Blumenmarkt im Mai und die Künstlertage Ende August.

Weitere Feste im Alten Land sind unter anderem der Herbstmarkt in Mulsum am zweiten Samstag im Oktober und das im Frühsommer veranstaltete Schweinerennen von Fredenbeck.

Trödel auf dem Stader Stadtfest

Wo man sich im Alten Land sportlich betätigen kann:

Apensen: Freibad, Tennis.

Buxtehude: Bowling, Heidebad Estetal (Freibad), Hallenbad, Kegeln, Reiten, auch Ponyreiten, Squash, Tennis (drei private Anlagen), Wassersport.

Drochtersen: Fahrradverleih, Hallenbad.

Fredenbeck: Angeln, Kegeln, Reiten, Schießen, Schwimmen, Tennis.

Harsefeld: Kegeln, Bowling, Freibad, Eissport- und Mehrzweckhalle (auch Rollkunstlauf), Fahrradverleih.

Himmelpforten: Trimm-dich-Pfad, Reiten, Fahrradverleih, Tennis, Kegeln, Bowling, Schwimmen und Angeln.

Horneburg: Freibad, Kegeln.

Jork: Fahrradverleih, Kegeln, Schießen, Tennis, Reiten.

Lühe: Freibad, Fahrradverleih, Trimm-dich-Pfad.

Nordkehdingen: Tennis, Tontaubenschießen, Schießen, Fahrradverleih, Wassersport (Segel- und Sportbootschule).

Oldendorf: Sportzentrum mit Halle.

Stade: Angeln (vom Aal bis zum Zander), Frei- und Hallenbäder, Bowling, Bootsverleih, Fahrradverleih, Kegeln, Sport- und Fitneßcenter, Tennisanlagen.

Besonders gut eignet sich das Alte Land für Radtouren. Das Fremdenverkehrsamt in Stade hat einige Touren ausarbeiten lassen. Eine davon führt von Stade bis nach Cuxhaven. Die Strecken sind ausgeschildert.

Sehr zu empfehlen sind schließlich die Deichwanderungen im Alten Land (Elbdeich).

Natur

Das Alte Land ist alljährlich Ziel derer, die sich die Baumblüte ansehen wollen. Die Kirschblüte beginnt Ende April / Anfang Mai. Ihr folgt die Apfelblüte Anfang bis Mitte Mai. Wer sich etwas näher mit dem Obstanbau im Alten Land beschäftigen will: Es gibt in Jork einen Obstlehrpfad, und man kann den Obstbaubetrieb in Esteburg besichtigen. Weitere Besonderheiten:
Apensen: Wald- und Moorgebiete, Estetal.
Buxtehude: malerisches Estetal, Erholungsgebiet Neukloster-Forst.
Drochtersen: Elbinsel Krautsand.
Fredenbeck: Schwingetal, Feucht- und Wiesengebiete, Wald und Moor.
Harsefeld: Waldlehrpfad, Park- und Teichanlage Rosenborn.
Himmelpforten: Bach- und Wiesentäler des Horsterbecks; Ostedeich.
Jork: Mittelpunkt des Alten Landes.
Lühe: Deichwanderungen, Elbinsel Lühesand (Zeltplatz).
Nordkehdingen: Gewässerreiche Landschaft mit artenreicher Vogelwelt, Moore mit seltenen Pflanzen, Obsthöfe.
Oldendorf: Hochmoorgebiet (unter Naturschutz), Ostetal.
Stade: Es werden Barkassenfahrten auf der Elbe angeboten.

Schwünge der Schwinge bei Stade

Hobby

Für Eisenbahnfreunde gibt es im Alten Land ein besonderes Angebot: Fahrten mit einem historischen Triebwagen. Es handelt sich um einen alten Triebwagen (1926) der ehemaligen Reichsbahn, der vom Verein Buxtehude-Harsefelder Eisenbahnfreunde e. V. restauriert worden ist und – nach Fahrplan – zwischen Buxtehude und Harsefeld verkehrt.
Darüber hinaus gibt es in Deinste ein Kleinbahnmuseum, und zehnmal im Jahr fährt diese historische Bahn auch.
In der Gemeinde Mulsum (Samtgemeinde Fredenbeck) werden Kutschfahrten angeboten, aber auch Wanderungen mit Besichtigungen landwirtschaftlicher Betriebe (verbunden damit ist eine deftige Brotzeit).
In Harsefeld gibt es das »Land-Atelier«, in dem Kreativ-Kurse (Textilkunst, Seidenmalerei, Stoffdruck, Weben, Spinnen, Pflanzenfärben und Filzen) angeboten werden. Am zweiten und vierten Dienstag im Monat abends ab 19 Uhr gemütliche »Spinnstube«.
In Jork sind die Galerie Apfelhaus mit der Altländer Töpferstube (Keramik, Kunsthandwerk und Bilder) sowie die Töpferei Rosemarie Schrick in Westerjork beheimatet.
In Lühe kann die Mühle Twielenfleth nach Absprache besichtigt werden. Sie befindet sich in der Gemeinde Hollern.
Für junge Leute gibt es Diskotheken in Buxtehude, in Fredenbeck (nur wochenends) und in Stade.
In Freiburg (Nordkehdingen) kann man sich über Buddelschiffbau informieren.

Essen und Trinken

Zu einiger Berühmtheit hat es die Altenländer Hochzeitssuppe gebracht, die mit Fleischklößchen, Eierstich und mit Backpflaumen gereicht wird. Aber an erster Stelle steht allemal der Altenländer Butterkuchen, Freud-und-Leid-Kuchen der Bauern, der bei jeder Familienfeier und bei jedem Familientreffen auf den Tisch kommt und vor allem bei Beerdigungen über den ersten Schmerz gut hinwegtröstet.
Es soll nicht versäumt werden, darauf hinzuweisen, daß der Butterkuchen überall im niedersächsischen Nordwesten gern und häufig gegessen wird. Doch im Alten Land steht er besonders hoch im Kurs.
Zu den besten Gaststätten im Alten Land gehören:
Buxtehude: »Zur Walhalla«, Harsefelder Straße 39 (bürgerliche Küche, regional orientiert).
Jork: »Estehof« in Estebrügge, Estebrügger Straße 87 (gemütliche Gaststätte, wunderschöner Garten unmittelbar an der Este; regionale Küche, Spezialitäten: Fisch und Wild). »Restaurant Herbstprinz« in Jork, Osterjork 76 (altes Haus mit stilvoller Einrichtung; feine Küche, regional orientiert).

Fachwerkhaus von 1650 in Stade

Nach Rotterdam und Hamburg
hat Bremen den bedeutendsten
Hafen Europas. Seit dem Mittelalter ist der Hafen stets wichtigster
Wirtschaftszweig für Bremen gewesen.

Esel, Hund, Katze und Hahn, wir wissen es, zogen nach Bremen, um sich dort als Musikanten zu verdingen. Vor allem aber wollten sie in der Kaufmannsstadt ein besseres Leben führen als das, was sie in ihrer Heimat, irgendwo an der Oberweser, erwartete. Daß die vier unternehmungslustigen Tiere auf ihrem Wege weserabwärts die Hansestadt nicht erreichten, sondern vorher in einem Räuberhaus einen gedeckten Tisch fanden, an dem sie sich's wohl sein lassen konnten, das hat mit Bremen nichts zu tun und kann den Bremern nicht angelastet werden.

Es bleibt die Tatsache, daß Bremen schon in alten Zeiten ein lockendes Ziel war für viele. Das verwundert die Bremer selbst nicht im geringsten. Bremen ist für sie der Inbegriff einer schönen und wohnlichen Stadt, in der man so gut leben kann wie nirgendwo sonst. Und Wahl-Bremer sind in diesem Punkte oft noch eigensinniger als geborene Bremer.

»Nord, Süd, Ost, West – Bremen best!« Sagen die Bremer und sprechen das im kategorischen Imperativ aus. Und von Seeleuten weiß man, daß sie erleichtert aufatmen, wenn bei ihrer Heimkehr in der Außenweser die Schlüsseltonne in Sicht kommt. Die Tonne wurde im Jahre 1664 zum ersten Male gelegt. Sie trägt den Bremer Schlüssel, ursprünglich Attribut des Apostels Petrus, des Schutzpatrons des Domes. Heute ist der Schlüssel Symbol im Wappen der Stadt und wird von den Bremern großzügig als »Schlüssel zur Welt« bezeichnet.

Schiffahrt und Häfen stehen obenan, wenn es darum geht, das wirtschaftliche Gewicht der Hansestadt an der Weser ins rechte Licht zu rücken. Aber es gehört zu den Eigenarten der Bremer, daß sie ihre Gäste gar nicht so gern in die Häfen führen, allenfalls zeigen sie ihnen das Hafenmodell ganz oben im Ge-

BREMEN, DIE HANSESTADT MIT GEMÜT

In der Bremer Böttcherstraße gibt
es nicht nur Renaissancefassaden –
wie hier am Roseliushaus von
1599/1921 –, sondern auch »Kunst
am Bau« aus den zwanziger Jahren.

Bremen, einst das »Rom des Nordens«

Mit dem Hafen fing alles an – das heißt, mit einer Fährverbindung von einem Weserufer zum andern. Und es wird behauptet – leider nur in einer sehr alten und historisch etwas unzuverlässigen Chronik –, daß im Jahre 449 drei Schiffe mit Sachsen von Bremen aus nach England fuhren. Doch 782 wurde Bremen aktenkundig, weil die Bremer beim Aufstand gegen Karl den Großen mitmachten und den Priester Gerval totschlugen. Sie hätten auch den Bischof Willehad totgeschlagen, wenn der nicht rechtzeitig mit einem Schiff Reißaus genommen hätte.

Im 11. Jahrhundert war Bremen geistiger Mittelpunkt des nordischen Raumes, das »Rom des Nordens«. Bremer Kaufleute erschlossen Handelswege nach Finnland, Island und Grönland. 1358 wurde Bremen Mitglied der Hanse, nicht ganz freiwillig, aber der Druck der Konkurrenz ließ keine andere Wahl.

Im Jahre 1622 besaßen die Bremer den ersten künstlichen Hafen in Deutschland: Vegesack. Er war notwendig geworden, weil die Weser immer mehr versandete. Etwa 200 Jahre später wurde – noch weiter weserabwärts – die Seestadt Bremerhaven gegründet. In den beiden Hafenstädten Bremen und Bremerhaven zusammen werden heute im Jahr rund 10 000 Seeschiffe und 10 000 Binnenschiffe abgefertigt.

Bremen und Bremerhaven bilden zusammen das Bundesland Freie Hansestadt Bremen. Es ist mit rund 700 000 Einwohnern das kleinste Bundesland. Beide Städte werden

Oben: Im Zentrum der alten Bischofsstadt Bremen steht der Petri-Dom, neu erbaut im 11. Jahrhundert und erst kürzlich restauriert. Das Rathaus daneben ist ein prächtiges Beispiel für die Weserrenaissance.

Unten: Vor dem Bremer Rathaus steht der Roland, das Wahrzeichen Bremens. Schon seit jeher galt er als Symbol für Bremische Reichsfreiheit und für das Marktrecht.

von Niedersachsen umschlossen. Die Verbindung zwischen ihnen führt durch niedersächsisches Gebiet. Komplikationen deswegen hat es bisher nicht gegeben!

Mittelpunkt der Stadt Bremen ist der Marktplatz mit dem 1404 geschaffenen Roland, der – sehr bewußt – dem Dom die Stirn bietet und etwas rätselhaft lächelt.

Der Roland ist das Wahrzeichen der Stadt. Solange er steht, sagen die Bremer, werde die Stadt ihre Freiheit nicht verlieren. Als er unlängst mit frischen Farben versehen wurde, nachdem er zuvor einen neuen Kopf erhalten hatte (dem alten war die schlechte Luft nicht mehr bekommen), ließen es sich die Bremer nicht nehmen, in Scharen zu kommen, um ihren Roland zu begutachten.

Im Alten Rathaus, aus gotischer Zeit stammend, aber mit einer prächtigen Fassade im Renaissance-Stil, finden bedeutende Ereignisse statt. Und der Bürgermeister hat dort – wie einst – seinen Sitz, wenn auch in einem Anbau, der mit sehr viel Fingerspitzengefühl zu Beginn unseres Jahrhunderts errichtet wurde.

Der älteste Teil des Rathauses ist der Ratskeller, der gleich im Jahre 1405 zu Beginn der Bauarbeiten mit eingeplant worden war, und zwar der Lohgerber wegen, die ihr Zunfthaus für den Bau des Rathauses hatten opfern müssen und denen man einen besonderen Platz im Ratskeller zugesagt hatte. So war dann auch gleich für den ersten Stammtisch gesorgt. Viele weitere sollten im Laufe der Jahrhunderte folgen.

Alte Weine in uralten Gewölben

Der Ratskeller steht unter der Aufsicht des Senats. Zuständig ist der Finanzsenator. Geführt wird er vom Ratskellermeister. Das ist seit 1595 so. Und daran hat sich nichts geändert.

Die Weine, die hier in großen Fässern im Bremer Ratsweinkeller lagern, sind berühmt und fast so alt wie die Kellergewölbe: Einer der ältesten Weine stammt von 1653.

Es ist ein verantwortungsvolles Geschäft. Im Ratskeller zu Bremen werden nur deutsche Weine geführt, über 600 verschiedene Weine aus allen Anbaugebieten. Und außerdem lagern im dunklen Gewölbe, wo es nur Kerzenlicht gibt, die wohl ältesten Weine der Welt: Einer davon ist ein 1653er Rosewein aus Rüdesheim (früher wurden die besten Weine nach der schönsten Blume benannt – und das war die Rose). Der Wein, dessen Geschmack an einen sehr alten Sherry erinnert, wird nicht mehr getrunken.

Auch der 1727er Rüdesheimer Apostelwein wird nur noch als Kuriosum geführt, obwohl der Ratskellermeister ihm ausdrücklich bescheinigt, daß er von einer »ehrwürdigen, stark hervortretenden Säure« beherrscht werde, im Duft an einen alten Madeira erinnere und der einzig noch probierfähige Wein unter den alten Apostelweinen sei.

Treffpunkt: der Bremer Ratskeller

Wilhelm Hauff hat nach einem feuchtfröhlichen Abend in dem alten Gewölbe seine »Phantasien im Bremer Ratskeller« geschrieben, Heinrich Heine formulierte: »Glücklich der Mann, der den Hafen erreicht hat . . .« und meinte damit den Ratskeller. Kaiser Wilhelm II. kam übrigens zum Frühstück.

Der Ratskeller ist Treffpunkt der Bremer. Dort unten setzt man sich auch zu fremden Leuten an den Tisch, was sonst nicht üblich ist in Bremen. Die Senatoren aber trauern fernen Zeiten nach: Einst nämlich war es Sitte, daß der Rat der Stadt, wenn er sich nicht einig werden konnte wegen eines Problems, im Ratskeller eingeschlossen wurde. Dort mußten die hohen Herrn bei Wein und guten Speisen so lange tagen, bis sie ihre Meinungen auf einen Nenner gebracht hatten. Es hat wohl manchmal etwas gedauert, aus verständlichen Gründen.

172 Zu den Zeugnissen bremischer Lebens- und Denkungsart gehört die Böttcherstraße, die vom Markt nur durch eine schmale Gasse getrennt ist – also mit wenigen Schritten zu erreichen. Diese Straße ist das Werk des Kaffeekaufmanns Ludwig Roselius. Er wurde zu Beginn unseres Jahrhunderts von zwei Fräulein aus der Böttcherstraße Nr. 6 gedrängt, ihnen ihr Elternhaus abzukaufen – weil es doch der Nachbar nicht haben sollte.

Roselius kaufte das Haus, und drei Jahrzehnte später gehörte ihm die ganze Straße. Er ließ, abgesehen vom Haus Nr. 6, sämtliche baufälligen Häuser abreißen und beauftragte moderne Architekten mit dem Neubau, darunter auch den Bildhauer Bernhard Hoetger. Besonders die eigenwilligen Hoetger-Bauten wurden im Dritten Reich als entartete Kunst verfemt. Roselius schuf in dieser Straße ein kulturelles Zentrum.

Roulette in der Böttcherstraße

Und das ist die Böttcherstraße bis heute geblieben. Kunsthandwerker arbeiten dort, Künstler stellen ihre Werke aus, Schauspieler machen aktuelles Theater, es gibt ein Kino, viele reizvolle Läden, darunter eine sehr feine Boutique, es gibt Restaurants und – die Bremer Spielbank, die ein Bremer Kaufmann zwar in ehrlicher Empörung als Machwerk des Teufels verurteilte, die aber als Steuerquelle nicht eben unangenehm ist. Man muß dazu wissen, daß die Bremer Kaufleute – im Gegensatz zu ihren Hamburger Kollegen, die schon im vorigen Jahrhundert von ihren Einkünften einen Betrag als Spielgeld abzuzweigen pflegten – von solch schrecklichen Dingen wie Roulette oder Black Jack überhaupt nichts halten.

Das älteste noch erhaltene Wohnviertel in Bremen ist der Schnoor, so genannt nach der schnurgeraden Straße, die dieses Viertel in zwei

Im Schnoor in der Bremer Altstadt lebten früher Handwerker; heute gibt es hier viele Kneipen, Cafés und Kunstgewerbe-Läden.

ungleiche Hälften teilt. Das enge Viertel mit Häusern aus dem 16. und 19. Jahrhundert drohte in den fünfziger Jahren zu verfallen. In einer vorbildlichen Aktion der Denkmalpflege wurde es restauriert und wieder bewohnbar gemacht.

Kneipen und Kunst im Schnoor

Heute ist der Schnoor ein Künstler- und Kunsthandwerker-Viertel mit vielen kleinen Läden und Gaststätten. Kuriositäten sind unter anderem ein Buddelschiffbauer, ein Drehorgelverleih, eine Backstube und ein Zigarrenmacher. Das Zigarrenrollen war im vorigen Jahrhundert in Bremen ein bedeutender wirtschaftlicher Faktor. Übrigens auch ein politischer, denn die Arbeiter engagierten sich, um von ihrer eintönigen Arbeit abgelenkt zu werden, Vorleser. Und vorgelesen wurden vorzugsweise politische Schriften.

Zu den interessantesten Quartieren in Bremen gehört das Ostertorviertel, in dem vor allem junge Leute wohnen – in friedlichem Nebeneinander mit ausländischen Mitbürgern, deren bunte Gemüse- und Lebensmittelläden von den Deutschen gern genutzt werden. In diesem Viertel befindet sich auch ein alter deutscher »Kolonialwarenladen«, dessen bald 80 Jahre alte Einrichtung unter Denkmalschutz steht. Dort kaufen die Bremer ihre Gewürze und den besten Holländer Käse – vom Tilsiter ganz zu schweigen.

Das Bremer Nachtleben ist im Ostertor- und im benachbarten Steintorviertel zu suchen. Dort befinden sich die meisten Diskotheken, kleine Spezialitäten-Restaurants, und dort kann man sich von morgens bis abends ein Frühstück servieren lassen. Das ist nun freilich eine Lebensweise, der die alten Bremer ein bißchen hilflos gegenüberstehen.

Im Sommer beleben sich die zahlreichen Hinterhöfe im Schnoor, dann wird der Caféhaus-Betrieb einfach nach draußen verlegt, wie hier im Serenadenhof.

174 Bunt und fröhlich geht es mittlerweile auch in der Neustadt zu, wo es noch viele Straßen mit den typischen Bremer Häusern gibt. Dabei handelt es sich um Einfamilienhäuser, die im 19. Jahrhundert entwickelt wurden. Es gibt mehrere Formen. Fast allen gemeinsam ist das sogenannte Souterrain, ein Sockelgeschoß, in dem Küche, Keller und Waschküche untergebracht waren. In manchen Straßen hat jedes Haus an der Vorderfront eine Glasveranda. In der Neustadt wohnen heute sehr viele junge Leute und Ausländer.

Die Neustadt ist 400 Jahre alt

Die Neustadt liegt auf der linken Weserseite. Als im 16. Jahrhundert die Feuerwaffen eine größere Reichweite bekamen, sahen sich die auf der rechten Weserseite wohnenden Bremer gezwungen, den Strom zu überqueren und drüben Bastionen zum Schutz ihrer Stadt zu bauen. Später legten wohlhabende Bremer ihre Gärten in der Neustadt an. Nur langsam wurde das Gebiet besiedelt.

Die Neustädter erhielten erst im Jahre 1848 die Rechtsstellung der Altstädter. Auf der Neustadtseite befinden sich der Flughafen, die bedeutendsten Brauereien der Stadt, einer der größten deutschen Kaffeeröster und nicht zuletzt auch so wichtige Industrien wie Flugzeug- und Raumfahrtindustrie. Aber davon merkt man in den kleinen Straßen mit den liebevoll restaurierten Häusern nichts.

Nachdem also die Neustadt als Gartenstadt der Bremer ausgedient hatte, orientierten sich die wohlhabenden Kaufleute nach außerhalb. Es entstanden die großen privaten Parkanlagen im heutigen Bremen-Nord und vor allem in Oberneuland. Die meisten Parks stehen heute der Öffentlichkeit zur Verfügung; Oberneuland hat seinen Rang als bevorzugter Wohnplatz

Nachdem die alte Stadtbefestigung geschleift worden war, legte man hier 1809 einen Englischen Park an. Die Windmühle ist die letzte von ehemals zwölf Bastionsmühlen.

der Bremer bis heute nicht eingebüßt.

Besonderes Merkmal Bremens sind die Grünanlagen und Parks. Wer von der Sögestraße, der wichtigsten Einkaufsstraße, vorüber an dem Schweinedenkmal (Söge = Säue) in Richtung Bahnhof geht, der muß den Wall überqueren. Es sind die einstigen Bastionen der Stadt. Der Wallgraben ist noch da und auch noch eine der Mühlen, die früher auf den Wallanlagen standen, weil dort oben der Wind besser in die Mühlenflügel griff.

Schon vor der Franzosenzeit – zu Beginn des 19. Jahrhunderts – rissen die Bremer ihre alten Bastionen ab und verwandelten die ehemaligen Wehranlagen in öffentliches Grün. Es ist bis heute der Stolz der Bremer, und als vor einigen Jahren einmal der Plan in Erwägung gezogen wurde, unter den Wallanlagen eine Tiefgarage zu bauen, hätte es beinahe in der Hansestadt eine Revolution gegeben.

Aus der Bürgerweide wurde der Bürgerpark

Das Lieblingsgrün der Bremer aber ist der Bürgerpark, der eine etwas merkwürdige Geschichte hat. 1865 fand in Bremen ein Bundesschießen statt. Schützenplatz war die baumlose Bürgerweide, was an sich wohl niemanden gestört hätte, wenn nicht während der Veranstaltung eine Hitzewelle über Bremen hereingebrochen wäre. Das brachte aber große Probleme, weil die Schützen nicht wußten, wo sie ihr Bier und ihren Wein kühl lagern konnten. Es gab eben keine schattenspendenden Bäume.

Die Bremer zogen ihre Konsequenzen – und zwar gründlich: Auf der baumlosen Bürgerweide wurde ein Park angelegt. Es war eine Pionierarbeit, denn zum ersten Mal auf deutschem Boden ließ sich ein Gartenarchitekt von seinen in Amerika bei der Anlage von Volksparks gesammelten Erfahrungen leiten. Der Bürgerpark wird von einem privaten Verein unterhalten.

Es gehört in guten Bremer Familien zur Tradition, alljährlich zum Jahresende einen den wirtschaftlichen Verhältnissen entsprechenden Geldbetrag für den Bürgerpark zu stiften. Die Namen der Spender werden am letzten Tag des Jahres in den örtlichen Zeitungen veröffentlicht.

Wümmewiesen und Rhododendronpark

Fährt man in Richtung Worpswede die Schwachhauser Heerstraße hinunter, die – wie fast alle Heerstraßen in Deutschland – in napoleonischer Zeit angelegt wurde, dann kommt man zunächst am Riensberg vorüber, wo sich das Fockemuseum befindet. Schließlich gelangt man zum Rhododendron-Park, der nun das dritte besondere Grün der Hansestadt darstellt. Er ist einer der größten Rhododendron-Parks Europas. Über 2000 Arten Rhododendren und Azaleen befinden sich dort im Freien oder in Gewächshäusern. Außerdem ist die Anlage mit dem Botanischen Garten verbunden. Der Park soll um einen Rosengarten erweitert werden.

Fährt man noch ein Stück weiter hinaus, so erreicht man die Wümme mit einer der letzten natürlichen Flußlandschaften. In den Wümmewiesen, stadtnah gelegen, leben Bekassinen und Uferschnepfen, Rotschenkel und – wenn auch vereinzelt – Brachvögel. Nach Bremerhaven jedoch kommen wir erst im nächsten Kapitel.

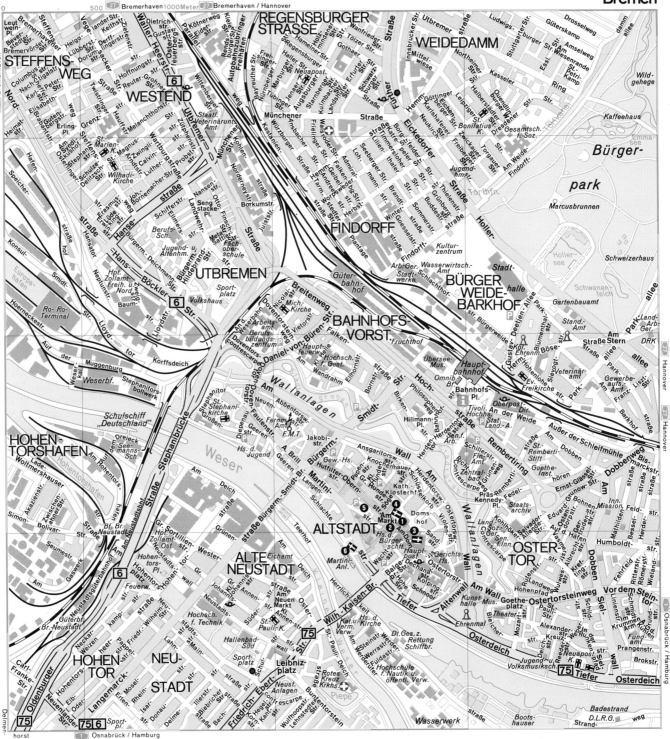

Jeder Bremen-Bummel fängt beim Roland an. Er steht auf dem Marktplatz, der »guten Stube« Bremens, und von den Parkhochhäusern im Zentrum der Stadt sind es immer nur (höchstens) einige hundert Meter bis dorthin. Vom Bahnhof sind es gut zehn Minuten. Der Roland (1404) steht vor dem Rathaus (1410/1610) mit seiner reichen Renaissance-Fassade. Dom, Schütting und Haus der Bürgerschaft sind weitere markante Punkte am Marktplatz. Wenn Sie am Deutschen Haus vorbei durch die Obernstraße gehen, erreichen Sie am Ansgarikirchhof das Gewerbehaus, 1618 erbaut und einst das Gildehaus der Gewandschneider. Ebenfalls vom Marktplatz geht die Langenstraße ab, einst eine der bedeutendsten Straßen der Stadt. Die alte Stadtwaage von 1588 erinnert daran. In dem Gebäude befindet sich heute eine Sparkassen-Zweigstelle. Am Schütting vorbei geht es in die Böttcherstraße, von dort – durch einen Fußgängertunnel – an die Weser (Hafenrundfahrten). Nach links führt der Weg bis zu einem weiteren Straßentunnel, der ins historische Schnoorviertel mit seinem bunten Leben führt.

Die Nummern im Stadtplan kennzeichnen folgende Sehenswürdigkeiten: (1) Rathaus, (2) Roland, (3) Petri-Dom, (4) Liebfrauenkirche, (5) Stadtwaage, (6) Martinikirche.

Der historische Marktplatz ist das Zentrum Bremens und zugleich eine der bedeutendsten Sehenswürdigkeiten in Nordwestdeutschland. Am Markt liegen das Rathaus (1410; Renaissancefassade von 1610), der 1000jährige Dom mit dem Bleikeller, der Schütting (Haus der Kaufleute) aus der Renaissancezeit, das Haus der Bürgerschaft (Parlament) aus unserer Zeit und eine alte Häuserzeile an der Westseite. Auf dem Marktplatz steht der unlängst restaurierte Roland (1404).

Vom Markt sind es nur wenige Minuten zu Fuß in die Böttcherstraße (Kunst- und Handwerkergasse mit Museen, Theater und Spielcasino) mit dem musealen Roselius-Haus (1588) sowie dem Paula-Becker-Modersohn-Haus (zeigt Werke der Künstlerin). Sehenswert sind auch das historische Schnoorviertel, das Gewerbehaus in der Hutfilterstraße (Renaissance), die Alte Stadtwaage (1588) in der Langenstraße sowie die Martinikirche (13./14. Jh.).

Unbedingt besuchenswert: Überseemuseum am Hauptbahnhof (Dritte Welt), Kunsthalle am Wall, Focke-Museum (bremische Kultur) in der Schwachhauser Heerstraße. Der Rhododendron-Park in Schwachhausen ist einer der größten seiner Art in Europa.

Langhaus des Bremer Petridomes

»Ischa Freimaak!« – Mit diesem Ausruf wird alljährlich Mitte Oktober der Bremer Freimarkt begrüßt, der zu den großen deutschen Volksfesten gehört und auf ein Privileg aus dem Jahre 1035 zurückgeführt wird. Mit »Ischa Freimaak!« werden alle Torheiten entschuldigt, die während des gut zwei Wochen dauernden Volksfestes von den Bremern begangen werden. Zentrum ist die Bürgerweide hinter dem Hauptbahnhof, wo eine große Budenstadt errichtet wird. Verkaufs- und Fahrgeschäfte befinden sich aber auch in der Innenstadt rund um den Roland, der zur Freimarktzeit mit einem »Lebkuchen«-Herzen und mit Luftballons geschmückt wird.

Weitere Volksfeste in Bremen:
Osterwiese auf der Bürgerweide;
Blumenthaler Krammarkt (Mitte Mai);
Vegesacker Frühjahrsmarkt (Ende Mai);
Huchtinger Pfingstmarkt;
Vegesacker Markt (Ende August/ Anfang September);
Weihnachtsmarkt auf dem Marktplatz in der Innenstadt (Dezember bis zum 23.12.);
Eisprobe der Bremer Eiswettgesellschaft am Punkendeich (Osterdeich): 6. Januar;
Sechs-Tage-Rennen in der Stadthalle (um den 6. Januar);
Kohl- und Pinkel-Fahrten: Buß- und Bettag bis Ende Februar.

Freimarkt-Vergnügen in Bremen

Die besten Eß-Adressen in Bremen:
»Bistro« im Hause Schmidt-Grashoff, Sögestraße 54 (feine Küche).
»Meierei« im Bürgerpark (mit idyllischem Kaffeegarten).
»Jan Tabac«, Vegesack, Weser Straße 93 (feine Küche);
»Katzencafé«, Schnoor 38 (mit romantischem Garten: feine Küche);
»Adria«, Violenstraße 15 (italienische Spezialitäten);
»Restaurant im Hotel Columbus«, Bahnhofsplatz 5 (bürgerlich);
»Martini-Grill«, Böttcherstraße (bürgerlich);
»Fährhotel Meyer-Farge«, Wilhelmshavener Straße 1 (an der Weser, mit Schiffsansage; bürgerlich);
»Nobel«, Moordeich (regional);
»Park-Restaurant« im Park-Hotel, Im Bürgerpark (feine Küche);
»Strandlust Vegesack«, Rohrstraße (Lage an der Weser; bürgerlich; Spezialität: Fisch);
»Vosteen am Ostertor«, Ostertorsteinweg 80 (regional orientierte Küche);

Auf den Häfen (Ostertorviertel): Interessante Spezialitäten-Restaurants mit überwiegend jugendlichen Gästen.

Bacchus im Bremer Ratsweinkeller

Im alten Teil des Hafenbeckens in
Bremerhaven hat sich das Deutsche Schiffahrtsmuseum etabliert.
Die meisten der hier gezeigten
historischen Schiffe sind noch
seetüchtig.

Johann Smidt tat so, als sei er schwerhörig. Der Bremer Bürgermeister, der den Hannoveranern im Jahre 1827 ein Stück Land an der Wesermündung abgekauft und die Pläne für den Bau eines Hafens an jener Stelle durchgesetzt hatte, sah sich nun – kurz vor Vollendung des Werkes im Jahre 1830 – schweren Widerständen gegenüber, denn die Bremer Reeder und Kaufleute fanden, daß der neue Hafen, rund 60 Kilometer weserabwärts von Bremen gelegen, völlig unnütz sei. Doch dann lief alles wie von selbst: Der Kapitän J. A. Hillert mit seinem schnellsegelnden amerikanischen Schiff »Draper« befand sich auf dem Wege in die Weser. Dieser Kapitän Hillert hatte einen Einweihungstick: Wo immer ein Hafen eingeweiht werden sollte, versuchte er, mit seiner »Draper« als erster da zu sein. So war es ihm zum Beispiel auch gelungen, einen Hafen in Liverpool einzuweihen.

Er kreuzte also vor Bremerhaven auf und bearbeitete den Hafenmeister so lange, bis der die Hafentore öffnete. Die »Draper« lief ein – und erst einmal auf Grund. Doch sie kam wieder frei, setzte im Hafen noch einmal auf Grund, ehe sie ordnungsgemäß und als erstes Schiff in dem neuen Hafen festmachen konnte. Kapitän Hillert war zufrieden und fand alles »very good«, und als Bürgermeister Smidt von der so unvermutet erfolgten Einweihung des Hafens erfuhr, tröstete er sich damit, daß eine offizielle Feier wegen der unruhigen Zeiten auch ganz unangebracht gewesen wäre. Und außerdem habe man nun viel Geld gespart.

Das Ausbleiben offizieller Glückwünsche ist dem Hafen in Bremerhaven nicht schlecht bekommen. Er wurde einer der bedeutendsten Auswandererhäfen Europas, und die Bremer waren in der Folgezeit froh, daß sie den Hafenplatz an der

IN BREMERHAVEN REIMT
SICH ALLES AUF HAFEN

180

Die schmale Geestemündung
in die Weser muß besonders gut
markiert sein: Dies geschieht mit
Bake und Leuchtfeuer.

Wesermündung hatten. Der Bremerhavener Weserdeich und die Häfen gehören zu den bevorzugten Zielen der Bremer, wenn sie Gäste aus dem Binnenlande haben. Der Weserdeich ist eine der schönsten Promenaden im Lande Bremen. Man hat einen weiten Blick auf die Weser und ihre Mündung. Auf dem Deich liegt der Zoo am Meer mit Tiergrotten und Aquarium, und die Geestemündung mit der weit in die Weser hineinragenden Mole ist eine der schönsten Hafeneinfahrten im Nordwesten. Mole und Leuchtturm wurden 1914 erbaut. Unweit der Mole steht ein alter Wasserstandsanzeiger, der früher durch Bälle und Kegel (bei Nacht durch Lichter) den Wasserstand der Weser signalisierte.

Alter Hafen, alte Schiffe

Unmittelbar am Deich liegt das Deutsche Schiffahrtsmuseum, zu dem auch der Alte Hafen und die darin festgemachten historischen Schiffe gehören. Das eindrucksvollste ist die 1919 erbaute Dreimastbark »Seute Deern« (mit einem Restaurant), doch sind die Besucher ebenso angetan vom Feuerschiff »Elbe 3« (1909), dem Walfangdampfer »Rau IX« (1939), dem Bergungsschlepper »Seefalke« (1924) und der 1868 erbauten »Grönland«, dem Schiff der ersten deutschen Polarexpedition.

Der beste Fußweg zu den großen Schiffen unserer Tage führt über den Weserdeich nach Norden. An der Kaiserschleuse beginnt das Freihafengelände, das Zollausland. Von diesem Platz aus gewinnt man einen guten Überblick über die Kaiserhäfen. Und es ist auch nicht weit bis zur Columbus-Kaje.

Diese einst größte Passagierschiffsabfertigungsanlage auf dem europäischen Kontinent war in den zwanziger und dreißiger Jahren die »Brücke« nach Amerika. Dort machten die großen Liner »Bremen«, »Europa« und »Columbus« fest. Nach 1945 nannte man sie die »Kaje der Tränen« oder »Kaje der Hoffnung«. Tausende von Auswanderern verließen über Bremerhaven Europa, um in Übersee eine neue Existenz zu gründen.

Mit dem Lloyddampfer »Bremen« endete zu Beginn der sechziger Jahre der Liniendienst über den Nordatlantik, der über hundert Jahre bestanden hatte. Flugzeuge waren schneller. Heute ist die Columbus-Kaje unter anderem Liegeplatz großer Kreuzfahrtenschiffe.

Während des letzten Krieges wurde Bremerhaven bei zwei großen Bombenangriffen schwer beschädigt. Allein der Stadtteil Mitte, das heutige Zentrum mit der Bürgermeister-Smidt-Straße, von den Bremerhavenern kurz »Bürger« genannt, wurde zu 97 Prozent zerstört. Die »Bürger« wurde im Stil der neuen Zeit wiederaufgebaut. Doch das Vergnügungsviertel, das sich einst im Bereich dieser Straße befand, hat sich nach Lehe hin verlagert, wo es sich heute auf den Bereich der Rickmers- und der Lessingstraße konzentriert. Und damit wahrte Bremerhaven auch in dieser Hinsicht seinen Charakter als Seehafenstadt.

Der Leuchtturm Weserdeich wurde vor mehr als 100 Jahren errichtet. Neugotische Zierformen, Kupferhelm und schmiedeeiserne Ornamente verstecken sein technisches Innenleben.

Bremerhaven hat Theatertradition: Vor allem während der zwanziger und dreißiger Jahre, als die bekanntesten europäischen Künstler von Bremerhaven aus per Schiff nach Amerika reisten, kamen die Bremerhavener in den Genuß bedeutender Gastspiele. Heute gehört das Bremerhavener Stadttheater, ein Jugendstil-Bau, zu den besten Provinz-Bühnen in Norddeutschland.

Hauptanziehungspunkt aber in Bremerhaven ist das Deutsche Schiffahrtsmuseum mit dem Freigelände am Alten Hafen. Es wurde 1970 gegründet. Der großzügige Bau ist das letzte Werk des berühmten Architekten Hans Scharoun. Das Museum gibt einen umfassenden Überblick über die Geschichte der Schiffahrt. Wissenschaftliche Attraktion ist die im Jahre 1962 bei Ausschachtungsarbeiten in der Weser bei Bremen gefundene Hanse-Kogge, die um 1380 kurz vor ihrem Stapellauf auf einer Bremer Werft bei einem Unwetter vom Wind erfaßt und weserabwärts getrieben wurde, bis sie unterging. Zur Zeit wird die Kogge in einem Spezialbad behandelt, um das Holz vor Verfall zu bewahren.

Ein weiteres Freilichtmuseum befindet sich im Stadtpark von Bremerhaven-Speckenbüttel. Hier wurden Bauernhöfe der Region wiederaufgebaut.

Auch wenn es ums Feiern geht, betonen die Bremerhavener gern den maritimen Charakter ihrer Stadt.

Die Bremerhavener Festwoche gehört alljährlich im Juni/Juli zu den Höhepunkten im Veranstaltungskalender. Gefeiert wird am Wasser: Berühmte Windjammer kreuzen als Gäste auf, und die beiden Museumsschiffe »Grönland« und »Astarte« liefern sich eine Wettfahrt, bei der es immerhin um ein Faß Bier geht. Es versteht sich von selbst, daß bei solchen Gelegenheiten auch die Deutsche Gesellschaft zur Rettung Schiffbrüchiger mit von der Partie ist, die mit Rettungsübungen an ihre nur von Spenden getragene Arbeit auf hoher See erinnert.

Das traditionsreichste Volksfest in der Seestadt ist allerdings der Bremerhavener Freimarkt, der alljährlich im August gefeiert wird. Seit einigen Jahren wird er zusammen mit dem Deutsch-Amerikanischen Freundschaftsfest veranstaltet. Mittelpunkt dieses Festes, das in der ganzen Stadt gefeiert wird, ist ein großes Budenviertel im Stadtteil Lehe.

Etwas kleiner als der Freimarkt ist der Bremerhavener Frühjahrsmarkt im Mai. Sehr beliebt sind die Veranstaltungen in der Stadthalle.

Ein Tourenskippertreffen findet seit einiger Zeit alljährlich in der Marina Bremerhaven statt. Die Seestadt bekundet damit ihre Verbundenheit zum Hochseesport, für den sie in der Tat ein guter Ausgangsplatz ist. Seetüchtige Motorboote und Hochseesegler gehören zu den ständigen Gästen in den Bremerhavener Sporthäfen. Von Bremerhaven aus sind viele attraktive Reisen möglich, so zum Beispiel eine Fahrt nach Helgoland.

Wer den Sportbootführerschein erwerben, wer Segeln oder Surfen lernen will, dem steht die Yachtschule Weser-Elbe am Fischereihafen zur Verfügung.

Zu den beliebtesten Sportarten in Bremerhaven zählt, seitdem es die Stadthalle gibt, der Eishockey-Sport. Bei Eishockey-Turnieren ist in der Stadthalle die Hölle los. Sehr populär ist auch der Tanzsport in Bremerhaven. In den Formationstänzen sind Bremerhavener mehrfach Weltmeister geworden.

Wer sich selbst sportlich betätigen will, der findet in der Seestadt Hallen- und Freibäder (unter anderem das Stadtbad am Theodor-Heuss-Platz im Zentrum). Zu den großen und vielseitig gestalteten Sportanlagen gehört das Nordsee-Stadion im Stadtteil Lehe. Tennis und Squash kann man im Tennis- und Squash-Center in Leherheide, Kurt-Schumacher-Straße, ausüben. Und der Flugsport hat eine Heimstatt auf dem Flugplatz Luneort, der sich südlich vom Fischereihafen befindet.

Löschboote üben hier den Notfall

Das Bremerhavener Stadttheater

Das große Naturabenteuer liegt in Bremerhaven sozusagen vor der Haustür. In der Stadt an der Wesermündung weiß man, wovon man spricht, wenn man die Gewalt des Meeres schildert. Der vorerst letzte Deichbruch ist noch gar nicht lange her, und die Stadt, die zum Teil unter dem Meeresspiegel liegt, ist auf hohe und feste Deiche angewiesen. Ein Tip: Bei stürmischem Wetter sollte man mal einen Spaziergang auf dem Weserdeich unternehmen.

Wer sich über das Leben im Meer informieren will, der hat gleich zwei Möglichkeiten: Im Nordsee-Museum bei der Fischereihafen-Doppelschleuse findet er eine sorgfältig zusammengestellte Sammlung des Instituts für Meeresforschung.

Und im Zoo am Meer, der unmittelbar am Weserdeich liegt, befindet sich ein großes Nordsee-Aquarium, in dem als Besonderheiten unter vielen anderen Fischen und Meerestieren ein Heringsschwarm und Schellfische leben. Im Zoo am Meer werden vorzugsweise Tiere aus nördlichen Breitengraden gehalten, darunter Seehunde, Seelöwen und Pinguine. Besonders berühmt ist die Bremerhavener Eisbär-Aufzucht.

Möwen im Anflug auf ihre Beute

Von Süden nach Norden sind dies die Hafenanlagen Bremerhavens: Fischereihafen, Baubeginn 1891, heute der größte auf dem europäischen Kontinent (mit Sportboothafen);

Handelshafen in Geestemünde, erbaut 1857/63;

Hauptkanal in Geestemünde (Sportboothafen);

Geestevorhafen (Liegeplatz vor allem von Lotsenbooten und Schleppern), Weserfähre nach Nordenham;

Alter Hafen in Bremerhaven, erster Hafen Bremens an der Unterweser, Baubeginn 1827 (zugleich Gründungsdatum der Seestadt Bremerhaven). Der Alte Hafen ist heute Museumshafen.

Es folgen Neuer Hafen (1847–1852) und Kaiserhafen I (1872–1876).

Im Zollausschlußgebiet (Freihäfen) befinden sich Kaiserhafen II (1892/97) und Kaiserhafen III (1907/09) mit Bananenlöschanlage;

Werfthafen der Lloyd-Werft mit zwei großen Trockendocks;

Verbindungshafen (1908/16);

Osthafen, mit Erzkaje und Autoverladung, erst vor einigen Jahren entstanden;

Nordhafen (1959).

Am Strom liegen schließlich: Columbus-Kaje mit Bahnhof am Meer, einst eine der bedeutendsten Passagierabfertigungsanlagen der Welt. Heute immer noch Passagierhafen (Kreuzfahrten), zugleich aber auch Frachthafen;

Container-Terminal Wilhelm Kaisen, eine der bedeutendsten und größten Container-Abfertigungsanlagen Europas (Baubeginn 1970, Erweiterung bis in unsere Zeit).

Hinweis: Am Nordende des Verbindungshafens befindet sich die größte Drehbrücke Europas. Sehenswert sind Nord- und Kaiserschleuse.

In einer Stadt mit dem größten Fischereihafen des europäischen Kontinents wird der Gast vor allem nach guten Fischrestaurant-Adressen suchen. Und in der Tat befindet sich eines der besten Fischrestaurants weit und breit unmittelbar im Fischereihafen. Es handelt sich um das »Fischereihafen-Restaurant Natusch«, Am Fischbahnhof. Natusch hat gute Kontakte zu Fischdampfer-Kapitänen. Das Restaurant ist maritim eingerichtet.

Wer nur mal während eines Innenstadtbummels eine Portion Fisch essen möchte, der ist gut aufgehoben im Fischrestaurant »Am Theaterplatz«, Schleswiger Straße 3. Es ist ein einfaches Haus im Stile einer Fischbratküche.

Fischgerichte werden aber auch in fast allen anderen Restaurants in Bremerhaven serviert.

Empfehlenswerte Adressen sind weiterhin:

»Lehrke-Restaurant«, An der Geeste 19 (bürgerliche Küche).

»Nordsee-Hotel Naber«, Theodor-Heuss-Platz (feine Küche mit regionalem Trend).

»Seute Deern«, Am Alten Hafen. Es handelt sich um die alte Dreimastbark, die im Museumshafen liegt. Der Restaurantbetrieb befindet sich in umgestalteten Laderäumen. Die Küche ist regional. Empfehlenswert: Labskaus, ein an der Küste allgemein sehr beliebtes Seemannsessen.

Fischauktion mit Lärm und Hektik

Ganz oben: Ein Bauernhof in Lilienthal, vor den Toren Bremens.
Ganz unten: Bremens schönes Rathaus.

Mitte oben: Gehören zur Lüneburger Heide: die Heidschnucken.
Unten: Erklärungen am Modell im Bergwerksmuseum von Clausthal-Zellerfeld.

Ganz oben: Ebbe legt den Sand frei rund um die Insel Neuwerk in der Elbmündung.
Ganz unten: Ein Mordsspaß für die Gäste ist die Fischkutter-Regatta vor Neuharlingersiel.

Ganz oben: Kachelofen-Detail von der Hämelschenburg.
Mitte links: In Ostfriesland.
Mitte rechts: Die Windmühle von Bederkesa.
Unten: Im Kurpark von Bad Zwischenahn.

illionenstädte beispielsweise hat das Bundesland Niedersachsen ebensowenig zu bieten wie Berggipfel, die über tausend Meter hoch sind. Doch die anderen Zahlen des zweitgrößten deutschen Bundeslandes sind schon beeindruckend. Sie wurden – mit denen von Bremen – auf der folgenden Seite zusammengefaßt und machen den Anfang einer umfangreichen Informations- und Datensammlung, die weniger als Lektüre denn als Nachschlageangebot in diesen Band aufgenommen wurde.

Zu finden sind beispielsweise alle niedersächsischen Heilbäder und Kurorte mit den jeweiligen Heilanzeigen und Anschriften. Die touristischen Straßen in Niedersachsen – von der Störtebeker- bis zur Salzstraße – stellen informative Angebote zu gezielten Touren dar, während die Auswahl der mehrtägigen Wanderrouten nicht mehr als Anregung sein soll, den Rucksack zu schultern. Eltern werden gewiß die Aufzählung der Tier- und Safariparks sowie Wildgehege schätzen. Diejenigen, die gern einmal auf den Spuren der Geschichte und Kunst wandeln, werden über die bedeutendsten Burgen und Schlösser sowie nahezu alle Museen Niedersachsens informiert. Schließlich folgen Kurzvorstellungen einiger berühmter Persönlichkeiten aus Niedersachsen sowie Stichworte zur Hanse. Nach den nützlichen Adressen ist das ausführliche Register aller im Textteil genannten Städte und Orte zu finden.

Als Anhang folgt dann das Kartenwerk; der Blattschnitt steht, zur raschen Orientierung, auf Seite 200.

ZAHLEN, ROUTEN, INFORMATIONEN

Niedersachsen in Zahlen

Einwohner: 7,267 Millionen
Fläche: 47 431 km^2
Entfernung zwischen dem nördlichsten und dem südlichsten Punkt: 290 km
Entfernung zwischen dem westlichsten und dem östlichsten Punkt: 330 km

Länge der Landesgrenze:	2078 km
zu den Niederlanden	189 km
zu Schleswig-Holstein	107 km
zur DDR	560 km
zu Hessen	171 km
zu Nordrhein-Westfalen	578 km
zu Hamburg	79 km
zu Bremen – Stadt	137 km
Bremerhaven	55 km

Größe der Nordseeinseln:

Borkum	30,66 km^2
Norderney	26,29 km^2
Langeoog	19,67 km^2
Juist	16,22 km^2
Spiekeroog	17,47 km^2
Baltrum	6,50 km^2
Memmert	5,17 km^2
Wangerooge	4,73 km^2
Lütje Hörn	0,31 km^2
Mellum	0,62 km^2

Berge über 700 m Höhe:

Wurmberg (Oberharz)	971 m
Bruchberg (Oberharz)	928 m
Achtermann (Oberharz)	926 m
Schalke (Oberharz)	762 m

Die wichtigsten Flüsse in Niedersachsen (Länge in Niedersachsen oder als Grenze):

Weser (ohne Werra und Fulda)	353 km
Werra	10 km
Fulda	16 km
Elbe	262 km
Ems	241 km
Leine	241 km
Aller	211 km

Die wichtigsten Kanäle (Länge nur in Niedersachsen):

Mittellandkanal	195 km
Dortmund-Ems-Kanal	147 km
Elbe-Seiten-Kanal	115 km
Ems-Jade-Kanal	72 km
Küstenkanal	70 km

Die größten Seen und Talsperren:

Steinhuder Meer	29,4 km^2
Dümmer	16 km^2
Zwischenahner Meer	5,2 km^2
Okertalsperre	2,2 km^2/47 Mill. m^3
Granetalsperre	2,1 km^2/45 Mill. m^3
Odertalsperre	1,4 km^2/31 Mill. m^3

Verwaltungsgliederung:

4 Regierungsbezirke
9 kreisfreie Städte
38 Landkreise
428 Verwaltungseinheiten
1031 Gemeinden

Die größten Städte:

Hannover	527 524 Einwohner
Braunschweig	258 775 Einwohner
Osnabrück	156 782 Einwohner
Oldenburg	137 902 Einwohner
Göttingen	131 522 Einwohner
Wolfsburg	125 348 Einwohner
Salzgitter	112 496 Einwohner
Hildesheim	102 444 Einwohner

Niedersachsen in Zahlen (Stand 30. 6. 1982) ist entnommen der Broschüre »N wie Niedersachsen«, herausgegeben im Jahre 1983 von der Presse- und Informationsstelle der Niedersächsischen Landesregierung.

Bremen in Zahlen

Einwohner:

Bremen	553 300
Bremerhaven	138 200

Länge und Breite:
Bremen: größte Länge 38 km, größte Breite 16 km
Bremerhaven: größte Länge 15 km, größte Breite 8 km

Länge der Grenzen:

Land Bremen	185,5 km
davon Stadt Bremen	131 km
Stadt Bremerhaven	55 km

Länge der Weser im bremischen Gebiet:

	52,7 km
davon Stadt Bremen	41,7 km
Stadt Bremerhaven	11 km

Fläche: Land Bremen	40 423 ha
davon Stadt Bremen	32 671 ha
Stadt Bremerhaven	7 752 ha

Erholungsfläche im Land

Bremen:	2 274 ha
davon Stadt Bremen	1 995 ha
Stadt Bremerhaven	279 ha

Unmittelbar an der Landesgrenze fließt auf dem linken Weserufer in Bremen die Ochtum in die Weser. Bei Bremen-Vegesack mündet die Lesum in die Weser, die bei Ritterhude die Flüsse Wümme und Hamme aufnimmt. Die Wümme ist über eine weite Strecke die Landesgrenze zu Niedersachsen.

Heilbäder und Kurorte in Niedersachsen:

Altenau, Heilanzeigen: Herz- und Kreislauferkrankungen, Erschöpfungszustände, vegetative Störungen, chronisch-bronchitisches Syndrom etc. Auskünfte: Kurbetriebsgesellschaft mbH »Die Oberharzer«, 3396 Altenau.

Bad Bentheim, Heilanzeigen: Rheuma, Psoriasis (Schuppenflechte) etc. Auskünfte: Städtisches Verkehrsbüro, 4444 Bad Bentheim.

Bad Bevensen, Heilanzeigen: Gefäßerkrankungen, Kreislaufstörungen, Rheuma, degenerative Gelenkerkrankungen etc. Auskünfte: Kurverwaltung, 3118 Bad Bevensen.

Bad Eilsen, Heilanzeigen: Rheuma, Wirbelsäulenschäden, Erkrankungen der Atemwege, Kreislaufstörungen, Erschöpfungszustände etc. Auskünfte: Kurverwaltung, 3064 Bad Eilsen.

Bad Essen, Heilanzeigen: Rheuma, Arthrosen, Erkrankungen der Atemwege, Frauenkrankheiten, Verletzungs- und Unfallfolgen etc. Auskünfte: Kurverwaltung, 4515 Bad Essen.

Bad Gandersheim, Heilanzeigen: Rheuma, Kreislaufstörungen, Frauenkrankheiten etc. Auskünfte: Kurverwaltung, 3353 Bad Gandersheim.

Bad Grund, Heilanzeigen: Bandscheibenschäden, Rheuma, Verletzungs- und Unfallfolgen etc. Auskünfte: Kurbetriebsgesellschaft mbH., Clausthaler Straße 38, 3362 Bad Grund.

Bad Harzburg, Heilanzeigen: Herz- und Kreislauferkrankungen, Rheuma, Zivilisationsschäden etc. Auskünfte: Kurverwaltung, 3388 Bad Harzburg 1.

Bad Iburg, Heilanzeigen: Herz- und Gefäßerkrankungen, vegetative Störungen, Erkrankungen der Verdauungsorgane und der Drüsen mit innerer Sekretion etc. Auskünfte: Kurverwaltung, 4505 Bad Iburg.

Bad Laer, Heilanzeigen: Rheuma, degenerative Gelenkerkrankungen und Wirbelsäulenschäden etc. Auskünfte: Kurverwaltung, Kurmittelhaus, 4518 Bad Laer.

Bad Lauterberg, Heilanzeigen: Diabetes, Stoffwechselkrankheiten, Erschöpfungszustände, Kreislaufstörungen, Zustand nach Herzinfarkt etc. Auskünfte: Städtische Kur- und Badeverwaltung, Haus des Kurgastes, 3422 Bad Lauterberg.

Bad Münder am Deister, Heilanzeigen: Erkrankungen der Atmungsorgane, Rheuma, Frauenkrankheiten etc. Auskünfte: Kurverwaltung, Osterstraße 41, 3252 Bad Münder.

Bad Nenndorf, Heilanzeigen: Arthrosen, Bandscheibenschäden, Rheuma etc. Auskünfte: Niedersächsisches Staatsbad Nenndorf, Kurverwaltung, 3052 Bad Nenndorf.

Bad Pyrmont, Heilanzeigen: Herz- und Gefäßerkrankungen, Frauenkrankheiten, Rheuma, Magen- und Darmerkrankungen, Bandscheibenschäden etc. Auskünfte: Staatsbad Pyrmont, 3280 Bad Pyrmont.

Bad Rothenfelde, Heilanzeigen: Rheuma, Frauenkrankheiten, Herz- und Gefäßerkrankungen etc. Auskünfte: Kurverwaltung, 4502 Bad Rothenfelde.

Bad Sachsa, Heilanzeigen: Erkrankungen der Atmungsorgane, degenerative Gelenkerkrankungen und Wirbelsäulenschäden, Diabetes etc. Auskünfte: Kurverwaltung, Am Kurpark 6, 3423 Bad Sachsa.

Bad Salzdetfurth, Heilanzeigen: Rheuma, degenerative Gelenkerkrankungen und Wirbelsäulenschäden etc. Auskünfte: Kurverwaltung, 3202 Bad Salzdetfurth.

Bad Zwischenahn, Heilanzeigen: Erschöpfungszustände, Frauenkrankheiten, Kreislaufstörungen, Rheuma etc. Auskünfte: Kurverwaltung, 2903 Bad Zwischenahn.

Baltrum, Heilanzeigen: Erkrankungen der Atemwege, Allergien etc. Auskünfte: Kurverwaltung, 2985 Baltrum.

Blenhorst, Heilanzeigen: Rheuma, Frauenkrankheiten etc. Auskünfte: Moorbad Blenhorst, Ortsteil Blenhorst, 3071 Balge.

Bodenwerder, Heilanzeigen: Erkrankungen der Atemwege, Rheuma, Gefäßerkrankungen, Kreislaufstörungen etc. Auskünfte: Städtisches Verkehrsamt, Brückenstraße 7, 3452 Bodenwerder.

Borkum, Heilanzeigen: Erkrankungen der Atemwege, Allergien etc. Auskünfte: Kurverwaltung, Goethestraße 1, 2972 Borkum.

Braunlage, Heilanzeigen: Herz- und Kreislaufstörungen, Erkrankungen der Atemwege etc. Auskünfte: Kurverwaltung, 3389 Braunlage 1.

Braunlage 2 – Hohegeiß, Heilanzeigen: Katarrhe der Atemwege, Herz- und Kreislauferkrankungen, Erschöpfungszustände etc. Auskünfte: Kurverwaltung, 3389 Braunlage 2 – Hohegeiß.

Clausthal-Zellerfeld, Heilanzeigen: Herz- und Kreislauferkrankungen, Erkrankungen der Atemwege, Zivilisationsschäden, Erschöpfungszustände etc. Auskünfte: Kurbetriebsgesellschaft mbH »Die Oberharzer«, Kurgeschäftsstelle, Bahnhofstraße 5a, 3392 Clausthal-Zellerfeld.

Cuxhaven, Heilanzeigen: Chronisch-bronchitisches Syndrom, Erkrankungen der Atemwege, Allergien etc. Auskünfte: Kurverwaltung, Cuxhavener Straße 92, 2190 Cuxhaven.

Esens-Bensersiel, Heilanzeigen: Erkrankungen der Atemwege, Herz- und Gefäßerkrankungen etc. Auskünfte: Kurverwaltung, Kirchplatz, 2943 Esens.

Fallingbostel, Heilanzeigen: Vegetative und hormonelle Funktionsstörungen, Rheuma, Stoffwechselkrankheiten etc. Auskünfte: Kurverwaltung, 3032 Fallingbostel.

Goslar 2 – Hahnenklee, Heilanzeigen: Allgemeine Schwächezustände, Erholungskuren, Erkrankungen der Atmungsorgane etc. Auskünfte: Kurverwaltung, Hahnenklee, 3380 Goslar 2 – Hahnenklee.

Holzminden 2 – Neuhaus im Solling, Heilanzeigen: Kreislaufstörungen, vegetative Störungen etc. Auskünfte: Kur- und Verkehrsamt Neuhaus im Solling, Haus des Gastes, Lindenstraße 8, 3450 Holzminden 2 – Neuhaus.

Horumersiel-Schillig, Heilanzeigen: Erkrankungen der Atemwege, Allergien etc. Auskünfte: Kurverwaltung Wangerland, Horumersiel, Zum Hafen 1, 2949 Wangerland 2.

Juist: Erkrankungen der Atemwege, Allergien etc. Auskünfte: Kurverwaltung, 2983 Juist.

Langeoog, Heilanzeigen: Erkrankungen der Atemwege, Allergien etc. Auskünfte: Kurverwaltung, 2941 Langeoog.

Lüneburg, Heilanzeigen: Arthrosen, Bandscheibenschäden, degenerative Erkrankungen der Wirbelsäule und der Gelenke, Erkrankungen der Atemwege etc. Auskünfte: Kurverwaltung, 2120 Lüneburg.

Melle, Heilanzeigen: Kinderkrankheiten, Magen- und Darmerkrankungen etc. Auskünfte: Kurverwaltung Solbad Melle, Rathaus, 4520 Melle.

Neuharlingersiel, Heilanzeigen: Erkrankungen der Atemwege, Herz- und Gefäßerkrankungen etc. Auskünfte: Kurverwaltung, Zum Hafen West 1, 2943 Neuharlingersiel.

Norden-Norddeich, Heilanzeigen: Erkrankungen der Atemwege, Herz- und Gefäßerkrankungen etc. Auskünfte: Kurverwaltung, 2980 Norden-Norddeich.

Norderney, Heilanzeigen: Erkrankungen der Atemwege, Allergien etc. Auskünfte: Kurverwaltung, 2982 Norderney.

Salzgitter-Bad, Heilanzeigen: Rheuma, Katarrhe der Atemwege, Kinderkrankheiten, Frauenkrankheiten. Auskünfte: Badeverwaltung, 3320 Salzgitter 51.

St. Andreasberg, Heilanzeigen: Erkrankungen der Atemwege, Herz- und Kreislauferkrankungen etc. Auskünfte: Städtische Kurverwaltung, 3424 St. Andreasberg.

Spiekeroog, Heilanzeigen: Erkrankungen der Atemwege, Allergien etc. Auskünfte: Kurverwaltung, 2941 Spiekeroog.

Wangerooge, Heilanzeigen: Erkrankungen der Atemwege, Allergien etc. Auskünfte: Kurverwaltung, 2946 Wangerooge.

Wieda, Heilanzeigen: Erkrankungen der Atmungsorgane, Herz- und Kreislauferkrankungen, allgemeine Schwächezustände etc. Auskünfte: Kurbetriebsgesellschaft im Südharz, Kurverwaltung Wieda, Lange Straße 46, 3426 Wieda.

Wildemann, Heilanzeigen: Herz- und Kreislauferkrankungen, Erschöpfungszustände, Rekonvaleszenz, Stoffwechselkrankheiten. Auskünfte: Kurbetriebsgesellschaft mbH »Die Oberharzer«, Kurgeschäftsstelle, 3391 Wildemann.

Wilhelmshaven, Heilanzeigen: Degenerative Gelenkerkrankungen und Wirbelsäulenschäden, Kreislaufstörungen etc. Auskünfte: Freizeit in Wilhelmshaven GmbH., Stadthallen-Passage, Ecke Grenz-Peterstraße, 2940 Wilhelmshaven.

Touristische Straßen in Niedersachsen

Störtebeker-Straße

In Stade beginnt (oder endet) die Störtebeker-Straße. In der alten Hansestadt und Schwedenfestung kam es freilich nicht zu einer unmittelbaren Bekanntschaft zwischen dem Piraten und ehrbaren Bürgern. Aber die Stader standen wohl am Elbufer, als der berühmt-berüchtigte Seeräuber nach der von ihm verlorenen Schlacht bei Helgoland im Jahre 1401 nach Hamburg gebracht wurde. 1402 ist er dann auf dem Richtplatz der Hamburger, dem Grasbrook, geköpft worden. Ein Denkmal erinnert dort daran.

Die Störtebeker-Straße führt von Stade aus konsequent immer an der Küste entlang: Drochtersen, Wischhafen, Otterndorf, Cuxhaven sind die ersten Stationen. Man weiß nicht, ob Störtebeker dort jemals gewesen ist. Zumindest haben die Menschen vor ihm gezittert – jedenfalls jene, die mit irdischen Gütern gesegnet waren. Die anderen nicht, denn die bekamen von Störtebeker etwas von dem zugesteckt, was er anderen weggenommen hatte.

Es ist ja eine merkwürdige Geschichte mit diesen Vitalienbrüdern. Sie waren zu einem Teil junge Männer aus adligen Häusern, was – wie vermutet wird – auch für Klaus Störtebeker zutraf. Er hatte zusammen mit Godeke Michels, dem Kopf der Gemeinschaft, als Helfer des Schwedenkönigs Albrecht das von Königin Margarete in den Jahren 1389 bis 1392 belagerte Stockholm mit Lebensmitteln (Vitalien) versorgt. Nachdem die Stockholmer mit ihrer Hilfe überlebt hatten und der Krieg zu Ende war, wurden sie nicht mehr gebraucht.

Sie hatten nicht das Glück wie Francis Drake und andere englische Freibeuter, in den Dienst einer vorausschauenden Königin treten zu können. Aber sie hatten auch den Anschluß an das bürgerliche Leben verpaßt und setzten ihren Kaperkrieg auf eigene Faust fort. Und weil sie alle Beute gleichmäßig unter sich aufteilten, nannten sie sich Liekedeeler (Gleichteiler).

Gegen Ende des 14. Jahrhunderts wurden sie vom Deutschen Orden von ihrem Stützpunkt auf der Insel Gotland vertrieben. Sie verließen daraufhin die Ostsee und machten fortan die Nordsee unsicher, wo sie für erhebliche Unruhe unter den hansischen Kaufleuten sorgten.

Sie waren freilich nicht die einzigen Wegelagerer an den Wasserstraßen der Nordsee. An den Küsten Butjadingens zum Beispiel waren tüchtige und risikofreudige Seeleute zu Hause, die einer gewinnversprechenden Rauferei nicht aus dem Wege gingen. Und die ostfriesischen Häuptlinge waren auch nicht pingelig, wenn es darum ging, die Pfeffersäcke aus Hamburg und Bremen auszunehmen.

Bleiben wir aber zunächst noch auf der rechten Weserseite. Dort führt die Störtebeker-Straße von Cuxhaven, immer am Deich entlang, zumindest aber in Deichnähe, über Dorum und Wremen nach Bremerhaven. Das Land Wursten, dessen Hauptort Dorum ist, tauchte als Seeräubernest niemals auf in den Schlagzeilen der regionalen Geschichte. Dafür lebten dort die dickschädeligen Wurster Bauern, die dem Bischof von Bremen das Leben schwer machten und ihm seine schönen Zwingburgen zerstörten, die er hatte bauen lassen, um sie zur Räson zu bringen.

In Bremerhaven sollte man sich ein bißchen im Deutschen Schiffahrtsmuseum aufhalten, schon wegen der Hansekogge aus dem Jahre 1380, die dort betrachtet werden kann. Das Schicksal, in die Auseinandersetzungen mit Störtebeker geraten zu sein, blieb ihr jedoch erspart.

Wir müssen hier noch einen Augenblick verweilen – ehe wir über die Weser setzen –, um daran zu erinnern, daß Störtebeker nicht nur Unheil angezettelt hat. Als er in Hamburg auf dem Richtplatz stand

und sein letztes Stündlein gekommen war, vermachte er der Stadt Verden sieben Kirchenfenster, auf denen die sieben Todsünden dargestellt werden sollten, denen er sich besonders verbunden fühlte.

Außerdem bestimmte er, daß in jedem Jahr am Montag nach Lätare eine Spende, bestehend aus Brot und Heringen, zu geben sei an arme Leute, Kirchenbedienstete und Beamte. Die Spende ist noch heute fester Bestandteil des Verdener Veranstaltungskalenders. Zumeist wird ein hoher Minister aus Hannover gebeten, die Spende von einem Wagen aus zu verteilen. Es gibt Brot und Heringe, wie zu alten Zeiten, und die Leute stehen danach Schlange.

Anschließend versammelt sich die Prominenz der Stadt, ergänzt durch Freunde von außerhalb, zu einem Heringsessen, bei dem allerlei launige Reden gehalten werden. So ist denn Störtebeker posthum zu einer respektablen Person geworden – 500 Jahre, nachdem ihn der Deutsche Orden von Gotland fortjagte und er als Bürgerschreck in die Nordsee kam. Warum gerade Verden in dem Testament des Piraten bedacht wurde, das weiß man nicht so genau. Es wird vermutet, daß er bei Verden Besitz gehabt hat.

Burhave, Fedderwardersiel, Tossens sind die Stationen auf der Halbinsel Butjadingen. Die Strecke läuft am Jadebusen entlang, berührt Varel-Dangast, erreicht Wilhelmshaven, führt über Hooksiel nach Carolinensiel, und damit hat der Reisende die ostfriesische Küste erreicht, wo er durch zahlreiche Backsteinburgen an die einstige Häuptlingsherrlichkeit erinnert wird. Bei einigen Häuptlingen weiß man nicht so recht, ob sie Helden waren oder Seeräuber. Nach Ansicht der Hansebrüder waren sie Piraten, aber in Ostfriesland genießen sie allseitige Verehrung. Der gilt etwas in Ostfriesland, der nachweisen kann, daß sich irgendwo in seiner Ahnenreihe ein Seeräuber befindet.

Soviel jedenfalls ist sicher: Störtebeker hat in Ostfriesland viele Freunde gehabt, was nicht zuletzt darauf zurückzuführen war, daß er den Armen gab, was er den Reichen genommen hatte. Er selbst und seine Leute brauchten nicht viel. Wenn sie nur ihr Bier hatten! Von Störtebeker wird berichtet, daß er einen gewaltigen Humpen an den Mund hob und erst wieder absetzte, wenn der Humpen leer war. Stürzebecher (Störtebeker) – so wurden auch Gläser ohne Fuß genannt, die man erst aus der Hand legen konnte, wenn sie geleert waren.

Die allerengste Beziehung zu Störtebeker hatte Marienhafe, das heute – südlich von Norden – im Binnenland liegt, früher aber einen unmittelbaren Zugang zum Meer hatte. Dort befand sich ein Schlupfwinkel des Piraten – die Kirche. Noch heute werden die eisernen Ringe gezeigt, an denen er sein Schiff festgebunden haben soll.

Rudolf Fokerts hat in seinem Buch »Das Land um den Störtebekerturm« die Chronik des Norder Pastors Elsenius zitiert, in dem die Rede davon ist, daß Störtebeker zum ersten Mal am 13. Januar 1396 nach Marienhafe gekommen sei. Es ist aber in den Kirchenbüchern nichts darüber vermerkt. Im Kirchturm erinnert ein kleines Museum an den prominenten Gast. Dort hängt auch sein Bild. Es zeigt einen bärtigen Mann, die Mütze verwegen auf dem Kopf, das Schwert in der Hand, ein sogenannter »Bihänder«, der nur von starken Männern bedient werden konnte – und zwar mit beiden Händen. Das Bild hat allerdings einen Schönheitsfehler. Es soll sich um einen Kupferstich von Daniel Hofer handeln und einen Hofnarren Kaiser Maximilians II. darstellen.

In Greetsiel wird schließlich erinnert an eine der letzten großen Schlachten der Piraten unter Godeke Michels gegen die vereinigten Kaufmannsstädte; sie fand auf der Unterems statt. Emden hat eine sehenswerte Rüstkammer, die ein Bild gibt von den Waffen, mit denen die Helden damals aufeinander losgegangen sind.

Grüne Küstenstraße

Als eine internationale Ferienstraße hat sich die Grüne Küstenstraße durchgesetzt, die in Dänemark beginnt und immer im Bereich der Nordseeküste verläuft, mal ziemlich dicht im Schutze der Deiche, mal eine ganze Strecke landeinwärts. Auch gibt es einige Nebenstrecken.

In Niedersachsen beginnt sie in Wischhafen (Fährverbindung von Glückstadt) und führt entweder über Cuxhaven und Bremerhaven nach Bremen oder über Osterholz-Scharmbeck. Sie hält sich dann an die B 75, macht – als Nebenstrecke – einen Schlenker ins Ostfriesische (Friedeburg) und geht bei Weener über die Grenze nach Holland hinein.

Das Zeichen der Grünen Küstenstraße ist der Dreizack des Meeresgottes Neptun.

Artland- und Bramgau-Route

Die Artland-Route im Bersenbrücker Land beginnt und endet bei der Autobahn-Abfahrt Dinklage. Sie führt über Quakenbrück, Menslage, Berge, Bippen, Ankum, Bersenbrück und Badbergen.

Ihren Namen trägt sie nach dem Artland, einem fruchtbaren Bauernland. Sie führt ausschließlich über Nebenstraßen (etwa 120 Kilometer) und eignet sich auch als – bequem in zwei Tagen zu bewältigende – Radwanderroute.

Die etwas längere Bramgau-Route beginnt und endet bei der Autobahnabfahrt Neuenkirchen-Vörden. Sie führt über Vörden, Alt-Barenaue (alte Burg mit Gerichtslinde), vorüber an Bramsche nach Fürstenau (Schloßanlage) und berührt Merzen, den Alfsee (Feriencentrum mit Wassersportmöglichkeit) und Rieste.

Auch die Bramgau-Route ist für Radwanderer benutzbar.

Deutsche Ferienstraße

Die Deutsche Ferienstraße, die von der Ostsee bis an den Bodensee verläuft, ist auf den ersten Kilometern in Niedersachsen identisch mit der Alten Salzstraße. Sie führt von Lauenburg an der Elbe nach Lüneburg, dann durch die Lüneburger Heide nach Celle, berührt Gifhorn, Wolfsburg und Helmstedt, Schöningen, Wolfenbüttel und Braunlage, Clausthal-Zellerfeld, Duderstadt und Göttingen. Hannoversch Münden ist die letzte Station der Ferienstraße in Niedersachsen, ehe sie hessisches Gebiet erreicht.

Harz-Heide-Straße

Fast gerade in Nord-Süd-Richtung verläuft die Harz-Heide-Straße. Sie beginnt in Lüneburg und berührt auf ihrem Weg nach Süden Uelzen, Gifhorn, Braunschweig, Wolfenbüttel, Bad Harzburg und Braunlage. Erst dann geht sie leicht in die Kurve, hat als Stationen Bad Lauterberg und Herzberg und endet schließlich in Göttingen.

Deutsche Märchenstraße

Die Deutsche Märchenstraße erfaßt weitgehend das Gebiet, in dem die Brüder Grimm ihre Hausmärchen gesammelt haben. In Hanau, dem Geburtsort der beiden Brüder, beginnt die Straße, führt unter anderem durch Schwalmstadt (Rotkäppchen), berührt Kassel, einst die Wirkungsstätte der beiden Märchenforscher, und erreicht nördlich von Kassel niedersächsisches Gebiet. Noch in Hessen sind Frau Holle (im Kaufunger Wald) und Dornröschen (in der Sababurg im Reinhardswald) sozusagen zu Hause.

Erste niedersächsische Station ist Hannoversch Münden, wo man den Doktor Eisenbart getrost in den Reigen der Märchenfiguren einfügen darf, obwohl er ein Mensch aus Fleisch und Blut gewesen ist und erfolgreich – wenn auch ein bißchen marktschreierisch – als Arzt gewirkt hat.

Die Märchenstraße ist nun in ihrem weiteren Verlauf identisch mit der Wesertalstraße. Es ist im übrigen jene Straße, auf der die Bremer Stadtmusikanten weserabwärts in Richtung Bremen gezogen sind, das sie allerdings nie erreicht haben. Sie blieben unterwegs in einem Räuberhaus mit reich gedecktem Tisch hängen.

Märchenstationen sind unter anderem Bodenwerder (Abenteuer des Freiherrn von Münchhausen) und Hameln (Rattenfänger). Bei Porta Westfalica verläßt die Weser die Berge und fließt in die Norddeutsche Tiefebene. Ein bißchen abweichend von der Märchenstraße wird man Wiedensahl besuchen, wo Wilhelm Busch gelebt hat. Auch er war ein Sammler alter Volksmärchen.

Die Straße führt über Verden nach Bremen. Hier lebte im vorigen Jahrhundert ein Schriftsteller, der den Bremern eine Reihe sehr schöner Volksmärchen beschert hat, erfundene Geschichten, die aber längst als Sagen in das Bewußtsein der Bremer eingedrungen sind.

Östlich von Bremen macht die Märchenstraße einen Schlenker durch das sagenumwobene Teufelsmoor. Endstation der Märchenstraße ist Bremerhaven, wo nach zuverlässiger Auskunft des dortigen Verkehrsamtes der Fischer und seine Frau zu Hause gewesen sind.

Alte Salzstraße

Die Alte Salzstraße ist sozusagen grenzüberschreitend: Sie führt von Lüneburg nach Lübeck auf einer Strecke, die im Mittelalter von den Salzfuhrwerken zurückgelegt wurde. Das Lüneburger Salz wurde in Lübeck in den gesamten Ostseeraum verschifft, wo es vor allem zum Einsalzen und damit Haltbarmachen der Heringe gebraucht wurde. Die niedersächsische Strecke der Alten Salzstraße beginnt in

Lüneburg und ist bereits bei Lauenburg an der Elbe zu Ende. Lauenburg gehört schon zu Schleswig-Holstein.

Zwei Mühlenstraßen

Eine Vielzahl von Windmühlen bestimmt (heute wieder) das Bild der norddeutschen Landschaft. Immer mehr Mühlen, die bereits dem Verfall preisgegeben waren, werden restauriert. Einige von ihnen sind als Museen hergerichtet worden, andere werden gastronomisch genutzt. Zwei Mühlenstraßen gibt es in Niedersachsen: die Großefehner Mühlenstraße und die Mühlenstraße im Landkreis Osterholz.

Die Großefehner Mühlenstraße verläuft östlich und westlich der B 72 durch die Ortschaften der Gemeinde Großefehn. Von Leer kommend, erreicht man kurz vor der Ortschaft Bagband die Bagbander Windmühle, eine Holländer Windmühle mit Galerie, die 1812 erbaut wurde und seitdem der Müllerfamilie Bohlen gehört.

Nach etwa zwei Kilometer Fahrt entlang des Spetzerfehnkanals kommt man zur Holländer Windmühle von Spetzerfehn. Sie ist vierstöckig, wurde 1886 erbaut und arbeitet noch heute mit Windkraft. Müller Steenblock hat nichts dagegen, wenn man mal gucken kommt. Nächste Station in Richtung Großefehn ist die 1804 erbaute Holländer Windmühle zu Ostgroßefehn. In ihr befindet sich ein Müllerei-Museum. In dem Ort Wrisse steht die Holländer Windmühle zu Felde, die im Jahre 1866 gebaut wurde. Senior der Mühlen ist die Holländer Windmühle Westgroßefehn. Sie stammt aus dem Jahre 1773, erlitt aber mehrfach Blitzschaden. Der jetzige Bau ist von 1889/91.

Und dieses sind die Stationen an der Mühlenstraße des Landkreises Osterholz:

Aschwarden an der Weser: Holländer Windmühle von 1850. Die Mühle ist zugleich ein Wahrzeichen für die Weserschiffahrt.

Meyenburg: Wassermühle von 1830/56.

Osterholz-Scharmbeck: Mühle am Hafen. Es ist eine Windmühle von 1769, die 1946 durch Blitzschlag schwer beschädigt wurde. Beim Wiederaufbau ließ man die Flügel weg. Wassermühle Ruschkamp von 1662, nach einem Feuer wiederaufgebaut im Jahre 1972 und voll in Betrieb. Windmühle am Rönn von 1882, ein doppelstöckiger Viergänge-Holländer – Wahrzeichen von Osterholz-Scharmbeck. Wasserstauanlage Fehsenfeld aus dem 12. Jahrhundert, 1973 wurde das Stauwerk renoviert und ein neues Wasserrad installiert.

Mühlenstau in Gut Sandbeck (1773).

Mühle Sandhausen-Myhle, Windmühle von 1795.

Hambergen: Mühle Wallhöfen, eine Holländer Windmühle von 1880.

Lübberstedt: Holländer Windmühle, die noch im Betrieb ist.

Worpswede: Windmühle Ostersode, ein doppelstöckiger Galerie-Holländer von 1852. Windmühle Worpswede, ein Galerie-Holländer von 1839.

Wanderwege in Niedersachsen

Der Harz ist ein einziges Wandergebiet mit einer Vielzahl gut ausgeschilderter Wanderwege. Und das gilt auch für das Gebiet an der Oberweser mit Solling und Deister und für die Lüneburger Heide. Es ist klar, daß sich jeder den Wanderweg aussuchen kann, der seinem Leistungsvermögen entspricht.

Hier werden einige Wanderwege für »Fortgeschrittene« genannt:

Friesenweg – von Osnabrück nach Papenburg (171 Kilometer).

Pickerweg – von Osnabrück nach Wildeshausen (109 Kilometer).

Töddenweg – von Osnabrück nach Oldenzaal/Niederlande (111 Kilometer).

Wittekindsweg – von Osnabrück nach Minden (95 Kilometer).

Wesergebirgsweg – von Minden nach Hameln (55 Kilometer).

Weserberglandweg – von der Porta Westfalica nach Hannoversch Münden (210 Kilometer).

Weser-Weg – von der Porta Westfalica nach Bremen (180 Kilometer).

Um Weser- und Wiehengebirge – Rundwanderweg: Porta Westfalica, Minden, Bückeburg, Rinteln, Bad Oeynhausen, Porta Westfalica (73 Kilometer).

Durch Bückeburg und Wesergebirge – Rundwanderweg: Bad Eilsen, Rehren, Wesergebirgskamm, Bad Eilsen (38 beziehungsweise 52 Kilometer).

Jadewanderweg – von Harlesiel bis Mühlenort bei Osnabrück (256 Kilometer).

Jadezweigweg – von Harlesiel bis Kirchweyhe (193 Kilometer).

Ems-Hunte-Wanderweg – von Leer bis Oldenburg (84 Kilometer).

Geestweg – von Meppen bis Bremen (195 Kilometer).

Niedersachsenweg – von Hamburg-Harburg über Wilsede nach Celle (135 Kilometer).

Langobardenweg – von Bleckede über Hitzacker nach Uelzen (120 Kilometer).

Hermann-Billung-Weg – von Lüneburg über Soltau nach Verden (125 Kilometer).

Sehr reizvoll sind Wanderungen um das Steinhuder Meer, um den Dümmer und um die Thülsfelder Talsperre.

Eine Broschüre mit Rundwanderungen ist vom Fremdenverkehrsverband Nordsee-Niedersachsen-Bremen e.V., Oldenburg, herausgegeben worden. Sie enthält 26 Rundwanderwege.

Tierparks, Wildgehege und Safari-Parks

Bad Iburg: Tiergehege im Märchenwald (heimische Wildtiere, Exoten und Vögel).

Bad Laer: Tiergehege in den Ortsteilen Westerwiede, Winkelsetten und Hardensetten (Reh- und Damwild).

Bad Nenndorf: Tiergehege beim Kratergelände an der B 65 (seltene Vögel, Niederwild, schwarze Rehe).

Bad Rothenfelde: Vogelpark bei der Wasserburg Palsterkamp.

Bassum: Natur- und Tierpark Niedermoor.

Bodenwerder: Wildgehege am Hopfenberg (Rot- und Damwild).

Börger: Natur- und Tierpark.

Bremen: Tiergehege im Bürgerpark (heimisches Wild, einige Exoten).

Bremerhaven: Zoo am Meer mit Tiergrotten und Nordseeaquarium (vorwiegend Tiere aus den nördlichen Breiten; bekannte Eisbärenaufzucht).

Bremervörde: Wildpark.

Cuxhaven: Seevogelwiese und Seehundbecken im Kurpark.

Dassel: Wildgehege im Ortsteil Sievershausen-Abbecke (Rot-, Dam- und Rehwild).

Ebstorf: Wildgehege in Altenebstorf.

Friesoythe: Tierpark Worberg in der Bauernschaft Mittelsten-Thüle bei der Thülsfelder Talsperre.

Goldenstedt: Wildgehege.

Göttingen: Wildgehege am Hainholzhof (Dam- und Schwarzwild).

Hameln: Zoo am Klüt.

Hannover: Zoologischer Garten; Tiergarten im Ortsteil Kirchrode (Damwild, Wildpferde, Wildschweine); Vogelschutzgehölz in der Eilenriede.

Hannoversch Münden: Wildgehege am Rinderstall (Damwild, Wildschweine).

Hardegsen: Wildgehege (Rot-, Dam-, Muffel-, Reh- und Schwarzwild).

Helgoland: Seehundbecken; Vogelwarte.

Hessisch Oldendorf: Tiergehege im Forellental, Ortsteil Hemeringen (Damwild, Ziegen, Haustiere); Tiergehege im Ortsteil Rohdental (Affen und Vögel).

Hildesheim: Gehege auf dem Steinberg (Dam- und Schwarzwild).

Hodenhagen: Serengeti-Großwildpark.

Jade: Zoo Jaderberg, einer der größten privaten Tierparks in Deutschland.

Lauenbrück: Wildpark (heimische und exotische Tiere).

Melle: Wildpark in den Meller Bergen (Dam- und Muffelwild, Wildschweine); Exotarium (exotische Tiere) im Ortsteil Wellingholzhausen (Amphibien, Reptilien und Fische aus aller Welt).

Müden (Örtze): Wildpark.

Neuhaus im Solling (Holzminden): Wildpark (Rot-, Dam-, Muffel- und Schwarzwild).

Neustadt a. Rbge.: Wildgehege am Damkrug, an der B 6 (Dam- und Rehwild).

Nienburg: Tiergehege (Affen, Ziegen und Kleintiere).

Nindorf: Wildpark Lüneburger Heide (Wisente, Elche etc.).

Norden-Norddeich: Seehund-Aufzuchtstation.

Osnabrück: Zoologischer Garten.

Polle: Damwildgehege.

Soltau: Heidepark mit Wildpark, Delphinarium und Abenteuerpark.

Springe: Wisentgehege im Saupark (Wisente und 55 heimische Wildarten).

Stolzenau: Damwildgehege im Ortsteil Kohlenweihe.

Visbek: Wildfreigehege in Norddöllen.

Wagenfeld: Naturtierpark Ströhen mit vielen Exoten und einem Araber-Gestüt.

Walsrode: Vogelpark, einer der größten der Welt.

Wilhelmshaven: Seewasser-Aquarium.

Wingst: Tierpark mit Baby-Zoo.

Märchenparks – auch für Erwachsene

Bad Iburg: Märchenwald.
Bad Rothenfelde: Kinder-Traumwald.
Bad Sachsa: Märchengrund.
Hardegsen: Märchengrund.
Melle: Märchenwald.
Uetze bei Burgdorf: Erse-Park (Freizeit- und Märchenpark).
Verden: Freizeitpark mit Märchenschau.
Wennigsen: Wasserräder im Deister.

Bedeutende Burgen und Schlösser

Adelebsen: Burg auf einem Sandsteinfelsen (mehrfach zerstört, Beginn des Neuaufbaus 1650, Erweiterungen im 18. und 19. Jh.).
Bederkesa: Burg von 1536, vor einigen Jahren restauriert – Kreisheimatmuseum.
Bentheim: Schloß Bentheim, eine der schönsten Burganlagen im deutschen Nordwesten, Baubeginn etwa 13. Jh., zahlreiche Ergänzungen im Laufe der Jahrhunderte.
Braunschweig: Burg Dankwarderode, einst Residenz Heinrichs des Löwen, 1175 erbaut, nach Zerstörungen wiedererrichtet.
Bückeburg: Residenzschloß, erstmals erwähnt im 13. Jh., heutige Anlage aus dem Barock. Bemerkenswert: der Goldene Saal mit Kassettendecke von 1605.
Celle: Schloß, Baubeginn 1292, Umbauten im 16. und 17. Jh., im Schloß das älteste noch bespielte deutsche Schloßtheater.
Dornum: Zwei Burgen, beide um 1400, Beninga-Burg heute gastronomisch genutzt, Norderburg (Barockumbau) heute Schule.
Gartow: Schloß von 1710.
Hameln: Hämelschenburg (erbaut ab 1588, sehr gutes Beispiel der Weserrenaissance).
Hannover: Leineschloß (17. Jh.), heute Sitz des Niedersächsischen Landtags; Welfenschloß (1857) im Welfengarten.
Hannoversch Münden: Schloß (erstmalig erwähnt im 11. Jh., wesentliche Teile des heutigen Baus um 1500).
Sögel: Schloß Clemenswerth (1737/47).
Wolfenbüttel: Schloß (Ausbau im 16. und 17. Jh.).

Museen in Niedersachsen

Alfeld: Heimatmuseum in der Alten Lateinschule (17. Jh., berühmtes Fachwerk).
Amelinghausen: Heimatmuseum.
Aurich: Ostfriesische Landschaft (ostfriesischer Küstenraum); Stiftsmühle (Mühlenmuseum).
Bad Bentheim: Schloßmuseum (Geologie, Vor- und Frühgeschichte); Kreismuseum Grafschaft Bentheim; Missionsgymnasium St. Antonius (Brasilmuseum, Briefmarkenmuseum, christliche Motive); Geologisches Freilichtmuseum im Ortsteil Gildehaus.
Bad Bevensen: Heimatmuseum.
Bad Eilsen: Heimatmuseum.
Bad Gandersheim: Heimatmuseum.
Bad Harzburg: Haus der Natur im Kurpark.
Bad Iburg: Uhrenmuseum; Töpferei-Museum.
Bad Laer: Heimatmuseum.
Bad Lauterberg: Heimatmuseum.
Bad Münder: Heimatmuseum.
Bad Nenndorf: Agnes-Miegel-Gedenkstätte; Galerie für Kunst und Handwerk.
Bad Pyrmont: Heimatmuseum; Kunstgalerie mit wechselnden Ausstellungen.
Bad Rothenfelde: Dr.-Alfred-Bauer-Museum; Automuseum.
Bad Zwischenahn: Freilichtmuseum Ammerländer Bauernhaus.
Barsinghausen: Heimatmuseum.
Bederkesa: Kreisheimatmuseum in der Burg.
Bersenbrück: Kreismuseum.
Berumerfehn: Wald- und Moormuseum.
Bodenwerder: Münchhausen-Museum; Heimatmuseum.
Börstel: Stiftsmuseum Börstel.
Borkum: Inselmuseum Dykhus.
Brake: Schiffahrtsmuseum der Oldenburgischen Unterweserhäfen.
Braunlage: Heimatmuseum.
Braunschweig: Herzog-Anton-Ulrich-Museum (Kunstgewerbe, Gemälde); Staatliches Naturhistori-

sches Museum; Städtisches Museum (Kulturgeschichte); Wilhelm-Raabe-Gedächtnisstätte.

Bremen: Focke-Museum (bremische Kulturgeschichte) mit Freilichtmuseum Mittelsbürener Bauernhaus; Brotmuseum in der Oberneulander Windmühle; Übersee-Museum (Dritte Welt); Kunsthalle; Gerhard-Marcks-Haus; Roselius-Haus in der Böttcherstraße (Kunst, Kultur, Waffensammlung); Bleikeller im Dom (Mumien); Schifferhaus im Schnoor; Schloß Schönebeck (Heimatgeschichte, Geschichte des Walfangs).

Bremerhaven: Deutsches Schifffahrtsmuseum (Hansekogge von 1380 und Freilichtmuseum im Alten Hafen); Nordsee-Museum; Morgenstern-Museum (Heimatmuseum); Freilichtmuseum (Bauernhäuser) in Speckenbüttel; Kunsthalle; Versorgungs- und Verkehrsmuseum.

Bremervörde: Kreismuseum.

Bruchhausen-Vilsen: Erste Museums-Eisenbahn Deutschlands; Automobil-Museum.

Bückeburg: Hubschrauber-Museum; Heimatmuseum (Volkstrachten und Volkskunst); Gemäldegalerie.

Buxtehude: Heimatmuseum.

Cappel: Heimatmuseum.

Carolinensiel-Altfunnixiel: Lütge Land (Modelle historischer Bauwerke im Maßstab 1:25 im Freizeitpark); Schiffahrtsmuseum.

Celle: Bomann-Museum (u. a. bäuerliche Kultur in der Heide); Königin-Caroline-Mathilde-Museum im Schloß.

Clausthal-Zellerfeld: Oberharzer Bergwerks- und Heimatmuseum (mit Schachtanlage); Mineraliensammlung der Technischen Universität Clausthal.

Cloppenburg: Museumsdorf Niedersächsisches Freilichtmuseum.

Cuxhaven: Stadtmuseum; Stadtmuseum Schloß Ritzebüttel; Puppenmuseum; Wrackmuseum; Buddelschiffmuseum.

Dassel: Heimatmuseum der Grafschaft Dassel; Solling-Galerie.

Deinste: Deutsches Feld- und Kleinbahnmuseum (mit Museumseisenbahn).

Delmenhorst: Haus Coburg (Kunstsammlung).

Detern-Stickhausen: Museum Burg Stickhausen (Natur- und Heimatkunde).

Dinklage: Dinklager Heimatstube.

Dransfeld: Gauß-Museum auf dem Hohen Hagen.

Duderstadt: Heimatmuseum.

Edewecht-Westerscheps: Freilichtmuseum »Tollhus up 'n Wurnbarg« (ehemaliges Zollhaus).

Einbeck: Biermuseum; Heimatmuseum in einem Patrizierhaus von 1548.

Emden: Ostfriesisches Landesmuseum und Städtisches Museum im Rathaus am Delft (Rüstkammer).

Emsbüren: Heimathof.

Eschershausen am Ith: Wilhelm-Raabe-Gedenkstätte.

Fallersleben: Hoffmann-Museum.

Fallingbostel: Hof der Heidmark (Erinnerungen an die Zeit des Dreißigjährigen Krieges); Heimatmuseum in Dorfmark.

Fischerhude: Heimathaus Irmintraut; Otto-Modersohn-Haus (Werke des Malers Otto Modersohn).

Frelsdorf bei Beverstedt: Freilichtmuseum auf dem Brink.

Friedland: Europäisches Brotmuseum im Ortsteil Mollenfelde.

Fürstenberg: Porzellan-Museum im Schloß.

Georgsmarienhütte: Heimatmuseum.

Gifhorn: Kreisheimatmuseum; Mühlenmuseum.

Göttingen: Städtisches Museum; Völkerkundliche Sammlung der Universität; Kunstsammlung der Universität; Archäologisches Institut der Universität; Zoologisches Museum der Universität.

Goldenstedt-Ambergen: Ostdeutsche Heimatstube.

Goslar: Goslarer Museum für Stadtgeschichte; Mönchehaus (moderne Kunst), Siemenshaus (Familienmuseum); Museum im Zwinger (Folterkammer); Puppen- und Musikinstrumentenmuseum.

Grasberg: Findorff-Hof (Hof mit Backhaus, Sammlung zur Orts- und Siedlungsgeschichte).

Großefehn: Windmühle Ostgroßefehn.

Hahnenklee: Edelsteinmuseum auf dem Bocksberg; Paul-Lincke-Museum.

Hameln: Heimatmuseum mit Sammlungen zur Rattenfängersage.

Hankensbüttel: Heimatmuseum im Brauhaus von Kloster Isenhagen.

Hannover: Niedersächsisches Landesmuseum (Landesgalerie für Malerei und Plastik, Abteilungen für Naturkunde, Völkerkunde und Urgeschichte); Historisches Museum (Stadt- und Landesgeschichte); Kestner-Museum (ägyptische und griechische Abteilung, Mittelalter, graphisches und numismatisches Kabinett); Wilhelm-Busch-Museum in Herrenhausen; Herrenhausen-Museum; Sprengel-Museum Hannover (Kunst des 20. Jahrhunderts).

Hannoversch Münden: Heimatmuseum im Schloß; Waldmuseum beim Rinderstall (heimische Tierwelt).

Hardegsen: Geigen-Museum.

Haselünne: Heimathäuser.

Heinsen: Heimat- und Schiffermuseum.

Hellental: Wald- und Löns-Museum; Kunstgalerie.

Helmstedt: Kreisheimatmuseum im Juleum (1576).

Hermannsburg: Missionsmuseum im Ludwig-Harms-Haus.

Hildesheim: Roemer- und Pelizaeus-Museum (weltbekannte ägyptische Sammlung), Neißer Archiv und Heimatmuseum; Diözesan-Museum mit Domschatz.

Hösseringen: Landwirtschaftsmuseum.

Holzminden: Heimatmuseum; Galerie im Hof.

Hornburg: Heimatmuseum.

Jever: Schloß- und Heimatmuseum.

Juist: Küstenmuseum.

Kneitlingen: Eulenspiegel-Museum in Schöppenstedt.

Königslutter: Petrefaktensammlung (Versteinerungen).
Kreiensen: Heimatmuseum im Ortsteil Greene.
Krummhörn-Pewsum: Ostfriesisches Freilicht-, Mühlen- und Burgen-Museum; Kunstgalerien in Greetsiel.
Lamstedt: Bördemuseum (Heimatgeschichte).
Leer: Heimatmuseum, Haus Samson (Wohnkultur).
Lautenthal: Bergwerks- und Hüttenschau mit Multi-Mediaschau.
Lembruch/Dümmer See: Dümmer-Museum.
Lilienthal: Heimatstube; Kutschenmuseum im Ortsteil Trupe.
Lingen: Kreisheimatmuseum.
Lüneburg: Gewandhaus (Kunsthandwerk); Museum für das Fürstentum Lüneburg; Brauerei-Museum in der Krone.
Marienhafe: Museum im Störtebekerturm.
Melle: Grönegau-Museum mit Heimathof.
Moringen: Heimatmuseum; Kunstgalerie in Fredelsloh.
Neuenwalde: Heimatstube.
Neuharlingersiel: Buddelschiffmuseum; Museum der Deutschen Gesellschaft zur Rettung Schiffbrüchiger.
Neuhaus im Solling: Waldmuseum.
Neustadt a. Rbge.: Torfmuseum im Schloß Landestrost.
Nienburg: Heimat- und Bauernhaus-Museum.
Norden: Heimatmuseum mit Theelkammer.
Nordenham: Kultur- und Heimatmuseum.
Norderney: Fischerhaus-Museum.
Nordhorn: Grafschafter Eisenbahn-Museum.
Northeim: Heimatmuseum.
Oldenburg: Landesmuseum für Kunst- und Kulturgeschichte; Oldenburger Stadtmuseum mit städtischen Kunstsammlungen; Staatliches Museum für Naturkunde und Vorgeschichte; Kleines Augusteum (Kunstverein).
Oldendorf: Bauernhaus-Museum.
Osnabrück: Kulturgeschichtliches Museum; Naturwissenschaftliches Museum; Diözesan-Museum; Ratsschatzkammer, Kunstgalerien.
Osterholz-Scharmbeck: Kreisheimatmuseum.
Osterode: Heimatmuseum.
Otterndorf: Kreismuseum Kranichhaus.
Papenburg: Heimatmuseum mit Moor- und Schiffahrtsabteilung; Binnenschiffahrts-Museum.
Quakenbrück: Stadtmuseum.
Rechtenfleth: H.-Allmers-Haus.
Rhauderfehn: Fehn- und Schiffahrtsmuseum für Ostfriesland und das Saterland.
Rinteln: Schaumburgisches Heimatmuseum.
Rotenburg/Wümme: Heimatmuseum.
Salzgitter: Stadtmuseum.
Scheeßel: Heimatmuseum.
Schneverdingen: Heimatmuseum Theeshof.
Seesen: Heimatmuseum, Mineralien- und Klempnerstube; Wilhelm-Busch-Stuben in Mechtshausen.
Sögel: Emslandmuseum Schloß Clemenswerth.
St. Andreasberg: Grube Samson, ehemaliges Silbererzbergwerk.
Soltau: Museum.
Spiekeroog: Inselmuseum.
Springe: Heimatmuseum; Jagdmuseum im Jagdschloß, Saupark.
Stade: Schwedenspeicher-Museum (Früh- und Kulturgeschichte); Heimatmuseum; Freilichtmuseum auf der Insel (Altes-Land-Museum).
Stadthagen: Heimatmuseum.
Stadtoldendorf: Heimatmuseum.
Suhlendorf: Deutsches Mühlenmuseum am Mühlenberg.
Surwold: Waldmuseum.
Syke: Kreismuseum.
Tarmstedt: Heimatstube im Spieker.
Uelzen: Heimatmuseum.
Uslar: Heimatmuseum.
Varel: Heimatmuseum; Vareler Mühle.
Verden: Heimatmuseum, Deutsches Pferdemuseum.
Walsrode: Heidemuseum.
Wangerooge: Heimatmuseum im Alten Leuchtturm.
Wanna: Heimatmuseum.
Weener: Grenzlandmuseum Rheiderland.
Wiedensahl: Wilhelm-Busch-Geburtshaus.
Wietze: Erdölmuseum.
Wilhelmshaven: Küstenmuseum; Heinrich-Gätke-Halle der Vogelwarte Helgoland; Kunsthalle.
Wilsede: Heidemuseum.
Wingst: Waldmuseum.
Wittmund: Heimatmuseum in der Mühle.
Wolfenbüttel: Museum im Schloß; Lessinghaus.
Wolfsburg: Deutsche Kunst der Nachkriegszeit im Schloß.
Worpswede: Ludwig-Roselius-Museum für Frühgeschichte; Große Kunstschau; Haus im Schluh, Worpsweder Kunsthalle; Barkenhoff (Vogeler-Haus).
Zetel-Neuenburg: Alte Rauchkate und Schloß.
Zeven: Heimatstuben.
Zorge: Heimatmuseum.

Niedersachsens berühmte Namen

Gottfried August Bürger, 1747 bis 1794, geboren in Molmerschwende am Harz, Dichter und Dozent in Göttingen. Er schrieb unter anderem die Ballade »Leonore« und übertrug die Abenteuer des Freiherrn von Münchhausen, die zuerst in England erschienen waren, ins Deutsche.

Heinrich Burckhardt, 1811 bis 1879, geboren in Adelebsen im Solling, Königlicher Forstdirektor, Autor von klassischen Werken der Forstwirtschaft, Sammler von deutschen Wald- und Jagdliedern.

Wilhelm Busch, 1832 bis 1908, geboren in Wiedensahl, Maler, Zeichner, Dichter und Philosoph, Autor von »Max und Moritz«, »Die fromme Helene« u. v. a.

Johann Peter Eckermann, 1792 bis 1854, geboren in Winsen an der Luhe, Sekretär, Vertrauter und Freund Goethes, Autor der »Gespräche mit Goethe«.

Georg Egestorff, 1802 bis 1868, geboren in Hannover-Linden, Industrieller, gründete mit 22 Jahren eine Zuckerfabrik, ließ die Wasserstraße von Hannover durch die Leine, Aller und Weser nach Bremen wieder schiffbar machen.

Jürgen Christian Findorff, 1720 bis 1792, geboren in Lauenburg an der Elbe, Baumeister, Geometer, Amtsschreiber, Moorvogt, kolonisierte das Teufelsmoor bei Bremen, wo ein Stadtteil nach ihm benannt worden ist.

Carl Friedrich Gauß, 1777 bis 1855, geboren in Braunschweig, bedeutender Mathematiker, Erfinder des Telegraphen (1833).

Ludwig Heinrich Christoph Hölty, 1748 bis 1776, geboren in Mariensee bei Hannover, Dichter.

Adolf Freiherr von Knigge, 1752 bis 1796, Schriftsteller der Aufklärung. Geboren in Bredenbeck südlich von Hannover, studierte in Göttingen und lebte als freier Schriftsteller in Hannover. Die letzten sechs Lebensjahre war er Oberhauptmann der braunschweigisch-lüneburgischen Regierung in Bremen (Grab im Dom). Da Knigge mit der Französischen Revolution sympathisierte, wurden seine Bücher verfemt, bekannt blieb jedoch sein Werk »Über den Umgang mit Menschen«.

Georg Ludwig Friedrich Laves, 1789 bis 1864, geboren in Uslar im Solling, Baumeister. Er prägte entscheidend das Bild des heutigen Hannover.

Gottfried Wilhelm Leibniz, 1646 bis 1716, Entdecker und Erfinder von großer Vielseitigkeit, Philosoph, gilt als das letzte Universalgenie. Verbrachte entscheidende Jahre seines Lebens am Hofe in Hannover.

Hermann Löns, 1866 bis 1914, Dichter und Erzähler, insbesondere von Heidegeschichten. Er war von 1893 bis 1909 Redakteur in Hannover und lebte dann als freier Schriftsteller; sein Grab befindet sich bei Fallingbostel.

Wilhelm Raabe, 1831 bis 1910, geboren in Eschershausen, schrieb unter anderem die »Chronik der Sperlingsgasse«, »Der Hungerpastor« und »Abu Telfan«.

Roswitha von Gandersheim, um 935 bis wahrscheinlich um 975, Klosterfrau und Dichterin aus niedersächsischem Adel, verfaßte Legenden und Dramen.

Einige Stichworte zur Hanse

Die Hanse, ein nordeuropäischer Städtebund und nicht ohne Parallelen zur heutigen Europäischen Gemeinschaft, geht zurück auf eine Genossenschaft der Gotländischen Kaufleute. Die im Jahre 1161 gegründete Gemeinschaft dehnte sich nach Nowgorod, Bergen, Brügge und London aus. Eine weitere Grundlage bildeten regionale Städtebünde im 13. Jahrhundert, die sich schließlich ein gemeinsames Dach schufen: die Hanse, als deren Geburtsjahr 1356 bezeichnet werden kann.

Zu einer Machtdemonstration kam es im Jahre 1358 auf dem Hansetag in Lübeck. Damals wurde eine Handelssperre gegen Flandern verhängt. Die Blütezeit der Hanse dauerte etwa 200 Jahre.

In Niedersachsen gehörten 27 Städte dem Hansebund an. 1981 gab es zum ersten Male wieder einen niedersächsischen Hansetag, der in Stade veranstaltet wurde. In einem Handbuch der niedersächsischen Hansestädte, das von Jürgen Bohmbach bearbeitet und vom Stadtarchiv Stade veröffentlicht worden ist, wird eingehend auf die Geschichte der niedersächsischen Hansestädte eingegangen. Genannt werden: Alfeld an der Leine, Bockenem am Harz, Braunschweig, Buxtehude, Duderstadt, Einbeck, Friesoythe, Fürstenau im Bersenbrücker Land, Göttingen, Goslar, Gronau an der Leine, Hameln, Hannover, Haselünne, Helmstedt, Hildesheim, Iburg bei Osnabrück, Lüneburg, Melle, Meppen, Northeim, Osnabrück, Osterode am Harz, Quakenbrück, Stade, Uelzen und Uslar. Fast alle diese Städte zeichnen sich heute noch durch ein sehr schönes altes Ortsbild aus.

Die einzige Stadt im niedersächsischen Raum (wenn auch nicht zum Land Niedersachsen gehörend), die bis zum heutigen Tag die Bezeichnung Hansestadt im Namen trägt, ist die Freie Hansestadt Bremen, die zu den führenden Städten des Bundes gehörte. Bremen bildet zusammen mit der Freien und Hansestadt Hamburg und der Hansestadt Lübeck das große Hanse-Trio unserer Zeit, was unter anderem auch Früchte in der Fremdenverkehrsarbeit trägt.

Nützliche Anschriften:

Harzer Verkehrsverband e.V., Marktstraße 45 (Gildehaus), 3380 Goslar 1
Fremdenverkehrsverband Weserbergland-Mittelweser e.V., Falkestraße 2, 3250 Hameln
Fremdenverkehrsverband Lüneburger Heide e.V., Postfach 2160, Glockenhaus, 2120 Lüneburg
Fremdenverkehrsverband Nordsee-Niedersachsen-Bremen e.V., Postfach 1820, Gottorpstraße 18, 2900 Oldenburg
Verkehrsverein der Freien Hansestadt Bremen, Bahnhofsplatz 29, 2800 Bremen 1
Verkehrsbüro Hannover, Ernst-August-Platz 8, 3000 Hannover

Literatur zu Bremen und Niedersachsen

HB-Bildatlas Nr. 4 »Harz«,
HB-Bildatlas Nr. 11 »Lüneburger Heide«,
HB-Bildatlas Nr. 15 »Ostfriesland – die sieben Nordseeinseln, Oldenburg«,
HB-Bildatlas Nr. 29 »Weserbergland«,
HB-Bildatlas Nr. 43 »Zwischen Elbe und Weser – Bremen«,
HB-Naturmagazin draußen Nr. 9 »Naturpark Elbufer-Drawehn«,
HB-Naturmagazin draußen Nr. 20 »Lüneburger Heide«,
HB-Naturmagazin draußen Nr. 25 »Ostfriesland – Küste und Inseln«,
HB-Bildatlas Spezial Nr. 1 »Strände an Nord- und Ostsee« –
alle Bände erschienen in der HB-Verlags- und Vertriebs-Gesellschaft mbH, Hamburg
Johann Haddinga, Das Buch vom ostfriesischen Tee, Verlag Schuster, Leer
Ulla Hamann, Norddeutscher Kuriositätenführer, Bremen und Niedersachsen, Athenäum Verlag, Königstein/Taunus
Rainer Krewerth (Hrsg.), Land zwischen Weser und Ems, Umschau Verlag, Frankfurt
Willy Leson, Heide, Harz und Weserbergland, Bachem Verlag, Köln
Hans Pusen, Kostbarkeiten aus Kirchen und Klöstern Niedersachsens, Madsack Verlagsgesellschaft, Hannover
Herbert Schwarzwälder, Geschichte der Freien Hansestadt Bremen, 3 Bände, Verlage Röver, Bremen, Christians, Hamburg
Wöbbeking/Gutmann, Südoldenburg – Landschaften im Cloppenburger Land, Verlag Wolfgang Janssen, Cloppenburg

Ortsregister

Ortsregister bis einschließlich Seite 183.
Die **fettgedruckten** Seitenzahlen verweisen auf Bilder, die *kursiven* auf Erwähnungen in den Tip-Rubriken am Ende jeden Kapitels.

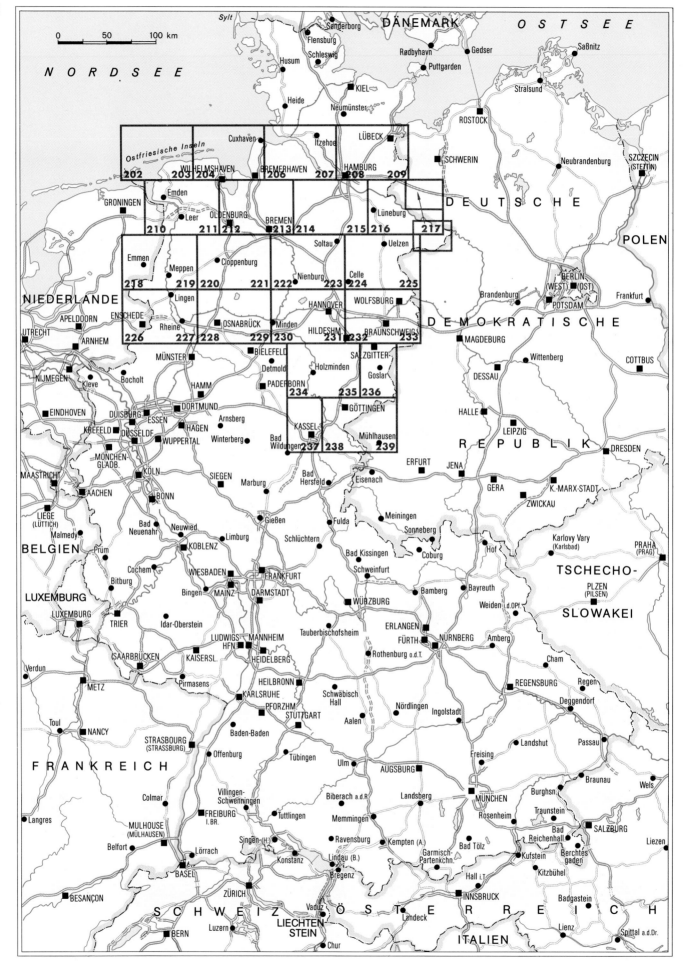

Verkehr

Autobahn mit Anschlußstelle, Tankstelle, – mit Klein-
raststätte, Rasthaus, – mit Motel, Kiosk, Parkplatz

Im Bau – geplant

Vier- oder mehrspurige Straße (ein- od. zweibahnig) –
im Bau – geplant

Bundesstraße – im Bau – geplant

Hauptstraße – im Bau – geplant

Nebenstraße

Sonstige Wege (nur bedingt befahrbar) – Fußweg

Autobahn-, Bundesstraßen-, Europastraßen-
Nummern

Bedarfsumleitung für den Autobahnverkehr

Steigung – Paßstraße mit Wintersperre (von–bis)

Für Caravans nicht empfehlenswert – verboten

Kilometrierung an Autobahnen

Groß- und Kleinkilometrierung

Touristenstraße – Landschaftlich schöne Strecke

Gebührenpflichtige Straße – Für Kfz gesperrt

Eisenbahn mit Bahnhof und Haltepunkt

Eisenbahn (nur Güterverkehr) – Industriebahn

Zahnradbahn – Standseilbahn

Seilschwebebahn (Gondel- oder Kabinenbahn)–
Materialbahn

Sessel- oder Schilift

Schiffahrtslinie

Schiffahrtslinie mit Autotransport – Autofähre

Flughafen – Flugplatz – Segelflugplatz

Sehenswürdigkeiten

Besonders sehenswert (Ort oder Bauwerk)

Sehenswerter Ort

Besondere Natursehenswürdigkeit

Sonstige Sehenswürdigkeit

Botanischer Garten, sehenswerter Park –

Zoologischer Garten – Tierpark, Wildgehege

Naturpark – Naturschutzgebiet

Aussichtspunkt

Burg, Schloß – Ruine – Ringwall – Schanze

Kloster – Ruine – Sehenswerte Kirche – Kirche

Kapelle – Denkmal – Forsthaus

Aussichtsturm – Wasserturm – Funk- oder Fernsehturm

Windmühle – Wassermühle – Leuchtturm – Feuerschiff

Hervorragender Nadelbaum – Laubbaum

Bergwerk – außer Betrieb – Erdölförderpumpe

Stadion – Sportplatz – Schisprungschanze

Deutscher Soldatenfriedhof – Höhle

Römischer Limes mit Kastell

Sonstiges

Alleinstehendes Hotel, Gasthaus oder bewirtschaftete
Berghütte – Motel

Jugendherberge – Naturfreundehaus

Schutzhütte – Heilbad

Campingplatz ganzjährig – nur im Sommer

Strandbad – Schwimmbad (Freibad)

Weinort – Wintersportplatz

Grenzübergang (Zoll)

Staatsgrenze

Ländergrenze – Kreisgrenze

Wattenmeer

Sand und Dünen

Heide

Wald

Sperrgebiet

Seedeich

0 2 4 6 8 10 km

N   O

NORDERNEY

OSTFRIESIS

Juist

Kurhaus

Vogel-schutzgebiet   17. Wilhelmshöhe
                        20   1,8
            Bill   Im Loog   Juist   Vogel-
                        Juister Inselwatt
                                                1½ʰ

Haaksdünen   Nordland
Memmert
Norddünen   NSG   Mittelsand   Itzendorf-
     1,7
                                                         plate

Borkum   Koper-   No.-
                                                    Nordde
Nordstrand   Lütje Hörn
      18   sand
NSG   Ostland   *Ostland* 12 Hoge Hörn   Norder
     Jägerheim   Nordeich
        1,5   Osterwarf
Westland   Wester-
                                                    marsch II   0,5
Vogel-
schutzgebiet   Westerwarf   Mittel
BORKUM Südstrand   Kleiner   3
                                                    Krug
                    Reede Borkum   *Randzel*   Utlands-   2
                                                    horn   No.-Westerma
              Randzelgat   Hamburger   Sand   Westermarscher
                                                    Schweinsrücken Buscher lood
     Möwensteert   Heller
                                          Ley
     Alte Ems   *Ley*
                                          bucht Leysand
                  E M S
                                  Greetsieler Nacken   No.-
                              Hauener   Leybuchtpolder
                              Hooge   Leybuchtpolder
                         K.-Greetsiel Hauen   6
                    Pilsumer   Hauen   K.-
                    Watt   Hauen
                 Störtebeker-   K.-Pilsum Appingen   5
                 straße   0,1   Middelstewehr Gro
                        Manslagter 6   Hösingwehr   K.-Eil
                        Nacken   Nienhof   K.-Visquard 0,7

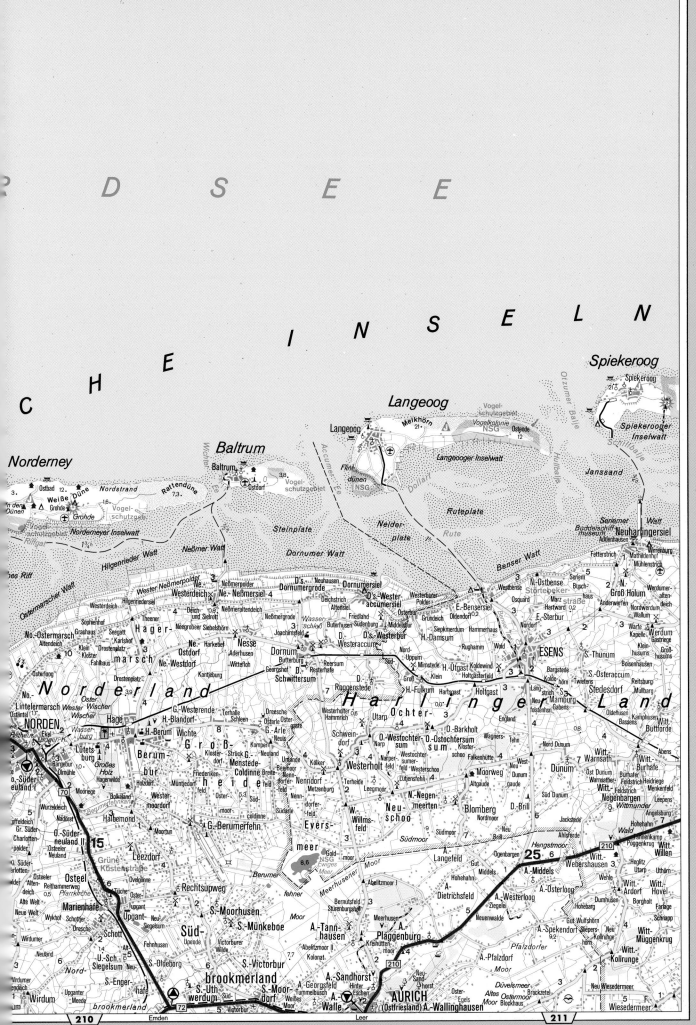

RDSEE

CHE INSELN

Spiekeroog

Langeoog

Baltrum

Norderney

Emden · Leer

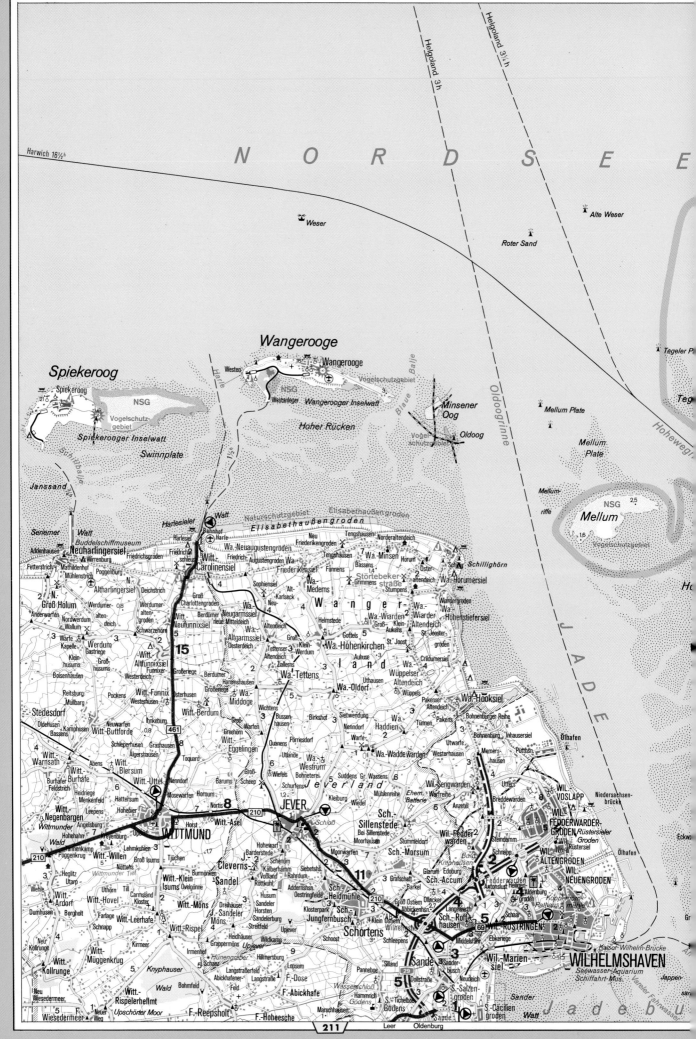

NORDSEE

Harwich 16½ h

Helgoland 3h
Helgoland 3¾ h

Weser

Alte Weser

Roter Sand

Tegeler P

Teg

Spiekeroog

Wangerooge

Spiekeroog

Wangerooge

NSG
Vogelschutzgebiet

Westen

NSG
Wangerooger Inselwatt

Vogelschutzgebiet

Westanleger

Blaue Balje

Oldoogrinne

Mellum Plate

Minsener
Oog

Vogel-
schutzgebiet

Oldoog

Mellum
Plate

Hohewegr

Spiekerooger Inselwatt

Hoher Rücken

Swinnplate

Janssand

Mellum-
riffe

NSG
Mellum

2.5

Schillbalje

1½ h

1.6

Vogelschutzgebiet

Seriemer

Watt

Watt

Harlesiel

Watt

Naturschutzgebiet Elisabethaußengroden

JADE

Buddelschiffmuseum

Addenhausen

Neuharlingersiel

Wirrenburg

Harlesiel
Bahnhof

Harle

schleuse

Witt.-
Carolinensiel

Friedrichs-
schleuse

Elisabethaußengroden

Wa. Neuaugustengroden

Neu
Friederikengroden

Tengshausen

Norderaltendeich

Hu

Fetterstrich

Mathildenhof

Friedrichsgröden

Friedrich-

Wa.-
Friederikensiel

Augustengroden

Wa.-
Mederns

Tengshausen

Funnens

7

Bassens

Oster-
altendeich

Schill

Schillighörn

Wa.-Minsen

Horum

Wa.-Horumersiel

Mühlenstrich

Poggenburg

Althartingersiel

Deichstrich

Sophiensiel

Alt-
Karlseck

14

Störtebeker-
straße

Grimmens

Stumpens

Wardersiel

Poggenburg

N.-

Groß
Charlottengroden

Berdumer-
alten-
groden

Neu-

Helmstede

Wa.-Wiarden

Groß- Klein-
Aukens

Wa.-
Wiarder Altendeich

Wa.-
Hohenstiefersiel

Größ Holum

Anderwarfen
Nordwerdum
Wallum

Werdumer- 0.8

alten-
deich

Witt.-
Neufunnixsiel

15

Oesterdeich

Wa.-
Altgarmssiel

neue Mitteldeich

Altendeich

Groß-

Wa.-
Hohenkirchen

Gofels

St. Joost

Wa.-
Hohenstiefersiel

Warfe
Kapelle

Gastriege

Klein-
husums

Groß-
husums

Werdum

Witt.-Altfunnixsiel

Funnixer

Oesterdeich

Tettenser
Altendeich

Klein-
Werdum

Ziallerns

St. Joost

St. Joostersiel

groden

Boisenhausen

Großeriege

Berdumer

2

Wa.-Tettens

Uthausen

Wüppelser
Altendeich

Wa.-

4

Crildumersiel

Reitburg
Müllbarg

Pockens

Westerhusen

Hammrichen
Großeriege

Wa.-Middoge

Wichtens

Wa.-Oldorf

Wüppels

Pakenser
Altendeich

Wa.-Hooksiel

Stedesdorf

Oldehusen
Kamphusen
Bassens

Witt.-Funnix

Witt.-Buttforde

Inkeburg

Groß-
Warfen
Greehörn

Bussen-
hausen

Birkhof

Sietwendung

Nerndorf

Wa.-
Haddien

Tünnen

Pakens

Bohnenburger Reihe

Bohnenburg
Inhausersiel

Ölhafen

Witt.-
Warnsath

Neuwarfen

461

Schleperhusen
Algershausen

Witt.-
Eggelingen

Quanens
Förriesdorf

Uttande

Wa.-
Westrum

Nerndorf
Warfe

Wa.-Waddewarden

Westerhausen

Memers-
hausen

Pütthsn.

Witt.-
Burhafe

Grashausen 8

0.8

Toquard

Wiefels

Utwarfe

Burhafer
Feldstrich

Witt.-Blersum

Witt.-Uttel

Mosewarfen
Hornum

Groß-
Scheep

Bohneterei

Suddens Gr. Wassens

Wa.-

6

Utters

WIL.
VOSLAPP

Niedersachsen-
brücke

Heidriege
Menkenfeld

Hattersum

Hohebier

Barums

Jeverland

Kleiburg

Mühlenreihe

Wiedel

Wil.-Sengwarden

Breddewarden

WIL.-FEDDERWARDER-
GRODEN

Rüstersieler
Groden

Witt.-
Negenbargen

Wittmunder

Angelsburg

7

Leepens

Nortis 8

210

JEVER

Schloß

Schurtens

Ehem.
Batterie

Warfreihe

Anzetél

Rüstersiel

Steindamm

WIL.
ALTENGRODEN

Ölhafen

Hohehahn

Kreyenburg

Upjever

Witt.-Asel

Sch.-
Sillenstede

Bei Sillenstede
Moorhausen

Wil.-Fedder-
warden

Borg

Kn!phausen

WIL.-
NEUENGRODEN

WITTMUND

Horst

11

Schenum

Moorwarfen 7

Stümmeldorf

Sch.-Morsum

Glarum
Edburg

Sch.-Accum

Fedderwarden
Antonslust Heiligen

Wald

Tannenkamp

Poggenkrug

Witt.-Willen

Lehmkuhlen 3

Groß Isums

Tjüchen

-1.7

Hohewarf

Barderstede

Schenum

Grafschaft

Barkel

Dollacker

4

Aldenburg

Koppellohn-
mühle

Rathaus

Heglitz
Utarp

210

Kirmeer

Witt.-Klein
Isums

Nötteln

Burmönken

Ovelgönne

Kälberhamm
Voßladd
Röttkuhl

Siebetshs.

Rahrdum

Husum
Sandeler
Horsten

Addernhsn.

Oestringfelde

Husum
Sandeler

Groß Ostiem

Sch.-Heidmühle

210

Abbickensn.

Langewarth

Schaar

69

WIL.-RÜSTRINGEN

Wehle

Dumhusen

Uthörn
Till

Witt.-Hovel

Witt.-Möns

Carmsland
Kloster

Dreihäuser
Sandeler
Möns

Klosterpark

Sch.-
Jungfernbusch

Klein Ostiem

Wilhelml

5

Middelsfahn

WILHELMSHAVEN

Farlage

Borgholt

Schnapp

Witt.-Leerhafe

Streitfeld

Schoost

Schleepens

Seewasser-Aquarium
Schiffahrt-Mus.

Neu
Kollrunge

Witt.-Müggenkrug

5

Witt.-Rispel

Heidhäuser

Grappermöns

Upjever

Irmenhof

Wildkamp

Lopsum

Sande

Ebkeriege

Sander

Jappen

Witt.-
Kollrunge

Knyphauser

Wald

Schanz

Hünengraber

Langstraßerfeld

Abickhafener
Feld

Langstraße

F.-Dose

Hillmersburg 9

Pannebog

Silland

Sch.-
Salzengroden

Neudeich

Sand

Witt.-
Rispelerhellmt

Neu
Wiesedermeer

Bohmfeld

F.-Abickhafe

Upschörter Moor

F.-Reepsholt

F.-Hoheesche

Marschhausen

Hammrich
Gödens

Wasserschloß

Wil.-Marien-
siel

S.-Salzen-
groden

S.-Cäcilien
groden

Watt

Neuer Weg
F.-Wiesedermeer

5

S.-Tichelloo
Gödens

29

Sande

S.-Dollstraße

Leer
Oldenburg

Kaiser-Wilhelm-Brücke

JADEBU

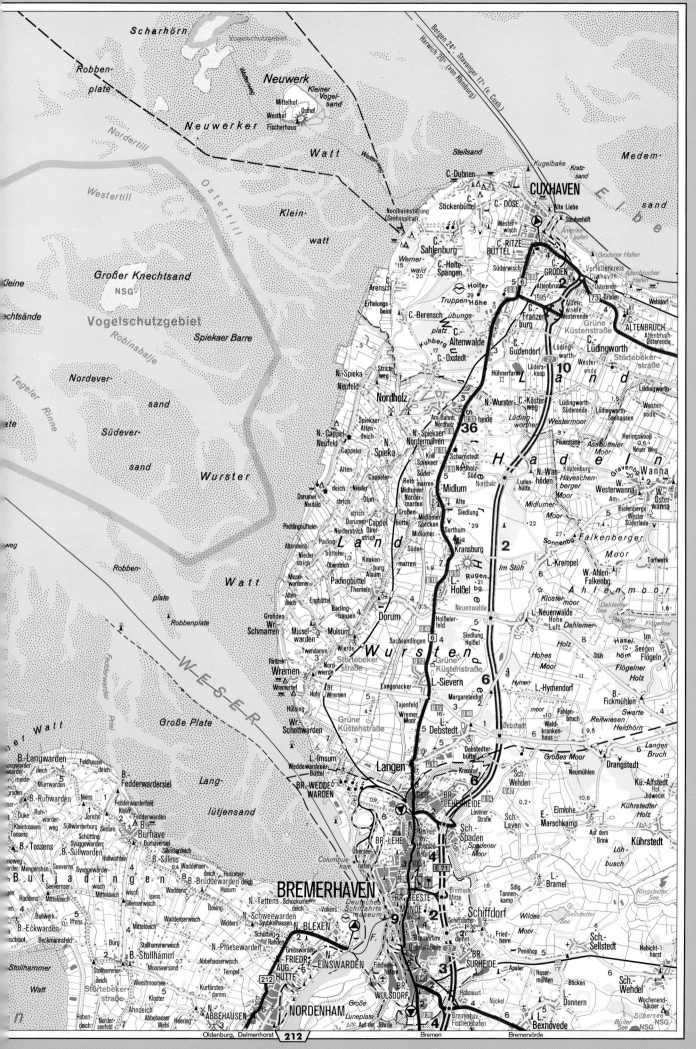

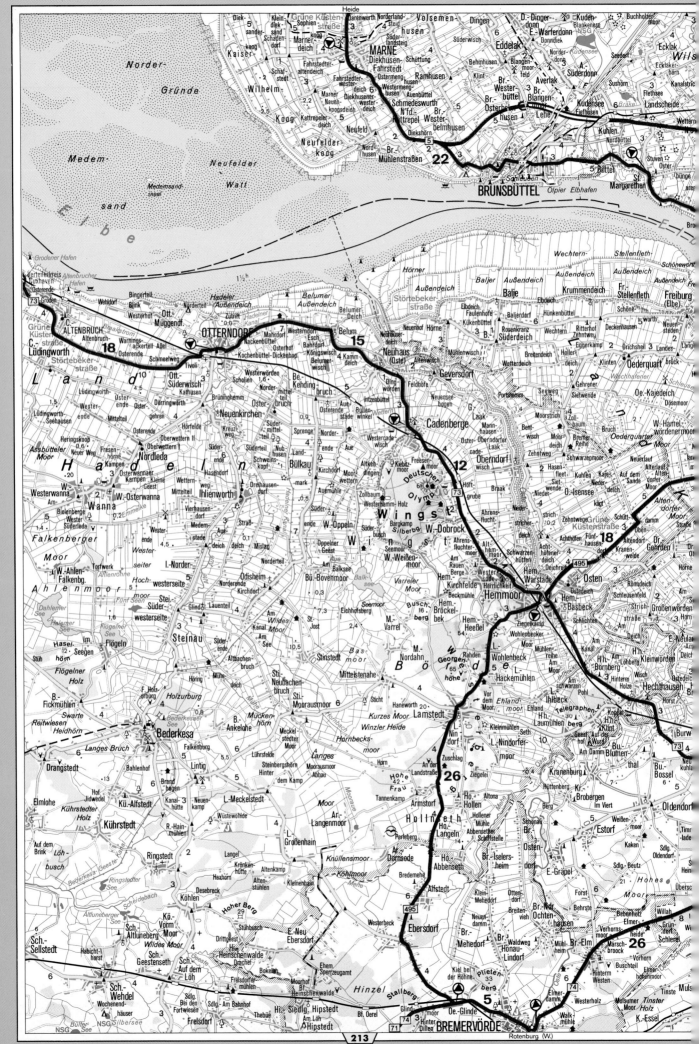

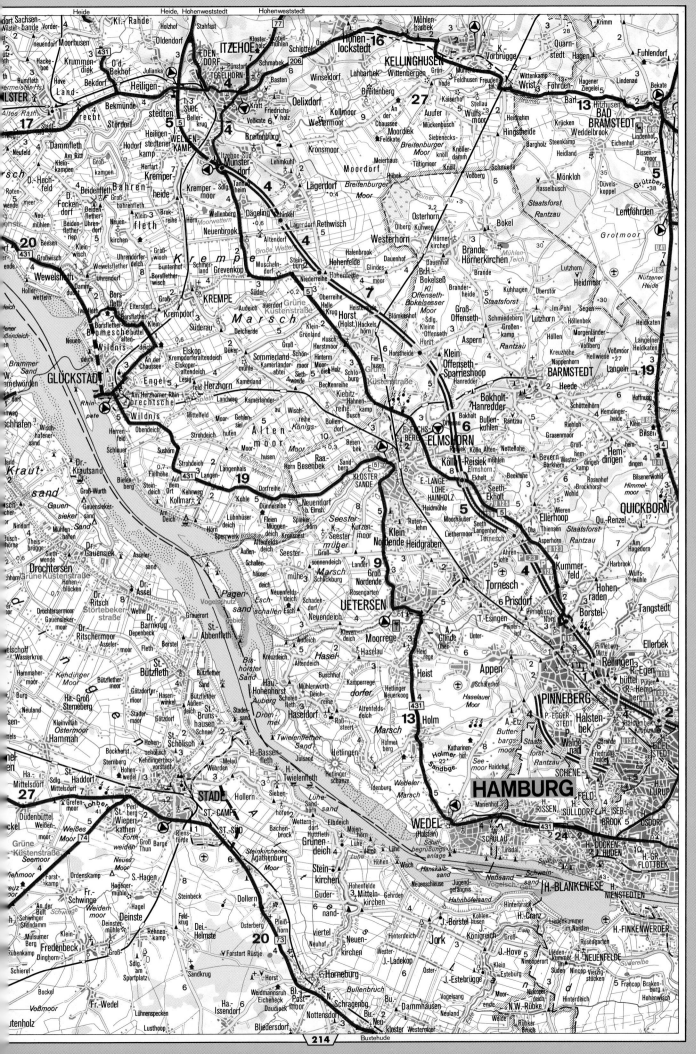

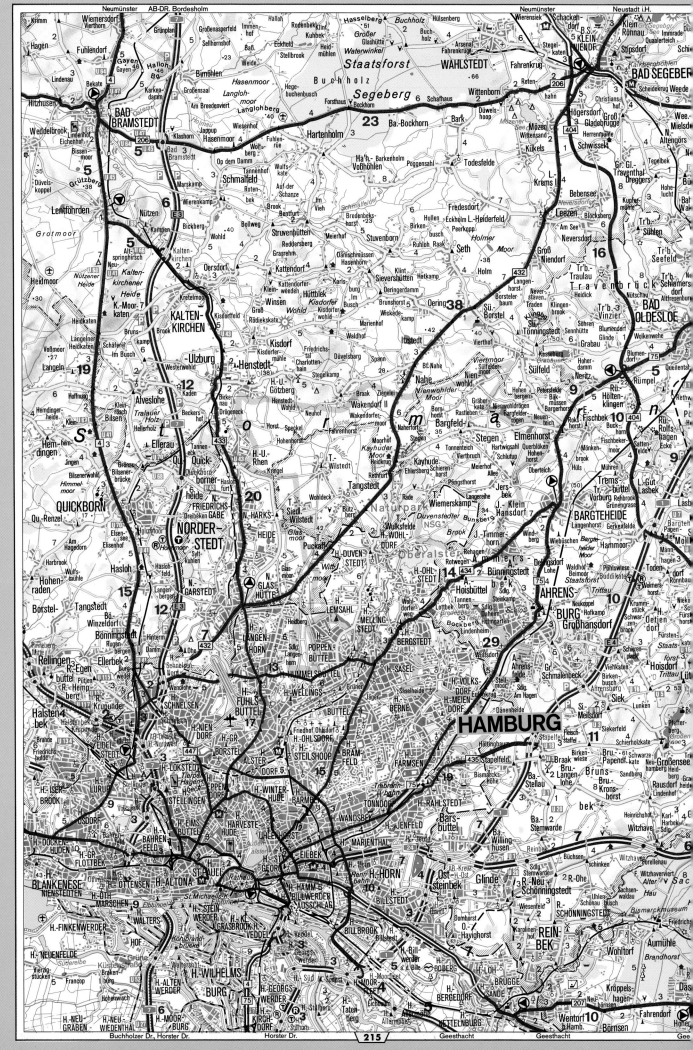

208

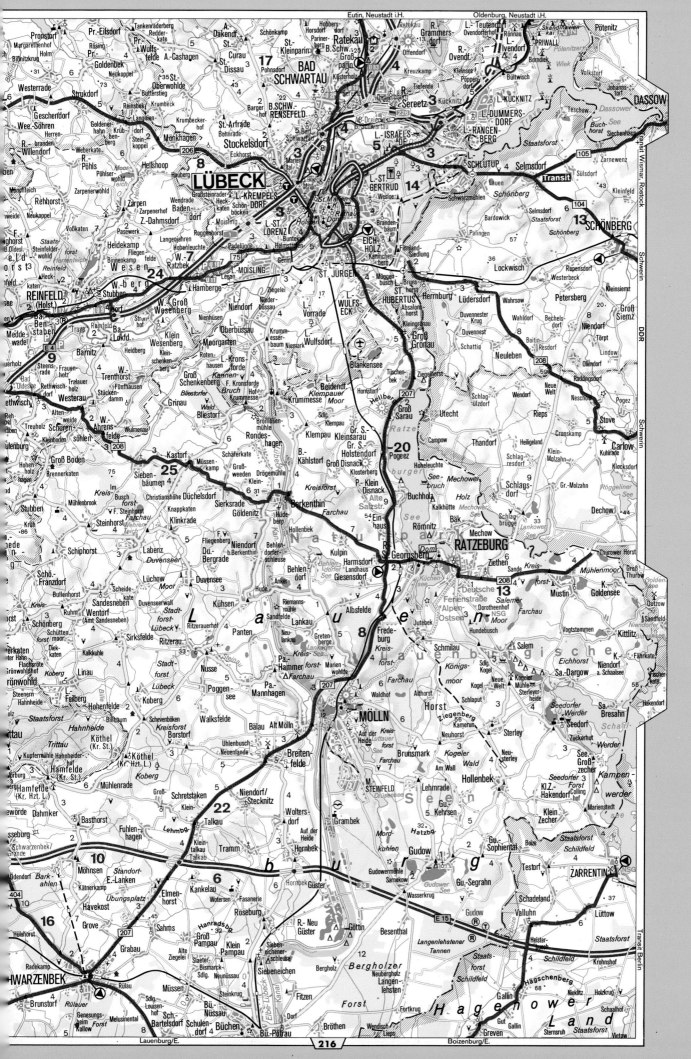

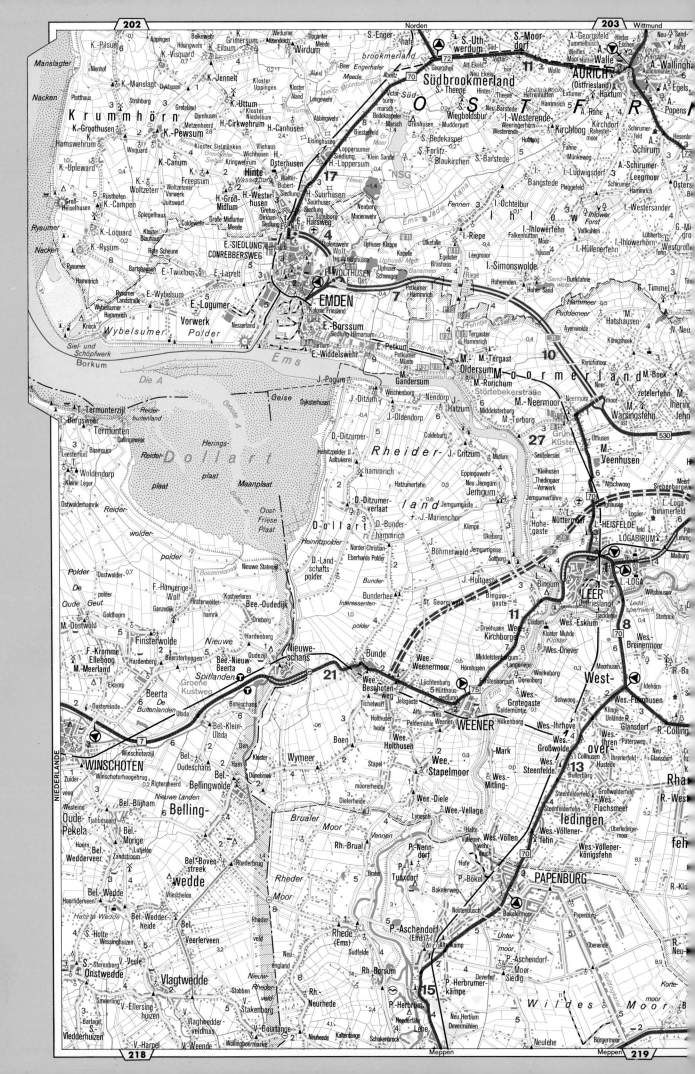

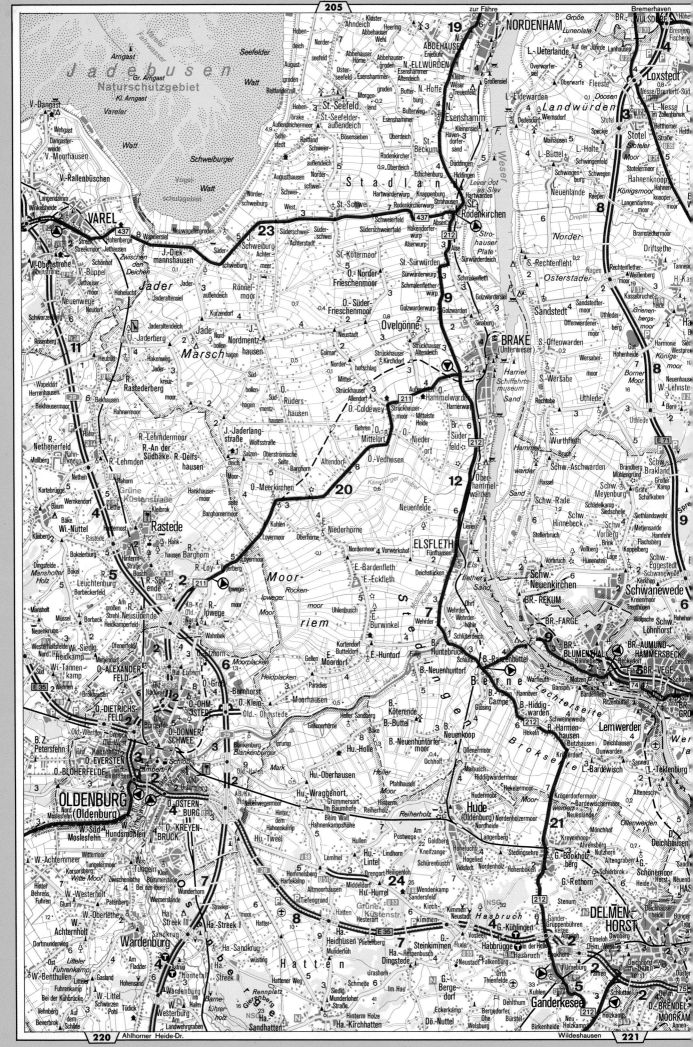

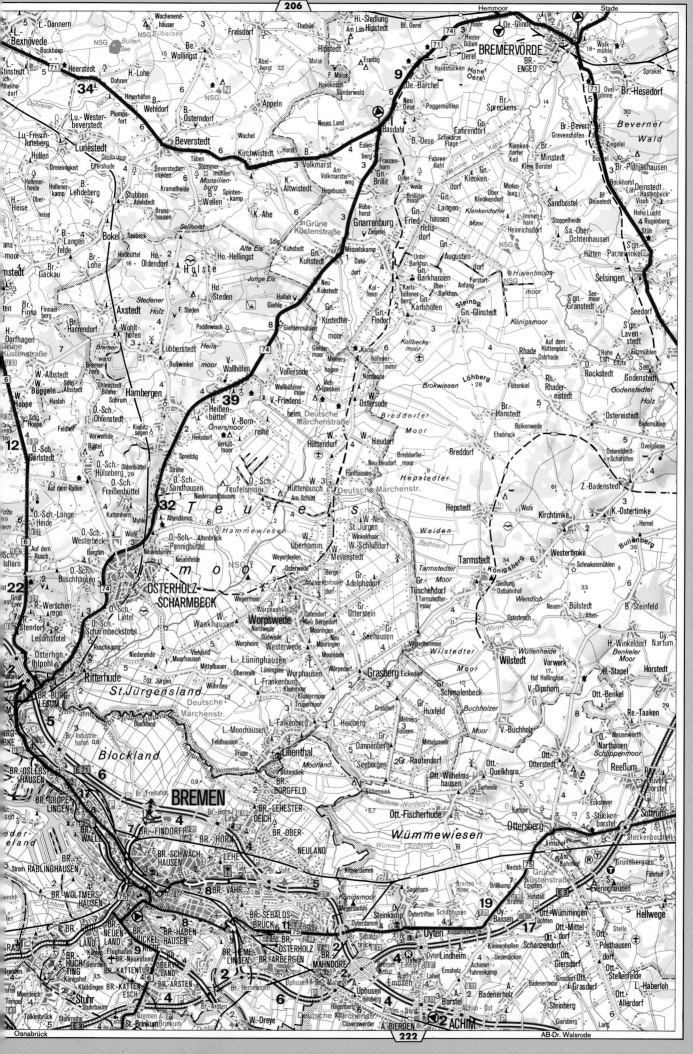

Osnabrück

AB-Dr. Walsrode

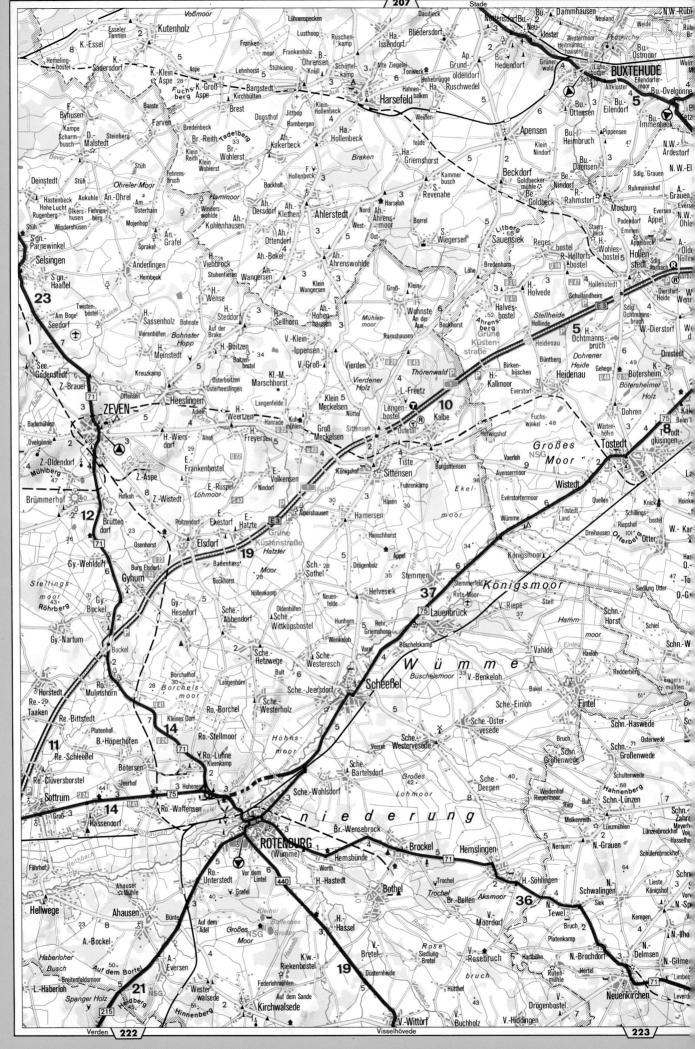

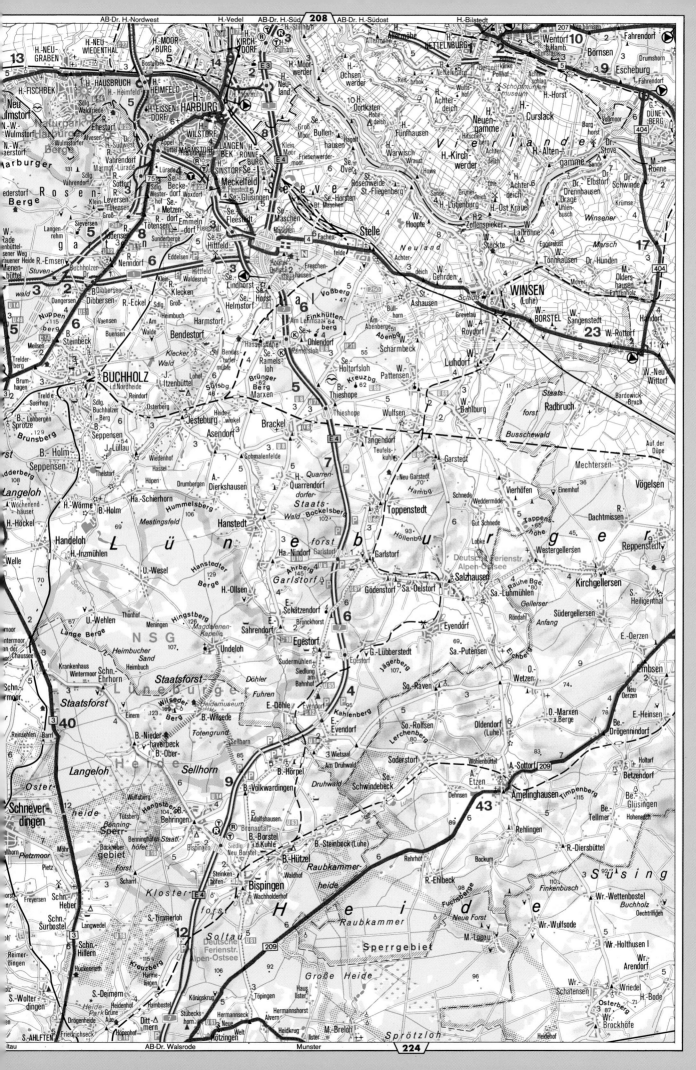

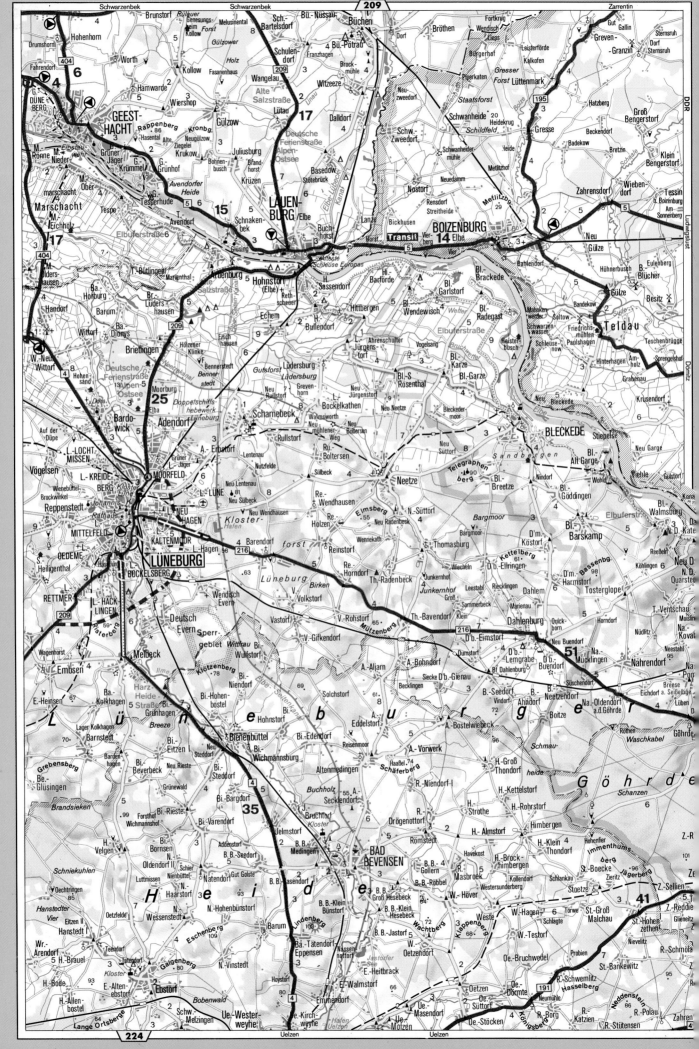

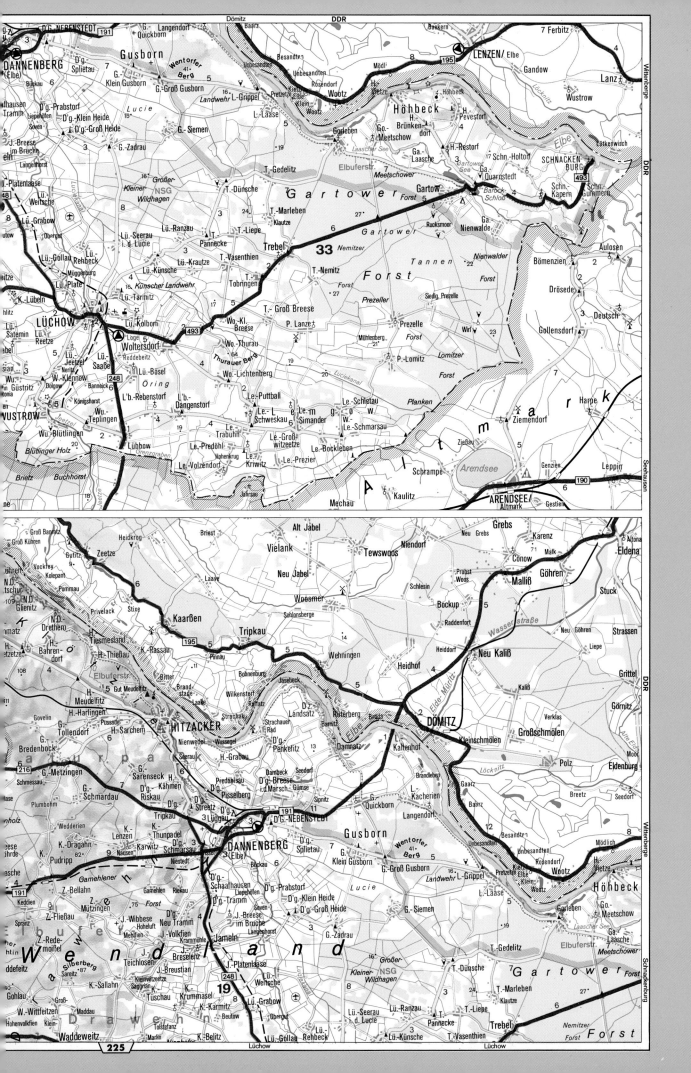

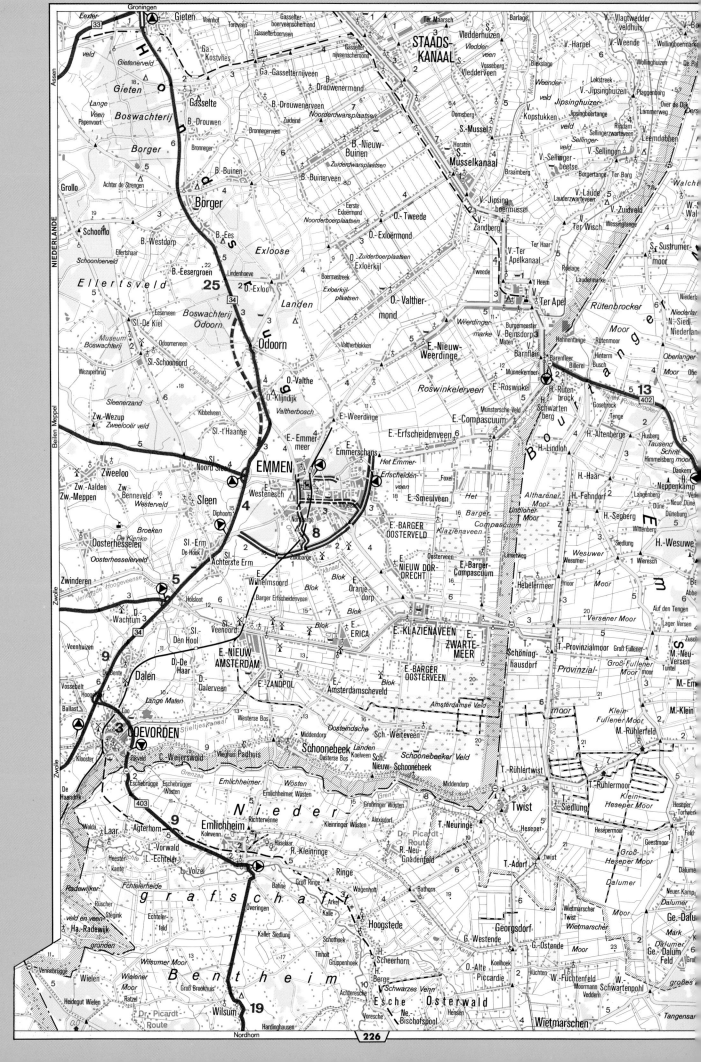

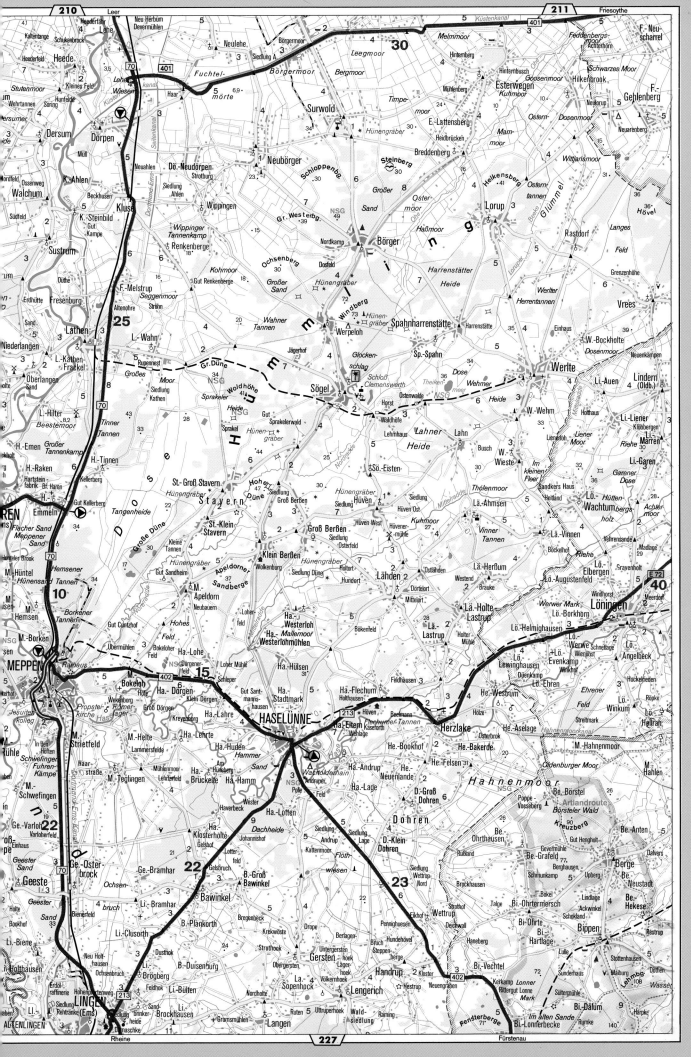

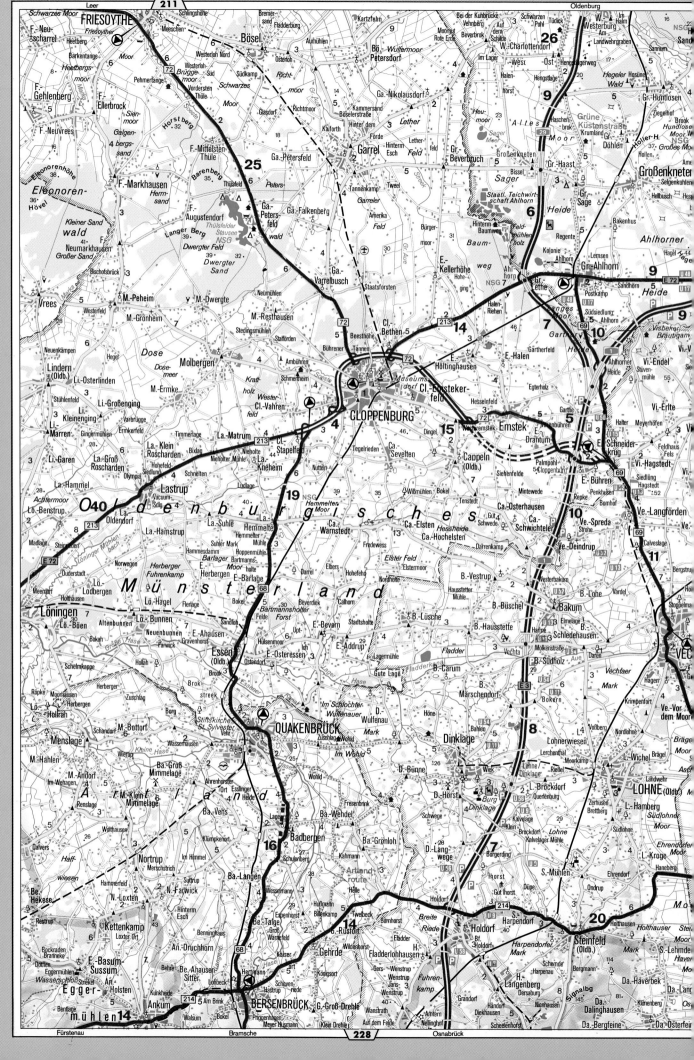

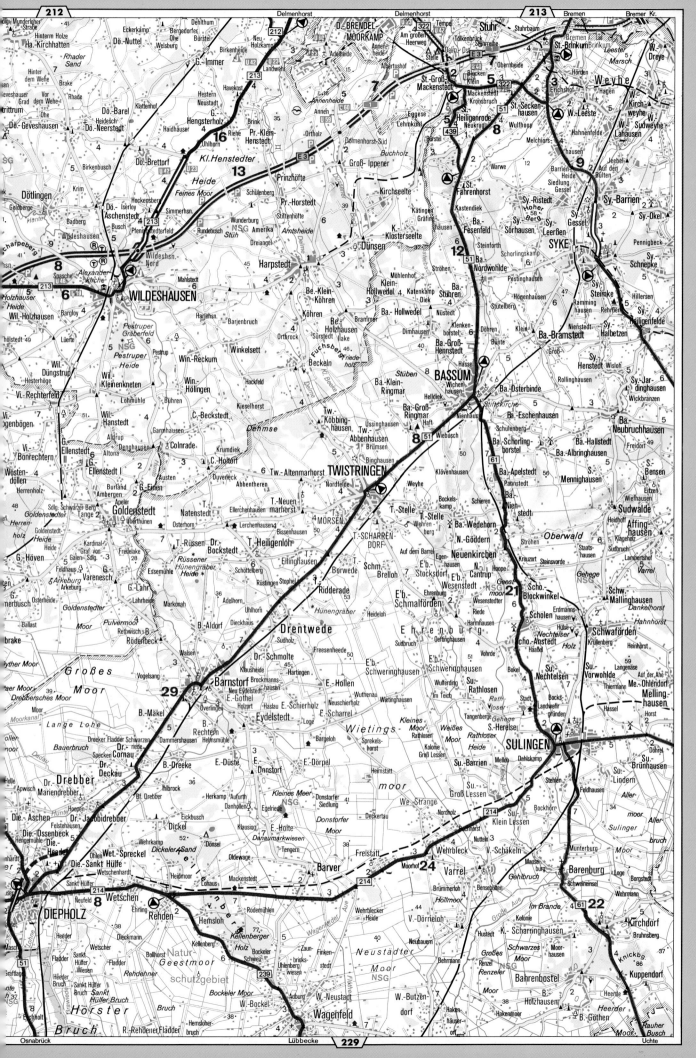

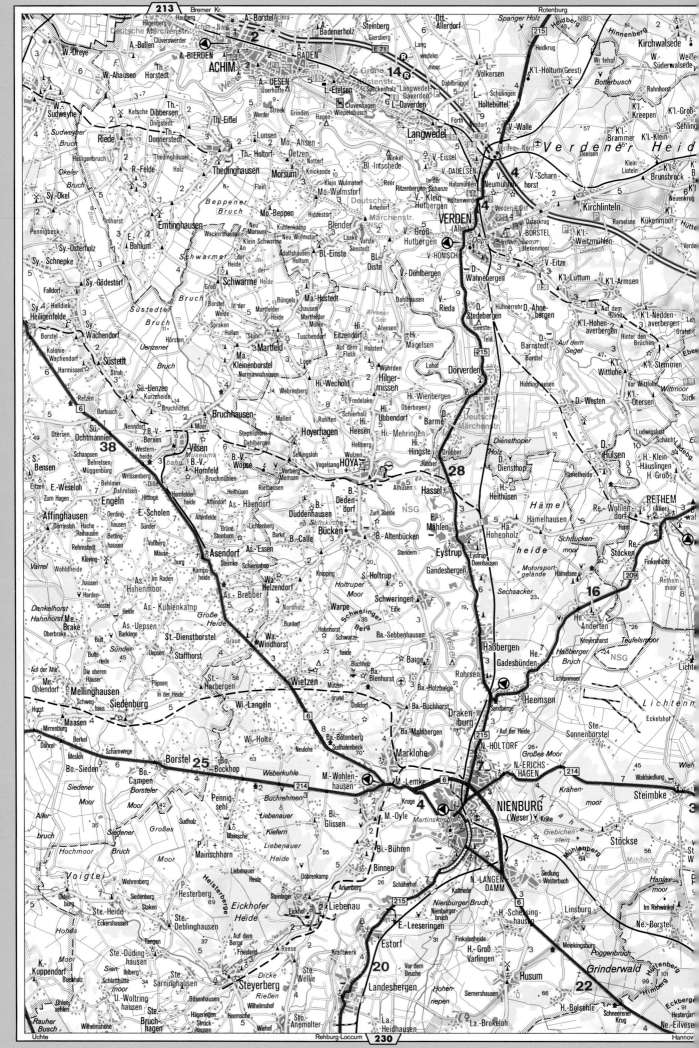

Bremer Kr.

Rotenburg

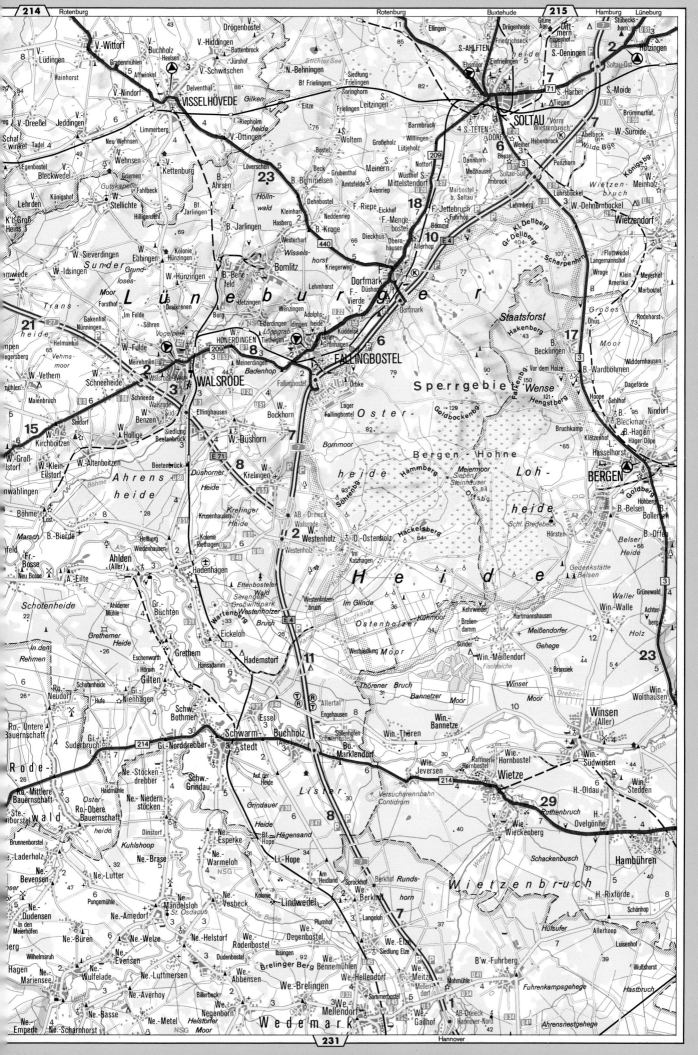

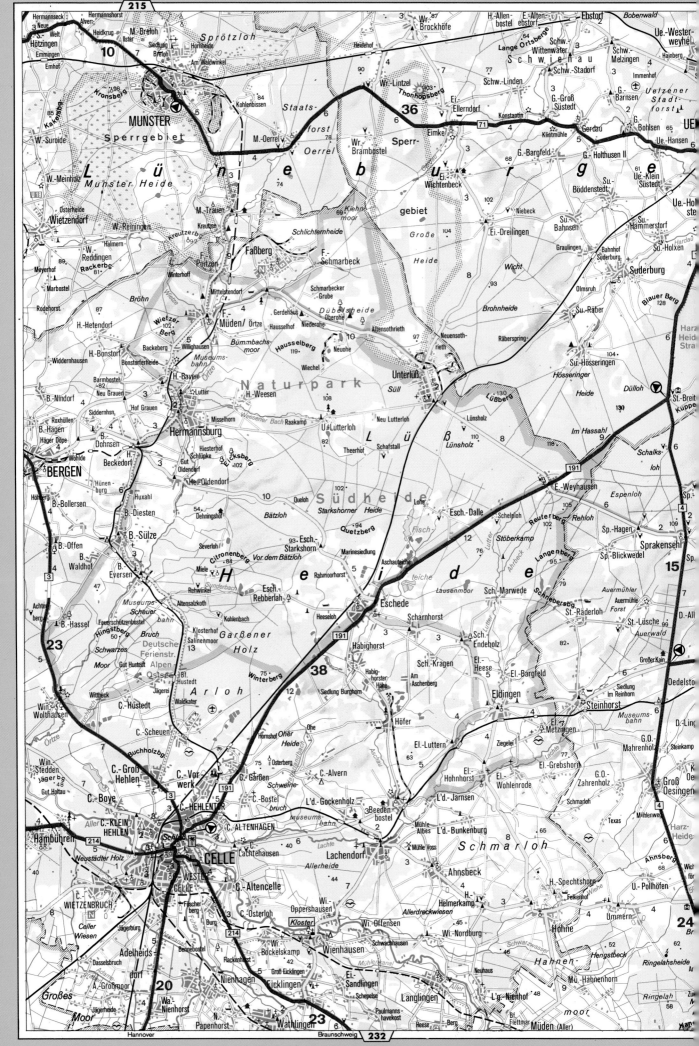

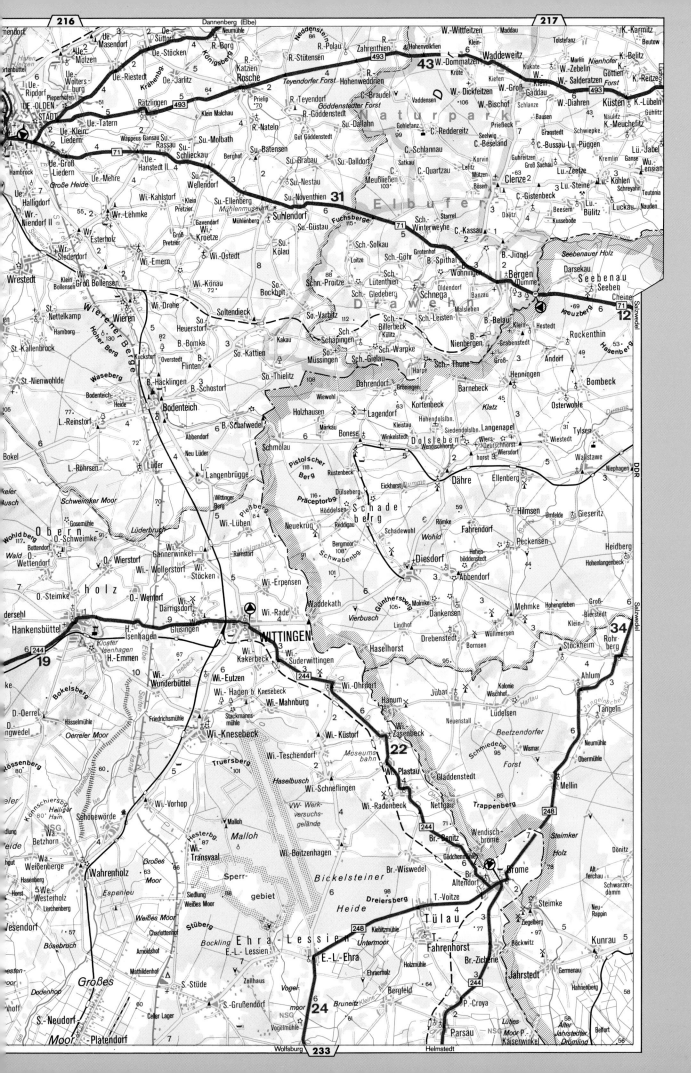

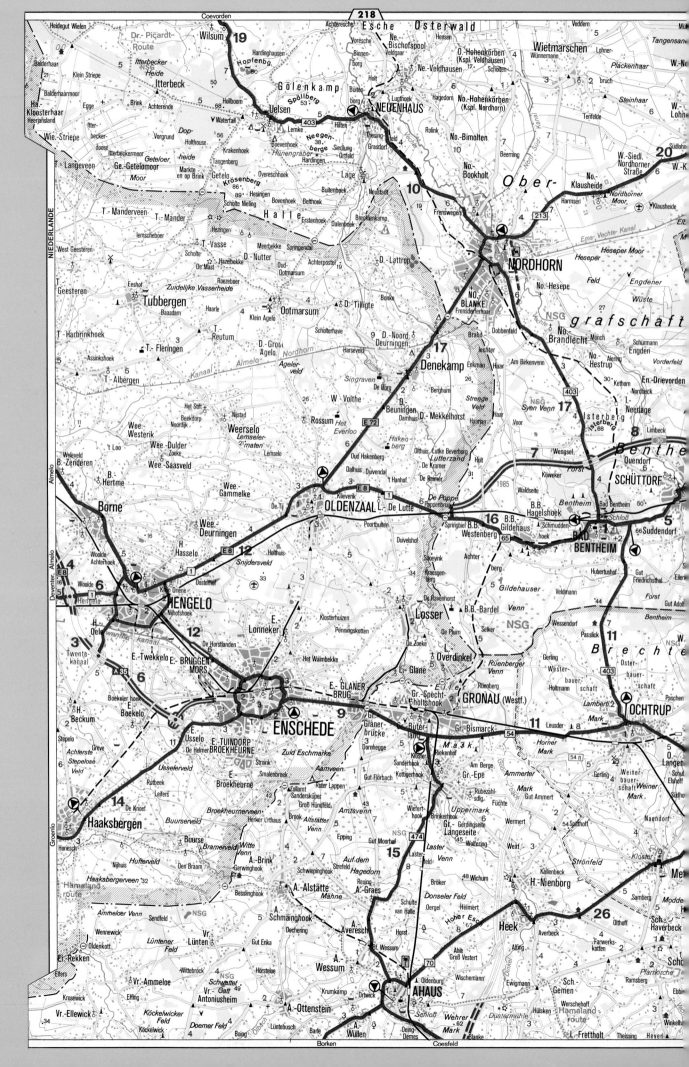

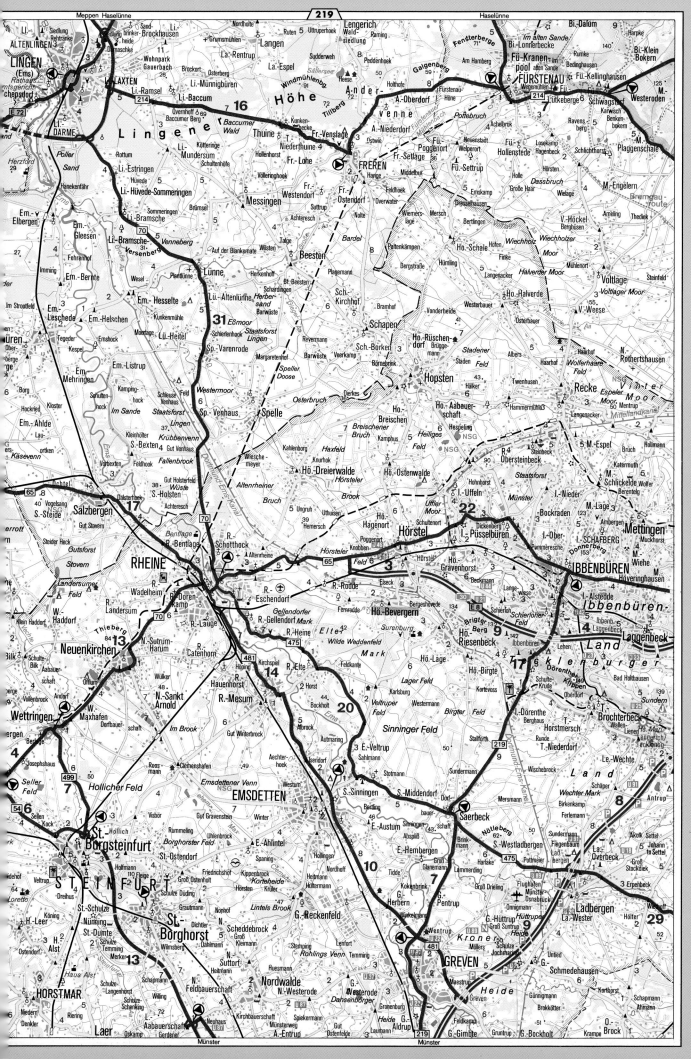

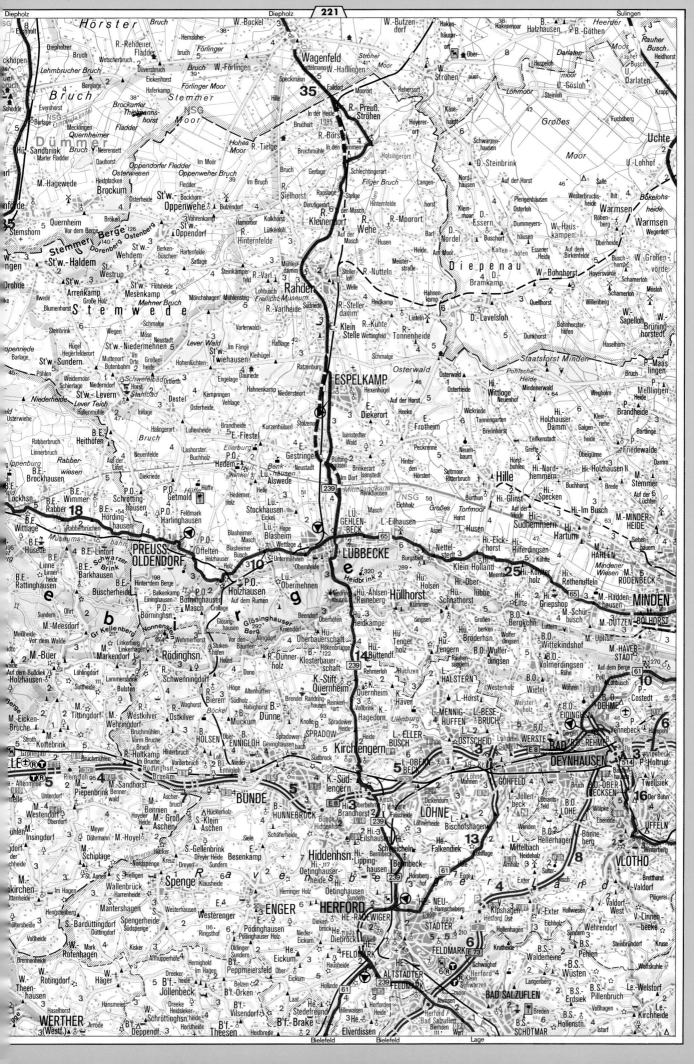

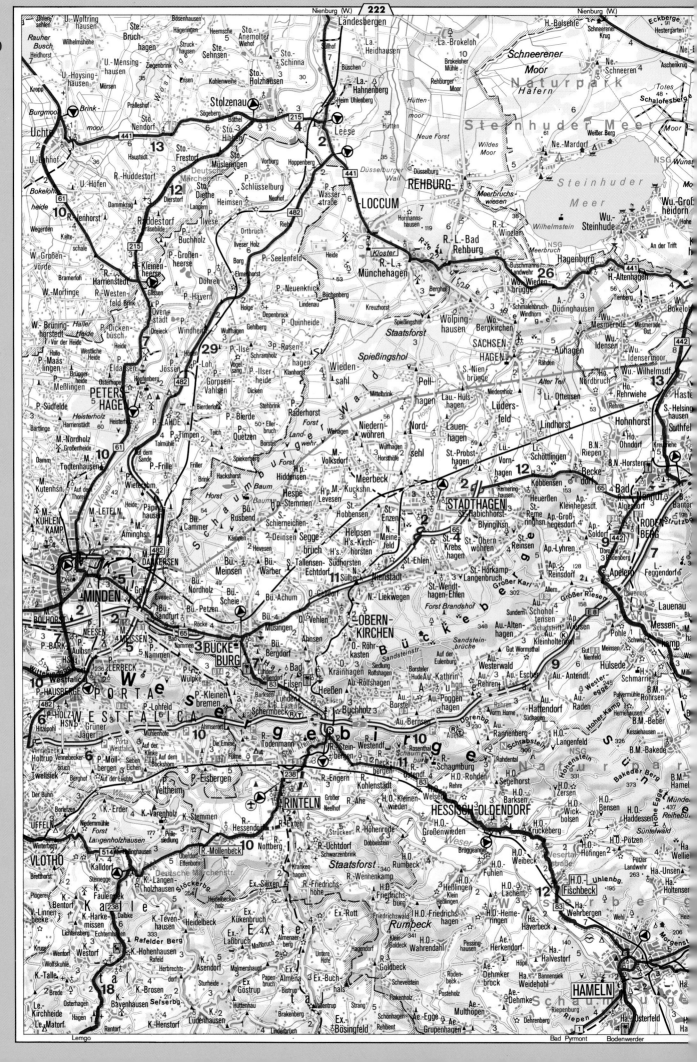

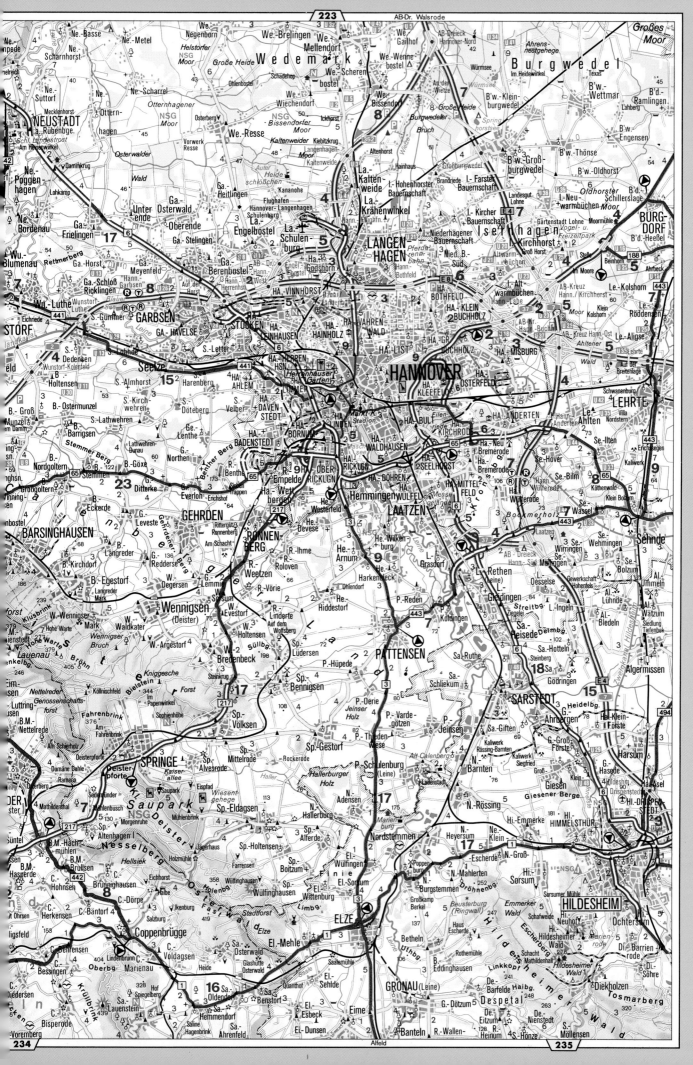

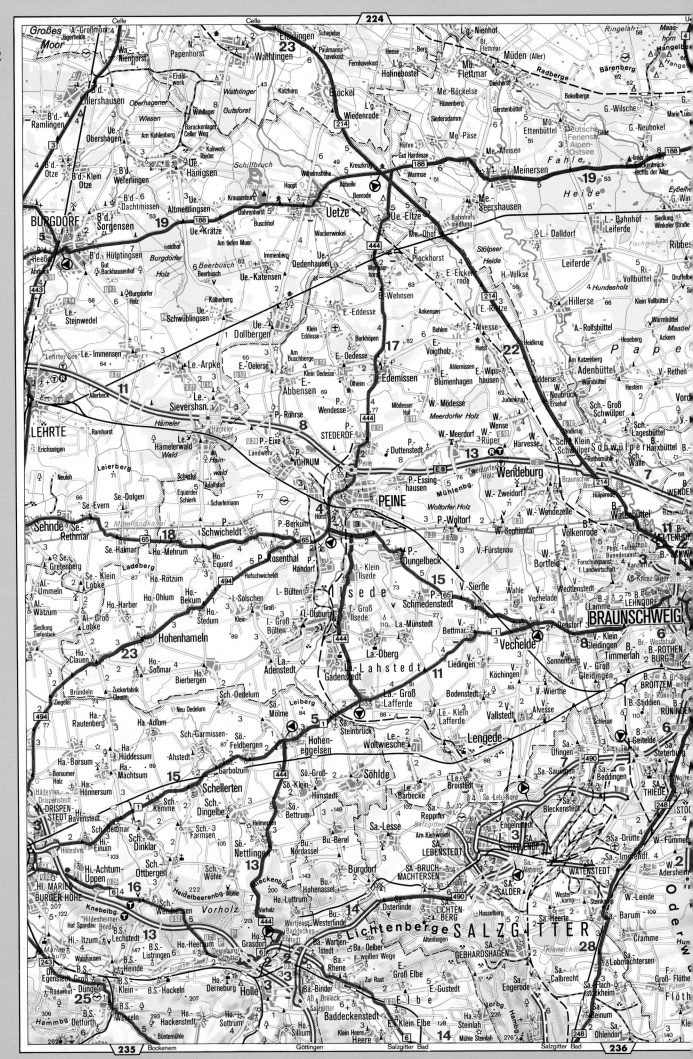

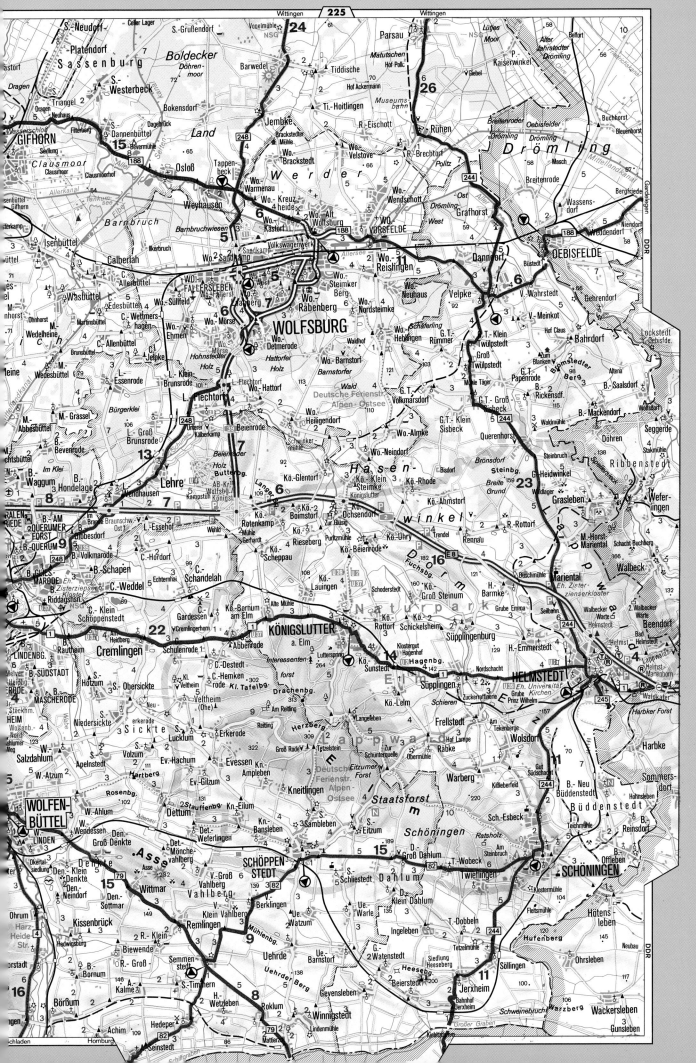

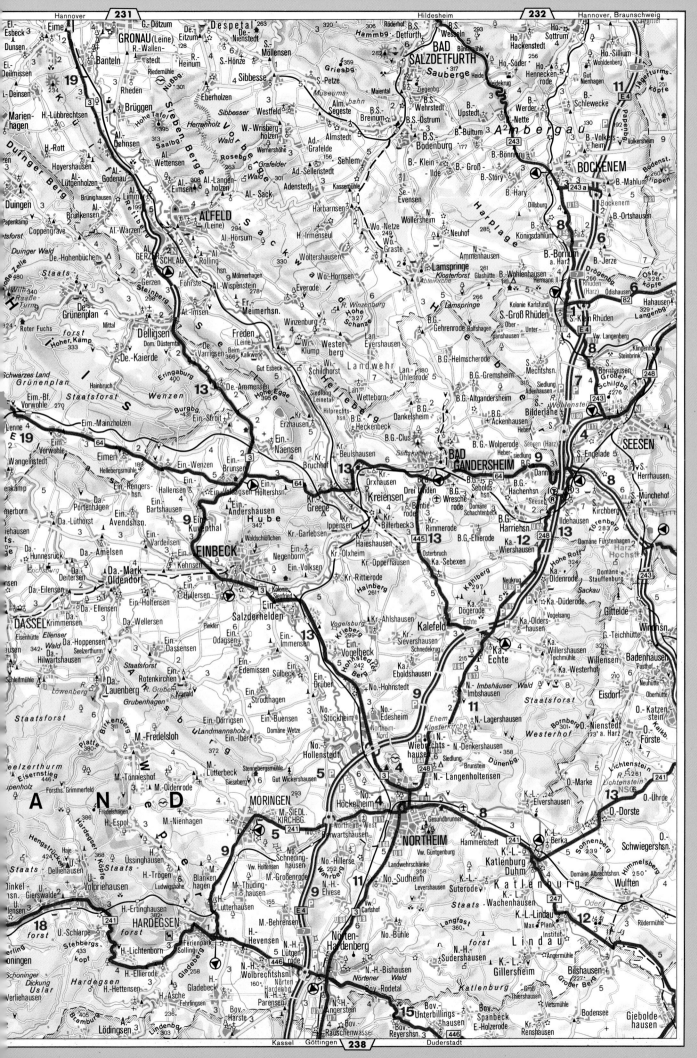

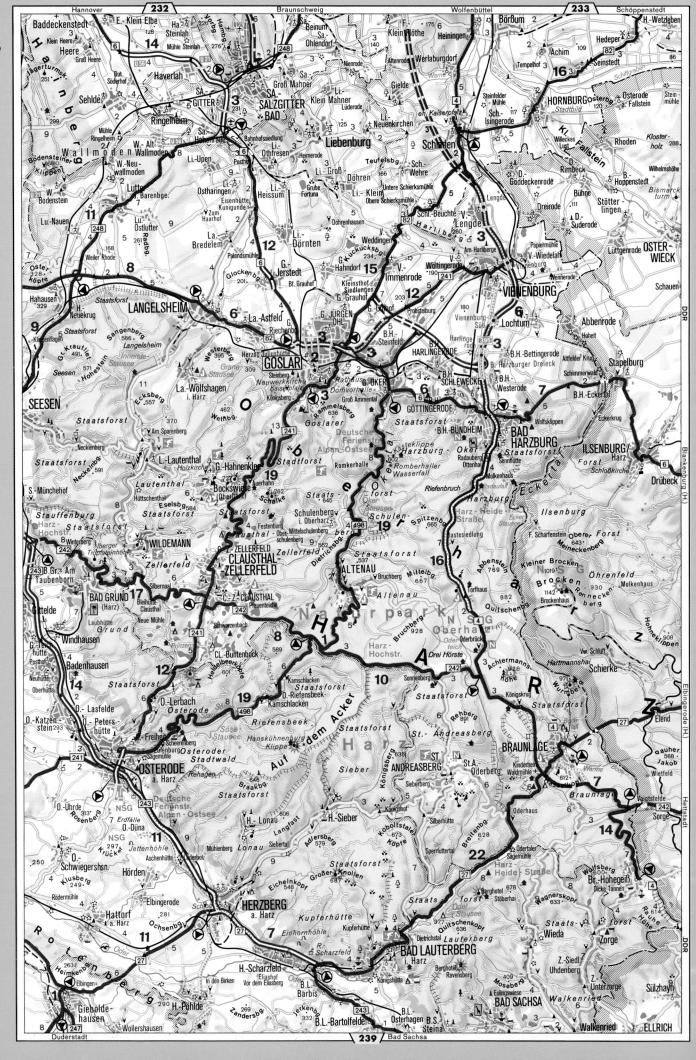

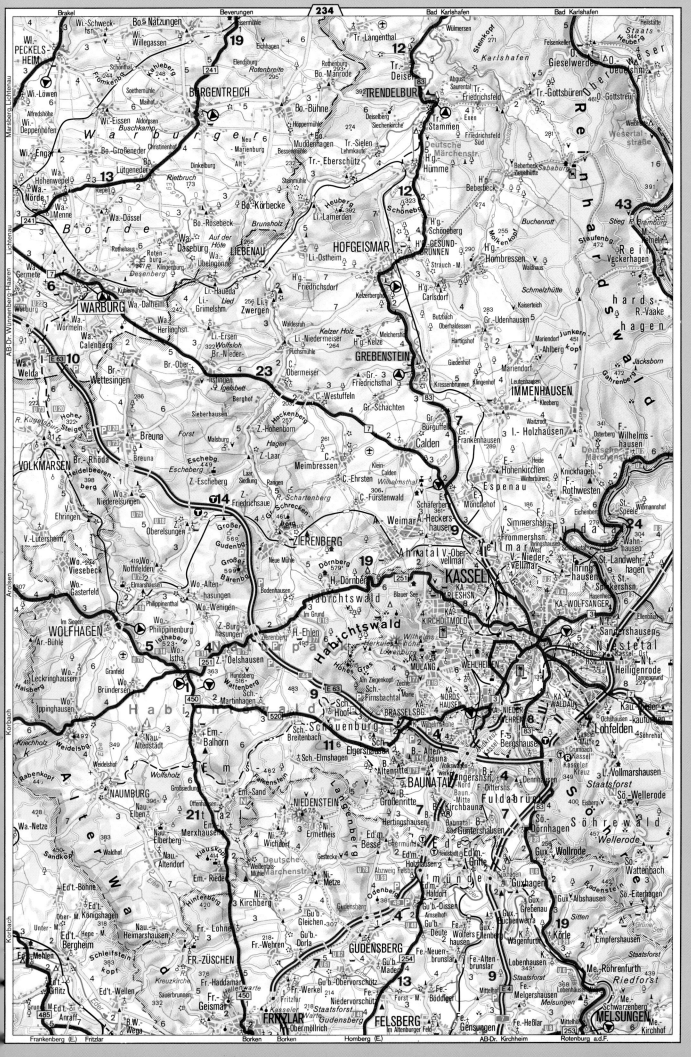

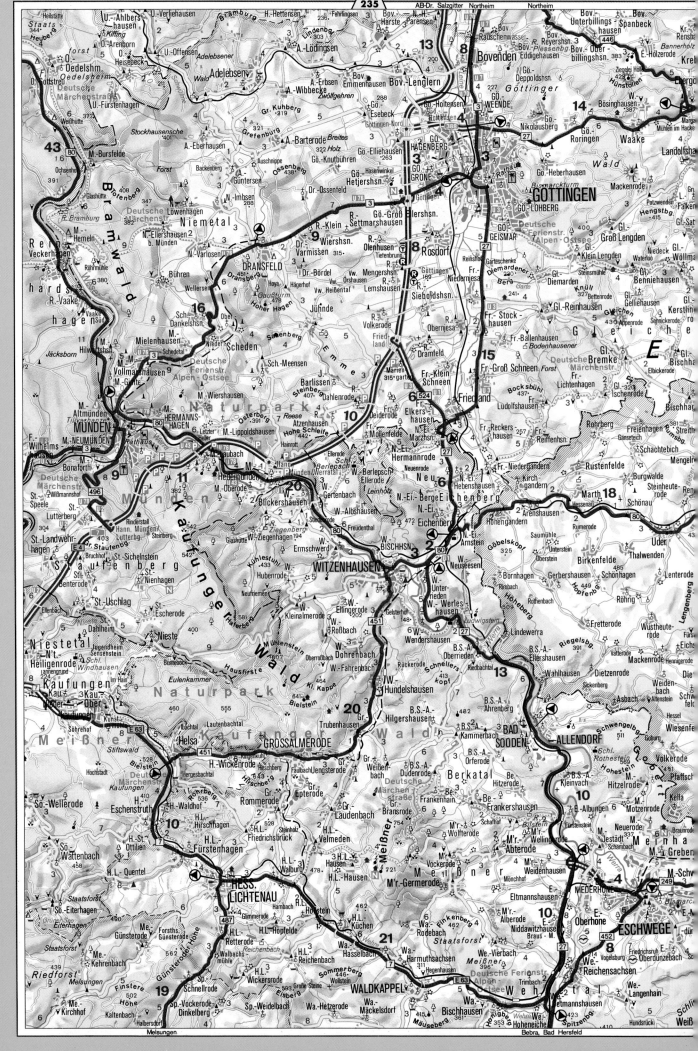

Bildnachweis
Cramm (19), Diedrich (1), Göbel (2), Kiedrowski (188),
Mönch (6), Muuß (1)
Die Luftbilder wurden freigegeben
vom Regierungs-Präsidenten in
Düsseldorf unter den Nummern
38 P 36, OH 397, OJ 699, 38 P 32,
38 P 38, 38 P 27, 38 P 22 sowie
vom Wirtschafts- und Verkehrs-
ministerium Schleswig-Holstein
unter der Nummer SH-395-151.

© HB-Verlags- und Vertriebsge-
sellschaft mbH, Hamburg, 1984
Redaktion und Produktion:
Harksheider Verlagsgesellschaft
mbH, Norderstedt
Grafische Gestaltung: Gerhard
Keim, Frankfurt/Main
Satz: Utesch Satztechnik GmbH,
Hamburg
Reproduktionen: Otterbach
Repro, Rastatt
Druck: Mainpresse Richterdruck,
Würzburg
Kartographie: RV-Reise- und Ver-
kehrsverlag GmbH, Stuttgart
Printed in Germany

ISBN 3-616-06952-1